IMUNIDADE À MUDANÇA

Como acabar com a resistência a mudanças e liberar o potencial de desenvolvimento inato em você, na sua equipe e na sua empresa

Robert Kegan
Lisa Laskow Lahey
Pesquisadores de educação e liderança da Harvard University

IMUNIDADE À MUDANÇA

Como acabar com a resistência a mudanças e liberar o potencial de desenvolvimento inato em você, na sua equipe e na sua empresa

Tradução
Lenke Peres

ALTA BOOKS
EDITORA
Rio de Janeiro, 2017

Imunidade à mudança – Como acabar com a resistência a mudanças e liberar o potencial de desenvolvimento inato em você, na sua equipe e na sua empresa
 ISBN: 978-85-508-0087-5

Impresso no Brasil.

Obra disponível para venda corporativa e/ou personalizada. Para mais informações, fale com projetos@altabooks.com.br

Copidesque
Shirley Lima da Silva Braz

Editoração Eletrônica
Estúdio Castellani

Revisão
Mariflor Brenlla Rial Rocha | Edna Rocha

Produção Editorial
Elsevier Editora – CNPJ 42.546.531/0001-24

CIP-Brasil. Catalogação-na-fonte
Sindicato Nacional dos Editores de Livros, RJ

K34i Kegan, Robert
Imunidade à mudança : libere seu potencial de desenvolvimento e faça sua equipe e sua empresa crescerem / Robert Kegan, Lisa Laskow Lahey ; tradução Lenke Peres. – Rio de Janeiro : Alta Books, 2017.

Tradução de: Immunity to change
ISBN 978-85-508-0087-5

1. Desenvolvimento organizacional. 2. Mudança (Psicologia). 3. Comportamento organizacional. 4. Eficiência organizacional. I. Lahey, Lisa Laskow, 1955- II. Título.

09-6148. CDD: 658.406
CDU: 658.011.8

ALTA BOOKS
EDITORA

Rua Viúva Cláudio, 291 — Bairro Industrial do Jacaré
CEP: 20970-031 — Rio de Janeiro - RJ
Tels.: (21) 3278-8069 / 3278-8419
www.altabooks.com.br — altabooks@altabooks.com.br
www.facebook.com/altabooks

Para Bernard e Saralee Kegan

Para os homens da minha vida, Bill, Zach e Max Lahey

PREFÁCIO E AGRADECIMENTOS

Levamos literalmente toda nossa vida profissional para escrever este livro. Críticos das provas dizem que o leitor encontrará aqui uma forma inteiramente nova, mas completamente "testada na estrada", de produzir significativas melhorias em pessoas e em grupos nos locais de trabalho.

Bem, é verdade que nossa estrada está bem pavimentada: as ideias e práticas que você conhecerá aqui foram utilizadas por uma companhia ferroviária nacional da Europa, uma empresa internacional de serviços financeiros, uma das empresas de tecnologia mais admiradas dos Estados Unidos, a equipe de líderes de uma agência estadual de bem-estar da criança, superintendentes e diretores de vários distritos escolares dos Estados Unidos, sócios principais da empresa líder mundial na área de consultoria estratégica internacional e o sindicato de trabalhadores que mais cresce nos Estados Unidos.

Mas essa nossa estrada também tem sido sinuosa e, para falar a verdade, não foi nosso objetivo original trabalhar no problema por cuja solução estamos agora recebendo os créditos – como fazer a ponte entre aquilo que as pessoas genuinamente *pretendem* fazer e aquilo que são efetivamente *capazes* de levar a efeito. Há 25 anos, teríamos sido de pouco proveito para essas organizações. Embora soubéssemos então que estávamos trilhando um caminho que merecia toda uma vida de exploração, não fazíamos ideia nem tínhamos qualquer plano no sentido de que ele nos levasse a líderes e suas equipes nos setores público e privado dos Estados Unidos, da Europa, da Ásia e da África.

Começamos como psicólogos acadêmicos pesquisando o desenvolvimento da mentalidade e da complexidade mental na idade adulta. Com um de nós (Kegan) assumindo a liderança no desenvolvimento de uma nova teoria e o outro (Lahey) assumindo a liderança no desenvolvimento do método de pesquisa e dos procedimentos de avaliação para testá-la e aprimorá-la, acabamos descobrindo, na década de 1980, algo que tem fascinado a nós – e a colegas pesquisadores e profissionais da área – desde então.

Descobrimos a possibilidade de vida após a adolescência! Apesar da crença popular – e, naquela época, até mesmo científica – de que nossa mente, como nosso corpo, não "cresce" depois da adolescência, descobrimos que alguns de nossos sujeitos de pesquisa adultos conseguiam desenvolver padrões inteiros de formas progressivamente complexas e ágeis de apreender o mundo.

Embora poucos atingissem os mais avançados padrões de crescimento revelados por nossas investigações, ficou patente, por meio de pesquisas longitudinais (avaliando e reavaliando cuidadosamente as mesmas pessoas ao longo de vários anos), que quando as pessoas *efetivamente* evoluíam, isso ocorria sempre na mesma sequência. Cada novo platô mental superava gradualmente as limitações sistemáticas do platô anterior. Pesquisas adicionais acabaram revelando que cada salto qualitativo obtido aumenta não apenas a capacidade das pessoas de *enxergar* (a si próprias e seu mundo), mas também de *agir* mais efetivamente. (Você saberá mais a respeito desses platôs mentais no primeiro capítulo deste livro.)

Porém, vimos também que muitas pessoas não desenvolviam todo um novo sistema mental depois da adolescência e que, quando chegavam a mudar, era muito pouco. Como, no fundo, sempre fomos educadores (passamos a vida universitária não numa faculdade de administração, mas numa faculdade de pedagogia), queríamos saber se era possível fazer algo para servir de base de sustentação para essas mudanças na expansibilidade e complexidade de nossa mente. Seriam esses avanços uma mera questão de destino e de variação aleatória, completamente fora de nosso controle? Ou seria efetivamente possível ajudar as pessoas a crescer? Isso nos levou a seguir mais adiante em nossa estrada ao longo de toda a década de 1990 e a chegar a uma segunda descoberta.

Estivéramos estudando a evolução do desenvolvimento mental provinda de fora, por assim dizer, procurando descrever a estrutura de cada forma de abstrair significado, por que ele criava a realidade que criava e o que mudava numa estrutura quando ele evoluía. Mas agora, sem exatamente perceber, estávamos encontrando nosso caminho dentro da dinâmica interna, em particular uma espécie de "motivo mestre" que nos mantém em nosso platô atual. Descobrimos um fenômeno que chamamos de "imunidade à mudança", uma dinâmica até então oculta que ativamente (e de forma brilhante) nos impede de mudar por causa de sua dedicação a preservar nossa maneira atual de abstrair significado, de entender as coisas.

A primeira vez que apresentamos nosso conceito de imunidade à mudança ao leitor foi em nosso livro de 2001, *How the Way We Talk Can Change the Way We Work*, no qual expusemos um processo enganosamente simples – destilado e refinado ao longo de muitos anos – pelo qual as pessoas podem descobrir as motivações e crenças ocultas que as impedem de fazer justamente as mudanças que elas sabem que deveriam fazer e que desejam muito fazer (quer o objetivo seja "ser mais corajoso(a) em minha comunicação" ou "emagrecer").

A acolhida daquele livro foi imensamente gratificante, como também o foi observar o que ocorre quando guiamos pessoalmente as pessoas (agora milhares delas por ano) ao longo do processo (como guiaremos você, se assim o desejar, no

Capítulo 9). Elas repetidamente dizem coisas como "Eu nunca havia percebido isso!" e "Consegui mais em três horas [com o processo] do que em três anos de análise!". Mas o que na verdade entusiasma as pessoas é a força e a clareza de um novo insight que elas estão tendo (e a rapidez com que chegam até ele). E todos nós sabemos que há imensa distância entre ter um insight e a capacidade de agir em função dele.

Sabíamos que tínhamos desenvolvido algo poderoso e prático, mas ainda estávamos longe de satisfazer o verdadeiro objetivo do leitor (não somente um insight maior de *por que* uma pessoa não consegue delegar ou outra não consegue reagir em função de sua avaliação de desempenho pelos subordinados, apesar de sua firme determinação, mas também a capacidade de efetivamente *fazer a coisa*) – e longe também de satisfazer nosso próprio objetivo (sermos capazes não apenas de enxergar os mecanismos internos que perpetuam o atual estado de mente, mas também de ajudar os outros a transcenderem essas limitações).

Pouco depois de o *How the Way We Talk* ter sido publicado, fomos fazer uma apresentação para um grupo de diretores de conhecimento e de recursos humanos de empresas integrantes da *Fortune* 500 e de grandes ONGs internacionais. Eles faziam parte de um consórcio que pré-avaliava ideias e práticas novas e promissoras ainda em sua fase de desenvolvimento e fornecia aos "inventores" a avaliação mais franca possível de seu valor. Não falamos sobre o que tínhamos descoberto ou inventado; pedimos que eles próprios experimentassem o processo durante algumas horas, sob a nossa orientação.

Quando terminaram, todos eles disseram a mesma coisa, mas o melhor resumo da reação que tiveram foram as palavras de um diretor de conhecimento: "Tenho boas e más notícias. Primeiro as boas: atuei 20 anos na área de desenvolvimento de capacidade e aperfeiçoamento de desempenho e o que vocês acabaram de fazer conosco é a mais poderosa tecnologia de aprendizagem que já vi. É como se vocês tivessem inventado o motor a jato na era do avião a hélice, e demonstraram aqui que conseguem fazer a coisa decolar. Agora as más: vocês não têm a mínima ideia do que fazer com o avião, agora que ele está no ar – para onde levá-lo ou como aterrissá-lo."

Ele estava certíssimo. Depois soubemos, a partir da informação de alguns leitores do *How the Way We Talk*, que, uma vez dado o impulso para sair do chão, eles podiam pilotar seus aviões sozinhos e levá-los ao destino que desejassem. Mas, para a maioria das pessoas, um insight maior, por mais empolgante que seja, é insuficiente para produzir uma mudança duradoura. Ainda tínhamos muito trabalho pela frente, um terceiro limiar a cruzar, e isso levou mais uns sete ou oito anos – o tempo entre a publicação de nosso último livro e este.

Uma das coisas que tínhamos a nosso favor nesse último trecho do percurso era o reconhecimento de que o objetivo de ajudar as pessoas a conseguir avanços bem específicos, mudanças que se haviam mostrado resistentes a planos meditados e sinceras resoluções, está estreitamente relacionado com o objetivo de ajudar as pessoas a desenvolver um novo sistema de entendimento que possa transcender as limitações do atual. Aproveitando a distinção heurística entre desafios "técnicos" e "adaptativos" de nosso colega Ronald Heifetz, podemos dizer que alguns objetivos de mudança pessoal – especialmente aqueles que sabemos que precisamos atingir, mas que ainda não conseguimos – exigem que "fiquemos maiores"; isto é, precisamos *nos adaptar* para realizá-los.

Assim, suspeitávamos que se conseguíssemos desenvolver uma bem-sucedida "plataforma de aprendizado" que passasse do *diagnóstico* de imunidades para a sua *superação*, poderíamos atingir ambos os objetivos ao mesmo tempo. Sabíamos que nosso processo de diagnóstico ajudava a tornar o invisível visível, o que nossa pesquisa demonstrou ser o propulsor do aumento da complexidade mental (fazer as estruturas mentais passarem de "sujeito" para "objeto", de "mestre e senhor" para "ferramenta"). A capacidade de entrar na mente e transformá-la, raciocinamos, seria atributo crucial para superar desafios adaptativos específicos. E, por outro lado, a urgência pessoal de superar um desafio adaptativo tornaria o desafio uma espécie de cavalo de troia, um objeto de atração da atenção que, uma vez mobilizado, poderia abrir e transformar todo o campo (mental).

Imunidade à mudança apresenta o resultado dos esforços de exploração dessas nossas intuições envidados nos últimos anos. Segundo nosso ponto de vista, o melhor teste da nossa plataforma de aprendizagem vai além de perguntar "Ela possibilita realizar meu objetivo específico de melhoria?" (por exemplo, "Eu me tornei um comunicador mais corajoso?" "Sou um delegador melhor agora?"). Certamente seria uma valiosa plataforma se a resposta mais frequente a essa pergunta fosse sim.

Mas começamos com uma aspiração maior, que leva a outra pergunta: "E ela também promove avanços na complexidade mental, o tipo de mudança que permitirá acesso a toda uma *gama* de novas capacidades, e não apenas à consecução do objetivo isolado inicial de melhoria?" Se a resposta fosse sim, a compensação de investir num método *adaptativo* de melhoria pessoal seria muitas vezes maior que o valor de atingir um objetivo isolado.

Caberá a você, leitor, ao examinar os casos e relatos contidos neste livro, avaliar a força de nossa plataforma de aprendizagem. Se você chegar a sentir que a resposta à nossa segunda, e mais difícil, pergunta também é sim, a mensagem central deste livro – as pessoas *podem* mudar – ganhará duplo significado para você: sim, as pessoas – mesmo adultas – podem fazer melhorias significativas em áreas específicas em que já haviam tentado muitas vezes e sempre fracassado; e, sim, mesmo "adultos" podem continuar desenvolvendo sistemas mentais mais complexos, análogos às transformações da infância para a adolescência, possibilitando uma percepção mais penetrante, mais responsável e menos egocêntrica da realidade.

Se você não tem conhecimento algum de nossos livros anteriores, seja bem-vindo! Não esperamos que tenha, e eles não são um pré-requisito para extrair o máximo proveito deste. Se você já tentou – e não conseguiu – fazer mudanças na própria vida ou ajudar outras pessoas a fazer mudanças na vida delas, leia este livro: nós o escrevemos para você. Em especial, se você atua como líder, gestor, supervisor, consultor, conselheiro, treinador, coach ou professor – e a *melhoria pessoal* ou o *desempenho de equipes* no trabalho for um de seus maiores interesses – este livro é para você.

Se você já conhece nosso trabalho, boa volta e seja bem-vindo! Talvez você tenha lido o *How the Way We Talk Can Change the Way We Work* e se perguntado: "Agora que vocês descobriram a imunidade à mudança e me ajudaram a enxergar meu problema, aprenderam também algo para me ajudar a *resolver* esse problema?" Escrevemos este livro para você também.

Se você tem algum interesse no desenvolvimento de adultos, se pensa na possibilidade de avanços significativos na complexidade psicológica depois da adolescência, se leu os primeiros livros de Kegan, *The Evolving Self* ou *In Over Our Heads*, e está se perguntando se aprendemos algo novo sobre como *escorar* melhor esses avanços, você também é nosso público-alvo.

Finalmente, se sempre soube que nosso trabalho bastante prático sobre as imunidades à mudança está fundamentado em nosso trabalho teórico e de pesquisa sobre a evolução da mente e dos sistemas de entendimento, e estava se perguntando quando iríamos reuni-lo explicitamente para lançar nova luz na criação de organizações de aprendizado contínuo ou na superação de desafios adaptativos, este livro também é para você.

Tínhamos algo mais a nosso favor durante os anos que trabalhamos neste livro – o privilégio de trabalhar por longos períodos com líderes corajosos e generosos, e suas equipes, nas áreas empresarial, governamental e de educação. Essas pessoas estavam dispostas a experimentar uma forma inteiramente diferente de trabalhar na melhoria individual e coletiva – uma forma que por vezes trazia desconforto e medo. As organizações nas quais procuramos ser úteis eram muito diferentes, mas seus líderes – fossem CEOs, chefes de unidade ou líderes de equipe – tinham algo em comum bem antes de nos conhecerem: um profundo e inabalável reconhecimento de que as pessoas que trabalham com eles trazem diariamente consigo para o trabalho sua humanidade, que a divisão absoluta entre o mundo do trabalho e o mundo pessoal é algo ingênuo e improdutivo, e que os líderes do século XXI precisam encontrar uma maneira mais eficaz de engajar a vida emocional de suas organizações e de suas equipes de liderança.

Queremos fazer mais do que meramente expressar nosso reconhecimento a essas pessoas cujas histórias você conhecerá nas páginas adiante. Queremos expressar nossa admiração e admitir que elas se tornaram nossas parceiras de pensamento, além de clientes, ajudando-nos a aprender aquilo que tentamos passar adiante neste livro.

Outra fonte de apoio a nosso aprendizado nos anos decorridos desde que escrevemos o *How the Way We Talk* foi nossa participação no Change Leadership Group (CLG) da Escola de Educação de Graduados da Harvard University. Esse grupo, fundado inicialmente por meio de uma dotação da Bill and Melinda Gates Foundation, foi constituído para desenvolver um "currículo para líderes de mudança" mais eficaz para administradores educacionais que buscam promover reformas sistêmicas significativas nos distritos escolares dos Estados Unidos.

Julgando que muitos esforços de reforma soçobraram por causa de uma percepção insuficientemente vigorosa da dinâmica organizacional ou da dinâmica psicológica ou ambas, o Change Leadership Group (CLG) reuniu deliberadamente uma equipe interdisciplinar e começou a trabalhar em distritos-pilotos para entender o que os líderes necessitariam para lapidar suas lentes externas e internas.

Obviamente, nos juntamos à equipe para liderar o lado psicológico do trabalho, e você pode verificar como os conceitos e práticas relativos à imunidade à mudança foram integrados num currículo para líderes em nosso livro de autoria coletiva *Change Leadership: A Practical Guide to Improving Our Schools*.

Todavia, nossa experiência de trabalho com nossos colegas de CLG e nossos parceiros líderes de distrito ao longo de vários anos nos ensinou muito também. Trabalhando na área da mudança por períodos prolongados com a equipe de líderes de uma organização e sendo forçados a adquirir uma visão organizacional por colegas cujo pensamento é modelado por essa orientação, fomos levados a uma forma mais dialética de conceber a relação entre as perspectivas sociocêntrica e psicocêntrica.

Onde antes tendíamos a ver o contexto da organização, do grupo ou o contexto social em termos de quão idealmente ele dava suporte ao desenvolvimento individual ("Até que ponto ele é um bom 'ambiente de sustentação'? É possível melhorá-lo?"), agora estamos inclinados a perguntar também "Como esses desenvolvimentos individuais melhoram o desempenho da equipe ou ajudam a organização a atingir seus objetivos?". (Você verá os resultados dessa nova perspectiva logo no início deste livro, quando examinarmos o uso das práticas de imunidade à mudança em grupos.)

Agradecemos a nossos colegas de consultoria que colaboraram conosco nos projetos aqui mencionados: Dr. Timothy Havens e Mark Sarkady, que se juntaram a nós em nosso trabalho com Peter Donovan e sua equipe executiva. Dr. Robert Goodman, que foi nosso parceiro no trabalho com a equipe farmacêutica, descrito no Capítulo 7.

Temos também uma dívida de gratidão com uma série de amigos maravilhosos e parceiros de reflexão que cremos saberem que contribuíram para este livro de variadas formas: Karen Aka, Maria Arias, Elizabeth Armstrong, Michael Bader, Marwan Bizri, Connie Bowe, Sue D'Alessio, Herman De Bode, Peter Donovan, Conning Fannell, Pierre Gurdjian, Ron Halpern, Tim Havens, Ron Heifetz, Deborah Helsing, Annie Howell, Tsun-yan Hsen, Jude Garnier, Robert Goodman, Barry Gruenberg, Jennifer Juhler, Michael Jung, Neil Janin, Art Kaneshiro, Jay Kaufman, Richard Lemons, Marty Linsky, Kati Livingston, Emily Souvaine Meehan, Beat Meyer, Frank Moretti, Patricia Murrell, Donald Novak, Micky Obermayer, Eric Rait, Wilhelm Rall, Barbara Rapaport, Mark Sarkady, Harry Spence, Mary Ellen Steele-Pierce, Willa Thomas, Tony Wagner, James Walsh, Laura Watkins e Terri Weiland.

Queremos agradecer a nossos editores Jeff Kehoe, que começou a defender a publicação deste livro anos antes de ele ser escrito, e Colleen Kaftan, que nos ajudou a remodelar a floresta e cuidar de cada árvore. O livro ficou muito melhor por conta de ambos.

Finalmente, em nosso livro anterior, agradecemos a nossos familiares diretos, e eles continuam sendo fonte vital de estímulo, alegria e apoio. Mas, antes de convidá-lo a prosseguir na leitura, queremos dizer algumas palavras sobre nossos pais. Por coincidência, fomos ambos criados em "famílias empresariais". Em nossos cerca de 20 anos de trabalho em conjunto, raramente prestamos atenção a esse aspecto comum de nossa história, mas ele é verdadeiro. Ambas as nossas famílias tinham pequenas empresas e nossos pais e mães estiveram em algum momento envolvidos em sua administração.

Embora nossos pais certamente se orgulhassem e se orgulhem de nós, se fosse para eles serem completamente honestos, teriam também de admitir algum ceticismo quanto a se livros e teorias e a "ciência da administração" realmente teriam algum valor prático para seu trabalho. (Considerando que nosso próprio trabalho tem mais a ver com administrar as coisas do que ajudar aqueles que as administram, supomos que alguns de vocês compartilhem desse ceticismo.)

"Dei uma olhada em boa parte desse material", o pai de um de nós certa vez nos disse, "e ele me fez lembrar da história do pescador e do guarda florestal. O guarda florestal aceita o convite para ir pescar com um estranho, o qual o leva em seu barco até o meio do lago. Quando o guarda florestal começa a preparar sua vara de pescar, observa horrorizado o estranho tirar uma banana de dinamite de sua caixa de pesca, acendê-la e atirá-la no lago. Há uma grande explosão que forma um imenso gêiser, espalhando água para todo lado. Muitos peixes – inteiros e intactos – são lançados para a margem, prontos para ser recolhidos. O guarda florestal não consegue se conter: 'Minha Nossa Senhora, o que você está *fazendo*?', ele pergunta. 'Sou um guarda florestal, pelo amor de Deus! Isso é ilegal! É perigoso! É...' Enquanto o guarda florestal continua falando indignado, o estranho volta a pegar sua caixa de pesca e tira outra banana de dinamite, acende o pavio e dessa vez a entrega ao guarda florestal.

'Que diabos você está *pensando*?!', ele exclama, segurando a dinamite com o pavio aceso o mais distante possível do rosto. 'Não posso *acreditar* nisso! O que é que vou *fazer* com isso?!'

O guarda continua gritando e o pavio continua queimando. Finalmente, o estranho olha para ele e diz: 'Escuta, você veio aqui *só pra falar* – ou pra *pescar*?'"

Segundo ele, todos esses livros sobre gestão e liderança "só falam", mas a pessoa que dirige um negócio "pesca". E a pesca *real*, ele parecia estar falando, não parece exatamente com um quadro do Norman Rockwell. "Esses livros são como o guarda florestal", sua história parecia dizer. "Eles têm suas regras e ideias com relação à maneira apropriada de fazer as coisas. E fazem muito sentido, também, contanto que você esteja no mundo arrumadinho e limpo que existe nesses livros. Mas o mundo real de tocar um negócio não tem muito a ver com esse mundo dos livros. O mundo real é muito, muito complicado."

Uma de nossas respostas favoritas entre as críticas das provas deste livro foi a seguinte: "Estamos aqui o mais longe possível da imaculada sala do experimento psicológico" (o lugar no qual começou nossa longa e sinuosa estrada). "Estes autores conhecem o mundo real do trabalho." Certamente não tínhamos qualquer intenção consciente de sermos leais ao ceticismo de nossos pais empresários, mas parece que o trabalho que acabamos fazendo nos levou ao aspecto mais real da vida organizacional, o mundo dos significados privados e dos sentimentos mais profundos em sua atuação na esfera pública do trabalho.

Não pretendíamos escrever um livro que nossos pais, que tanto trabalharam, não desconsiderassem – mas, para nós, é interessante que possa ter acontecido isso. Os casos e histórias que você encontrará neste livro não são sobre trabalho e liderança na versão de Norman Rockwell. São sobre a necessidade de se encontrarem maneiras de fazer o mundo submerso aflorar à superfície – e, esperamos, com uma tecnologia bem mais eficaz do que a da dinamite.

OS AUTORES

ROBERT KEGAN é professor de Aprendizagem de Adultos e Desenvolvimento Profissional da Escola de Educação de Graduados William e Miriam Meehan da Harvard University. Seus 30 anos de pesquisa e produção de trabalhos escritos sobre desenvolvimento adulto contribuíram para o reconhecimento de que o desenvolvimento psicológico contínuo após a adolescência é, a um só tempo, possível e necessário para fazer face às exigências da vida moderna. Kegan já recebeu vários prêmios e numerosos títulos honoríficos. Seus livros seminais *The Evolving Self* e *In Over Our Heads* foram publicados em diversos idiomas.

LISA LASKOW LAHEY é diretora de Pesquisa do Grupo de Liderança de Mudança da Escola de Educação de Graduados da Harvard University e coautora de *Change Leadership: A Practical Guide to Transforming Our Schools.* Psicóloga do desenvolvimento e educadora, liderou a equipe de pesquisa que criou o diagnóstico desenvolvimental, hoje usado em todo o mundo, para avaliar sistemas de entendimento adulto. Sua prática e seus escritos concentram-se no duplo objetivo de ajudar equipes a apoiar melhor o desenvolvimento dos indivíduos e de ajudar os indivíduos a tornar suas equipes capazes de ter um desempenho bem mais próximo do ideal.

ROBERT KEGAN e **LISA LASKOW LAHEY** trabalham em conjunto em sua pesquisa e prática há mais de 25 anos. Juntos, fundaram a Minds at Work, empresa que presta serviços a clientes dos setores público e privado na área de apoio ao desenvolvimento pessoal e profissional de altos líderes e suas equipes. Autores de *How the Way We Talk Can Change the Way We Work* e do artigo "The Real Reason People Don't Change", publicado na *Harvard Business Review* e que tem sido amplamente distribuído, credita-se a eles a revolucionária descoberta da dinâmica oculta que impede a transformação pessoal e organizacional. Este trabalho (que eles chamam de "imunidade à mudança") passou agora a integrar a prática de líderes e de equipes de altos funcionários de organizações empresariais, governamentais e educacionais dos Estados Unidos, da Europa e da Ásia. Juntando-se a agraciados anteriores como Warren Bennis, Peter Senge e Edgar Schein, Kegan e Lahey receberam o Gislason Award da Escola de Administração da University of Boston, por sua excepcional contribuição à liderança organizacional. Eles podem ser contatados pelo site www.mindsatwork.com.

SUMÁRIO

PARTE III

AGORA É SUA VEZ: DIAGNOSTICANDO E VENCENDO IMUNIDADES EM VOCÊ E EM SUA ORGANIZAÇÃO

INTRODUÇÃO

Nenhum líder precisa ser convencido de que a melhoria e a mudança ocupam os primeiros lugares da agenda. Tampouco precisa de um livro que se solidarize com a dificuldade de se provocarem mudanças – quer em si próprio ou nos outros. Todos sabem que mudar é difícil, mas não sabemos muito a respeito da razão pela qual mudar é tão difícil e o que podemos fazer em relação a isso. A maioria das explicações mais frequentes, embora verdadeiras em alguns casos, acabam revelando-se como respostas insuficientes à pergunta de por que as mudanças que se fazem necessárias hoje são tão difíceis. Falta de urgência? Incentivos inadequados? Incerteza quanto àquilo que realmente precisamos fazer de maneira diferente? Serão de fato essas as principais barreiras à mudança que você sente em si próprio e naqueles que trabalham e vivem a seu redor?

Não faz muito tempo, um estudo médico demonstrou que mesmo que os cardiologistas digam a seus pacientes cardíacos mais graves que literalmente *morrerão* se não mudarem seu estilo de vida – fazer dieta, exercitar-se e parar de fumar –, ainda assim apenas um em cada sete consegue fazer essas mudanças. Um em cada sete! E podemos presumir com toda a segurança que os outros seis *queriam* viver, ver mais entardeceres, ver os netos crescerem. Não lhes faltava um senso de urgência. Os incentivos para a mudança não poderiam ser maiores. Os médicos se certificaram de que os pacientes soubessem exatamente o que precisavam fazer. E, ainda assim, eles não conseguiram.

Se as pessoas não conseguem fazer as mudanças que claramente desejam fazer quando a própria vida está por um fio, como os líderes, em qualquer nível e qualquer tipo de organização, esperam apoiar com sucesso processos de mudança – mesmo aqueles em que eles e seus subordinados possam acreditar com todo o fervor – quando os riscos e a recompensa não são nem de longe tão altos?

Seria possível estar ainda mais claro que precisamos de novas formas de entender o que impede e o que possibilita nossa própria mudança?

Como no caso dos pacientes cardíacos, os desafios hoje enfrentados pelos líderes e por seus subordinados não são, em sua maioria, um problema de vontade. O problema é a incapacidade de estabelecer a ponte entre aquilo que genuína e até mesmo apaixonadamente, *queremos* e aquilo que somos efetivamente *capazes* de fazer. Eliminar essa distância é o problema central de aprendizado do século XXI.

TRÊS PROBLEMAS CRIARAM O CONTEXTO DESTE LIVRO

Essa disjunção entre nosso maior entendimento da necessidade de mudar e nossa falta de entendimento daquilo que impede essa mudança é o primeiro de três férteis problemas que constituem a base deste livro. Se você for como os líderes com quem vimos trabalhando ao longo de muitos anos enquanto desenvolvíamos essas ideias e práticas, talvez você seja meio cético em relação a quanto qualquer pessoa – inclusive você – pode realmente mudar. Isso nos leva ao segundo problema fértil.

A cada ano, em resposta aos desafios e oportunidades crescentes, organizações de todos os setores investem coletivamente preciosos recursos – bilhões de dólares e um número extraordinário de horas – tentando melhorar a capacidade de seu pessoal. Seria de se perdoar a qualquer um por imaginar que o interminável desfile de programas de desenvolvimento profissional, planos de desenvolvimento pessoal, treinamentos de liderança, avaliações de desempenho e coaching de executivos reflete arraigado otimismo entre os líderes com relação às perspectivas de mudança pessoal; se assim não fosse, por que iriam fazer esses investimentos?

No entanto, sempre que conquistamos a confiança e a amizade de líderes, tendemos a ouvir, muitas vezes durante um jantar ou happy hour: "Encaremos o fato. Na verdade, as pessoas não mudam muito. Quero dizer, no final das contas, o Al sempre será o Al. Quando uma pessoa chega aos 30 ou 35 anos, é quem é. Suponho que se possam esperar alguns pequenos ajustes nas bordas, mas, na realidade, acho que o melhor que se pode fazer é alavancar ao máximo os pontos fortes da pessoa e contratar outras que supram seus pontos fracos. Para que você vai ficar se desgastando e pressionando a pessoa para que faça mudanças que ela não conseguirá fazer?"

Portanto, a verdade interessante é que em paralelo com o otimismo público refletido nos enormes investimentos organizacionais no desenvolvimento de pessoas caminha um profundo pessimismo privado com relação a quanto as pessoas podem realmente mudar.

E identificamos esse pessimismo com toda a honestidade. Em mais de uma ocasião, em mais de um país, trabalhando em mais de um setor, ouvimos essencialmente a mesma história:

> Aqui levamos muito a sério as avaliações de final de ano. Não é como aqueles desenhos do Dilbert, em que as pessoas reviram os olhos com enfado quando entram na sala, esperando que aquela *conversaiada* psicológica e aquele *discursinho* motivacional acabem logo. As pessoas escutam atentamente o feedback que recebem. Muito tempo e dinheiro da empresa são investidos na reunião e análise das informações e na discussão dos resultados com o pessoal, o qual, por seu lado, coloca toda a mente e alma na hora de receber esse feedback. Às vezes, as pessoas choram nessas reuniões. Elas fazem as mais sinceras promessas e os mais minuciosos planos de mudar as coisas que precisam ser mudadas. Todos saem da sala sentindo que houve uma conversa intensa e verdadeira e que foi um tempo bem gasto. E de-

pois? Passado um ano, estamos todos de volta à sala para ver o que resultou daquele feedback e, na verdade, o quadro não mudou lá grande coisa. Tem alguma coisa errada.

Tem mesmo, e é por isso que escrevemos este livro. Temos uma sonora resposta ao debate em torno de se as pessoas e a cultura organizacional podem realmente mudar.

As mudanças sobre as quais você lerá aqui não são pequenos ajustes nas bordas. E sua comprovação não está na autoilusão da autoavaliação; provém de avaliações, com frequência anônimas, feitas por nossos críticos mais duros – as pessoas que convivem diariamente conosco no trabalho e em casa. Quando clientes, colegas de trabalho ou familiares respondem às nossas pesquisas dizendo:

> "Seja lá o que vocês estão fazendo com o Nicholas, podem fazê-lo com os sócios dele também?" (de um cliente)
>
> "Nossa equipe inteira sentiu uma enorme mudança no Martin; tornou-se um prazer trabalhar com ele; a equipe está muito mais produtiva. Eu nunca teria imaginado isso." (de um colega de trabalho)
>
> "Foi a primeira conversa de verdade que tive com minha mãe em anos." (de um membro da família)

começamos a acreditar que algo importante está realmente acontecendo.

A prova provém também de experiências como a que recentemente tivemos ao trabalhar com os líderes de um distrito escolar a milhares de quilômetros de distância da nossa casa. Temos trabalhado com eles já há alguns anos e, pelo fato de estarem tão distantes, vimos montando uma equipe local de coaches de mudança para prosseguir com o trabalho. Tínhamos arranjado uma promissora candidata para participar como visitante do trabalho a distância que estávamos fazendo. Ela era uma profissional pedagógica muito experiente e a convidamos para assistir como observadora para sentir o tipo de trabalho que esses administradores estavam fazendo conosco.

Estávamos profundamente imersos no trabalho em curso, mas, toda vez que olhávamos para nossa visitante, não podíamos deixar de notar em seu rosto o que nos parecia ser um olhar preocupado. Depois de cerca de duas horas de sua observação, nós a vimos levantar-se e, sem qualquer aviso, sair da sala com uma expressão de choque. Ela não voltou mais. "Hum, acho que a coisa não deu muito certo", um de nós se lembra de ter pensado.

Passados alguns dias, perguntamos a um dos membros da nossa equipe que havia conversado com ela o que havia acontecido. Ela ficara chocada mesmo, no bom sentido. "Passei a vida toda trabalhando com líderes de escola", disse ela, "e nunca ouvi qualquer conversa daquele tipo. Nunca ouvi as pessoas serem tão francas ou tão responsáveis. Nunca ouvi as pessoas falando de coisas que tendiam a levar a uma verdadeira mudança". (Você não precisará ir muito adiante na leitura deste livro para ter uma visão completa desse tipo de conversa.) Ela saiu porque tinha outro compromisso. Ela queria saber como poderia juntar-se à equipe de coaching.

O material contido nas próximas páginas sugere uma "próxima geração" de ideias e práticas para líderes interessados na vida de aprendizado de suas organizações. Já faz uns 20 anos que *A quinta disciplina*, de Peter Senge, inspirou os líderes a pensar em organizações de aprendizado contínuo, e mais de 25 anos que o livro *The Reflective Practitioner*, de Donald Schön, reacendeu a importância de literalmente atentar à mente no trabalho. Hoje, em todo o mundo e em todos os setores, os líderes aspiram a liderar organizações que aprendem e aspiram a ser, eles próprios, reflexivos naquilo que fazem.

Mas, se é para fazermos face aos desafios de mudança do século XXI, precisamos levar o aprendizado individual e coletivo no trabalho para o nível seguinte. Se não o fizermos, podemos aprender e refletir o quanto quisermos, mas as mudanças que esperamos, ou as mudanças que outros esperam de nós, não acontecerão, porque todo o aprendizado e reflexão se darão em nossa mente atual; o que nos leva a nosso terceiro e último problema fértil.

Nossos colegas de MIT [Instituto de Tecnologia de Massachusetts], Senge e Schön, inspiraram muitos líderes, no final do século passado, a incorporar a responsabilidade por aprender em sua lista final de prioridades de líderes. A base teórica e o conjunto de práticas associados ao conceito da organização de aprendizado contínuo são ricos e crescentes, porém sempre tiveram uma dimensão faltante que poderia estar mais patente para pessoas como nós, que passaram a vida atuando na área da educação: eles carecem de um entendimento sofisticado do desenvolvimento adulto.

Quando Senge e Schön escreveram seus livros, os cientistas do cérebro ainda insistiam que não havia mudanças qualitativas em nosso equipamento mental após a adolescência. Enquanto isso, como outros "cientistas soft", conduzíamos nossas próprias pesquisas, as quais concluímos que sugeriam um quadro bastante diferente. Hoje, os cientistas hard e soft concordam que a história do desenvolvimento mental não precisa acabar na adolescência. Mas ainda precisamos aclarar as implicações dessa drástica revisão de nossas possibilidades.

Essa falta de uma dimensão adulta de desenvolvimento na teoria do aprendizado organizacional nunca foi tão importante como agora, na medida em que os líderes pedem cada vez mais às pessoas para fazer coisas que elas não são capazes de fazer, nunca foram preparadas para fazer e ainda não estão, em termos de desenvolvimento, aptas a fazer. O campo do "desenvolvimento de líderes" tem privilegiado a liderança e descuidado do desenvolvimento. Uma lista interminável de livros tenta identificar os elementos mais importantes da liderança e ajudar os líderes a adquirir essas habilidades. Enquanto isso, ignoramos a mais poderosa fonte de habilidades: nossa capacidade (e a capacidade daqueles que trabalham para nós) de superar, em *qualquer* idade, as limitações e os pontos cegos das atuais formas de entender as coisas.

Na falta de entendimento melhor do desenvolvimento humano – o que é, como consegui-lo, quais são as limitações impostas a ele –, aquilo que é passado como "desenvolvimento de líderes" tenderá a se resumir a "aprendizado de líderes" ou "treinamento de líderes". O conhecimento e as habilidades obtidos serão como novos arquivos e programas inseridos no atual sistema operacional. Eles podem ter algum valor – novos arquivos e programas efetivamente lhe proporcionam um raio de ação e uma versatilidade maiores –, mas sua capacidade de usá-los continuará limitada em função de seu sistema operacional atual. O desenvolvimento real tem a ver com a transformação do sistema operacional em si, e não apenas com o aumento de seu fundo de conhecimento ou o seu repertório comportamental.

Se você estiver liderando algo, seja em que nível for, estará dirigindo algum tipo de plano ou agenda, *mas algum tipo de plano ou agenda estará dirigindo você também*. É algo que foge à nossa consciência; não se pode nem assumir responsabilidade por isso. E, na maior parte do tempo, essa agenda limitará ou até impedirá sua capacidade de entregar resultados extraordinários. Se você não atentar tanto ao "desenvolvimento" quanto à "liderança", o desenvolvimento de sua liderança será sempre dirigido ao plano ou à agenda que você tem, não ao plano ou à agenda que "tem você" e, portanto, sua capacidade de mudar estará inerentemente limitada.

Os relatos e as histórias que você encontrará neste livro sugerem uma rota para o desenvolvimento genuíno, para as expansões qualitativas de sua mente que aumentam significativamente a capacidade humana no trabalho – não pela contratação de outras pessoas, mas pela revitalização dos talentos existentes.

O PLANO DESTE LIVRO

Este livro está dividido em três partes. A Parte I fornece uma nova maneira de entender a mudança. A Parte II mostra o valor de nosso método para pessoas, equipes de trabalho e organizações inteiras. A Parte III convida o leitor a experimentar pessoalmente o método.

A Parte I começa com um rápido tutorial daquilo que aprendemos em nossos 30 anos de pesquisa do desenvolvimento da complexidade mental na fase adulta e seu significado para a vida profissional. O Capítulo 1 fornece os fundamentos teóricos e empíricos de todos os relatos e práticas subsequentes. No Capítulo 2, apresentamos nossa descoberta de um fenômeno até então não revelado que nos impede de fazer justamente as mudanças que mais desejamos fazer – a dinâmica que chamamos de "imunidade à mudança". No Capítulo 3, você saberá, a partir da experiência de dois líderes, um da área empresarial e o outro da área governamental, como e por que eles levaram esse trabalho para suas organizações e os benefícios resultantes que viram acontecer.

Na Parte II, fornecemos amplos relatos dos tipos de mudança que vimos organizações e pessoas fazerem quando identificaram e trabalharam suas imunidades à mudança. Escolhemos pessoas de uma variedade de setores e trabalhando em toda a gama de objetivos de melhoria que costumamos encontrar. No Capítulo 4, exploramos o que ocorre quando grupos avaliam sua imunidade coletiva à mudança; nos Capítulos 5 e 6, acompanhamos duas pessoas tratando da própria imunidade à mudança; e, no Capítulo 7, mostramos o mais ambicioso dos planos – membros de uma equipe trabalhando para superar suas imunidades pessoais à mudança no contexto de um grupo de trabalho procurando melhorar seu desempenho coletivo.

Na Parte III, nós o convidamos a participar de uma experiência direta do fenômeno que é o cerne deste livro, guiando-o em sua jornada individual e coletiva da imunidade à mudança. O Capítulo 8 identifica os ingredientes necessários para dar suporte a esse tipo de processo de mudança. Nos Capítulos 9 e 10, nós o levamos e acompanhamos ao longo de um processo gradativo de diagnóstico e depois passamos a trabalhar na superação de sua imunidade individual à mudança. O Capítulo 11 lhe fornece as ferramentas e o processo para ajudá-lo a levar o trabalho de superação da imunidade para a sua equipe ou organização. Na Conclusão, discutimos os sete atributos dos líderes bem-sucedidos no trabalho de tornar seu ambiente um lugar sistematicamente fértil ao desenvolvimento da capacidade pessoal e coletiva.

Duvidamos que você estaria lendo este livro se alguma parte de você já não soubesse quão importante é para as pessoas melhorar significativamente a atuação no trabalho, se não tivesse a esperança de que existe uma nova razão para acreditar nessa possibilidade e se não se perguntasse o que pode fazer para transformar isso em realidade. Esperamos que você considere este livro um bom companheiro em todas essas frentes – um recurso para seu corpo e alma e para sua coragem e ação – e que ele o ajude a alcançar os resultados desejados.

PARTE I

REVELANDO A DINÂMICA OCULTA NO DESAFIO DA MUDANÇA

[1]

REFORMULANDO O CONCEITO DE DESAFIO DA MUDANÇA

O QUE DIFERENCIARÁ SUA LIDERANÇA da de outros nos próximos anos? Conforme o subtítulo deste livro sugere, acreditamos que será sua capacidade de desenvolver a si próprio, seu pessoal e sua equipe. Em todo o mundo – e isso se aplica tanto aos Estados Unidos e à Europa como à China e à Índia –, a capacidade humana será a variável crítica no novo século. Mas os líderes que procuram vencer a guerra da aquisição de talentos pensando na capacidade como um recurso fixo a ser encontrado "por aí" colocam a si e suas organizações em grande desvantagem.

Em contraste, os líderes que se perguntam "O que posso fazer para tornar meu ambiente o solo mais fértil do mundo para o *desenvolvimento* de talentos" colocam-se na melhor posição possível para alcançar o sucesso. Esses líderes entendem que, para conseguirmos realizar nossas maiores aspirações – aproveitarmos novas oportunidades ou superarmos novos desafios –, precisamos ter condição de explorar nossas futuras possibilidades. Esses líderes sabem o que possibilita – e o que impede – a realização desse objetivo.

O desafio de mudar e melhorar costuma ser equivocadamente entendido como a necessidade de "enfrentar" ou "lidar" melhor com a maior complexidade do mundo. Enfrentar e lidar com algo envolve acrescentar novas habilidades ou aumentar nosso repertório de respostas ou reações. Somos a mesma pessoa que éramos antes de aprender a lidar com a situação; apenas acrescentamos alguns novos recursos. Aprendemos, mas não necessariamente nos desenvolvemos e *progredimos*. Saber enfrentar e lidar com determinadas situações é uma habilidade valiosa, mas não de fato suficiente para fazer face aos atuais desafios de mudança.

Na verdade, a experiência da complexidade não é apenas uma história relativa ao mundo. É também uma história relativa às pessoas. Uma história sobre a combinação das exigências do mundo e a capacidade da pessoa ou da organização. Quando experienciamos o mundo como "complexo demais", não apenas experienciando a complexidade do mundo, estamos vivenciando um descompasso entre a complexidade do mundo *e nossa própria complexidade no momento presente*. Existem apenas duas maneiras lógicas de corrigir esse descompasso – reduzir a complexidade do mundo ou aumentar nossa própria complexidade. A primeira não acontecerá; a segunda, há tempos, tem parecido uma impossibilidade na fase adulta.

Nós (os autores deste livro) passamos o período de uma geração estudando o desenvolvimento da complexidade mental na fase adulta. Achamos que aquilo que aprendemos pode ajudá-lo a entender melhor a si próprio e os outros que trabalham para – e com – você. Ao adquirir essa consciência, será possível enxergar uma nova fronteira da capacidade humana, o ponto em que os mais bem-sucedidos líderes do amanhã concentrarão sua atenção de liderança.

UMA VISÃO ATUALIZADA DA COMPLEXIDADE CRONOLÓGICA E MENTAL

As ideias e práticas que você encontrará neste livro começam por identificar um conceito errôneo e disseminado da trajetória potencial do desenvolvimento mental ao longo da vida. Quando iniciamos nosso trabalho, o quadro aceito do desenvolvimento mental se assemelhava ao quadro do desenvolvimento físico – pensava-se que o crescimento, ou desenvolvimento, terminava na casa dos 20 anos. Se, há 30 anos, você colocasse a "idade" num eixo e a "complexidade mental" em outro, e pedisse aos especialistas da área para desenhar um gráfico de acordo com o entendimento deles, teriam gerado algo semelhante à Figura 1-1: uma linha ascendente até a casa dos 20 anos e depois uma linha contínua e inalterada. E eles o teriam desenhado com toda a confiança.

Quando começamos a reportar os resultados de nossas pesquisas na década de 1980, sugerindo que alguns (embora não todos os) adultos pareciam experimentar avanço qualitativo em sua complexidade mental, semelhantes aos bem documentados saltos anteriores da primeira infância até o final da infância, e do final da infância até a adolescência, nossos colegas pesquisadores do cérebro sentados a nosso lado em destacados painéis sorriram com polido desdém.

FIGURA 1-1

Idade e complexidade mental: Visão de 30 anos atrás

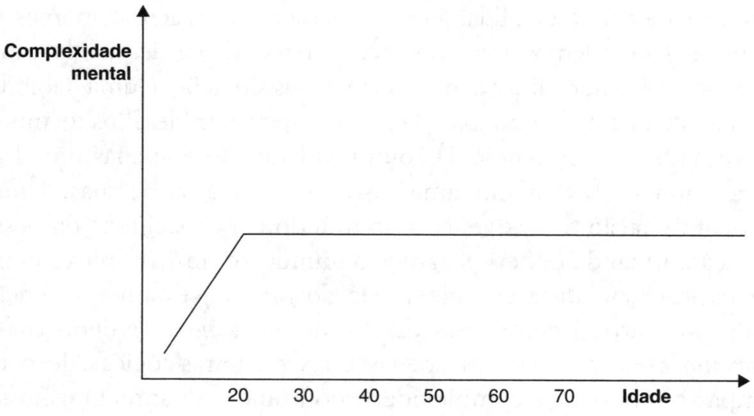

"Você pode achar que tem condições de inferir isso de suas entrevistas longitudinais", eles diriam, "mas a ciência pura não precisa fazer inferências. Examinamos *aquilo que é real.* O cérebro não passa por qualquer mudança significativa na capacidade depois da alta adolescência. Sinto muito". Claro está que esses "cientistas puros" garantiriam que pessoas mais velhas costumam ser mais sábias ou mais capazes do que pessoas mais jovens, mas eles atribuiriam isso à vantagem da experiência, à consequência de aprender como extrair mais do mesmo equipamento mental, e não a eventuais avanços qualitativos ou upgrades do equipamento em si.

Trinta anos depois? Opa! Parece que todo mundo estava fazendo inferências, até mesmo os cientistas do cérebro, que pensavam estar examinando "a coisa em si". Os cientistas puros têm instrumentos melhores hoje e não veem o cérebro como viam 30 anos atrás. Hoje, falam da plasticidade neural e da capacidade fenomenal do cérebro de continuar se adaptando ao longo de toda a vida.

E se fôssemos desenhar hoje o gráfico mostrando idade e complexidade mental? Com base nos 30 anos de pesquisas longitudinais nossas e de nossos colegas – como resultado de cuidadosa análise das transcrições de centenas de pessoas entrevistadas e reentrevistadas a intervalos de vários anos –, o gráfico se assemelharia à Figura 1-2.

Duas coisas estão evidentes nesse gráfico:

- Com uma amostra suficientemente grande, é possível detectar uma curva ligeiramente ascendente. Isto é, olhando uma população como um todo, a complexidade mental tende a aumentar com a idade durante toda a fase adulta, pelo menos até a velhice, de modo que a história da complexidade mental certamente *não* termina na casa dos 20 anos.
- Existe uma variação considerável em qualquer dada idade. Por exemplo, seis pessoas na casa dos 30 (os pontos em negrito) poderiam estar em diferentes pontos em seu nível de complexidade mental, e algumas poderiam ser *mais* complexas do que uma pessoa na casa dos 40.

FIGURA 1-2

Idade e complexidade mental: Visão atual revista

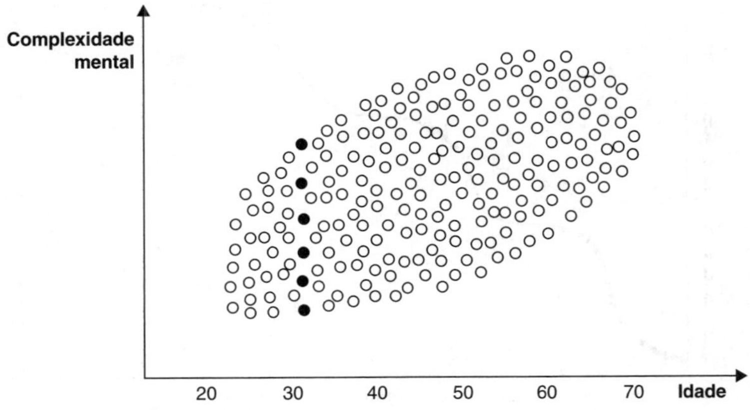

Se fosse para desenharmos um quadro rápido daquilo que aprendemos sobre a trajetória individual do desenvolvimento mental na fase adulta, ele se assemelharia à Figura 1-3. Esse quadro sugere diversos elementos diferentes:

- Há níveis qualitativamente diferentes e discernivelmente distintos (os "platôs"); isto é, a demarcação entre os níveis de complexidade mental não é arbitrária. Cada nível representa uma forma bastante diferente de conhecer o mundo.
- O desenvolvimento não se dá continuamente; há períodos de estabilidade e períodos de mudança. Quando um novo platô é alcançado, tendemos a permanecer naquele nível por um período considerável (embora certamente possam ocorrer elaborações e extensões dentro de cada sistema).
- Os intervalos entre as transformações para novos níveis – "tempo num platô" – tornam-se cada vez mais longos.
- A linha vai se afinando, o que representa cada vez menos pessoas nos platôs mais altos.

Mas como são esses diferentes níveis de complexidade mental na fase adulta? Podemos dizer algo a respeito do que um nível mais complexo pode ver ou fazer que um nível menos complexo não possa? De fato, hoje podemos dizer muito a respeito desses níveis. A complexidade mental e sua evolução não têm a ver com o nível de inteligência no sentido comum da palavra; não têm a ver com o QI. Não têm a ver com o desenvolvimento de uma apreensão cada vez mais abstrata e obscura do mundo, como se "mais complexo" significasse ser capaz de entender o quadro-negro de um físico, repleto de equações complexas.

FIGURA 1-3

Trajetória do desenvolvimento mental na fase adulta

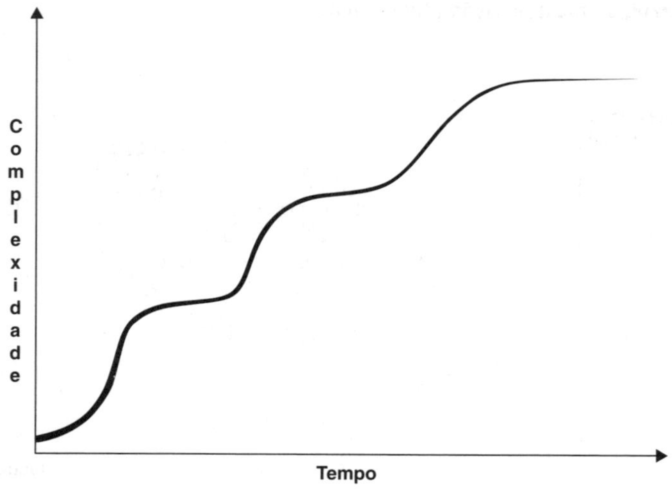

TRÊS PLATÔS DA COMPLEXIDADE MENTAL ADULTA

Mais adiante neste livro, daremos detalhes adicionais desses níveis, mas, por ora, comecemos com uma rápida visão geral dos três platôs qualitativamente diferentes da complexidade mental que verificamos entre adultos, conforme sugerem as Figuras 1-4 e 1-5.

FIGURA 1-4

Três platôs do desenvolvimento mental adulto

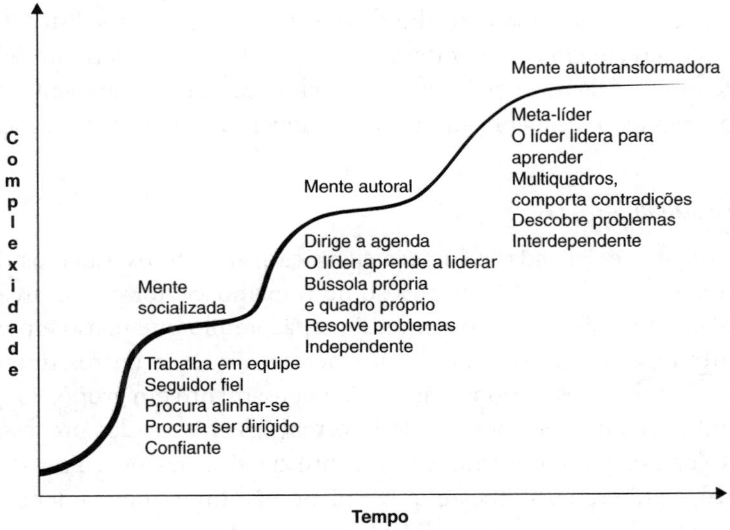

FIGURA 1-5

Os três platôs adultos descritos

A mente socializada
- Somos moldados pelas definições e expectativas de nosso ambiente pessoal.
- Nosso eu adquire coerência por seu alinhamento com, e lealdade a, aquilo com que se identifica.
- Isso pode expressar-se principalmente em nosso relacionamento com as pessoas, com as "escolas de pensamento" (nossas ideias e crenças) ou ambos.

A mente autoral
- Somos capazes de nos distanciar do ambiente social o suficiente para criar uma "cadeira de julgamento" interna ou uma autoridade pessoal que avalia e faz escolhas relativas às expectativas externas.
- Nosso eu adquire coerência por seu alinhamento com seu sistema de crenças/ideologia/código pessoal próprios, por sua capacidade de se autodirigir, tomar posições, estabelecer limites e criar e regular seus limites em nome de sua voz própria.

A mente autotransformadora
- Podemos nos distanciar dos limites de nossa própria ideologia ou autoridade pessoal e refletir sobre eles; enxergar que qualquer sistema ou auto-organização é, em algum aspecto, parcial ou incompleto; ser mais abertos à contradição e aos opostos; procurar manter múltiplos sistemas, em vez de projetá-los quase todos no outro.
- Nosso eu adquire coerência por meio de sua capacidade de não confundir a consistência interna com a inteireza ou integralidade, e por meio de seu alinhamento com o dialético, e não com o polarizado.

Esses três sistemas de entendimento adulto – a mente socializada, a mente autoral e a mente autotransformadora – abstraem sentido do mundo e operam dentro dele de formas profundamente diferentes. Podemos ver como isso aparece no trabalho aos nos concentrarmos em qualquer aspecto significativo da vida organizacional e observar como um mesmo fenômeno – por exemplo, o fluxo de informação – é completamente diferente pela lente de cada perspectiva.

O modo como a informação flui ou não dentro de uma organização – o que as pessoas "enviam", para quem enviam, como recebem ou tratam daquilo que flui para elas – é uma característica obviamente crucial de como um dado sistema funciona. Especialistas em cultura organizacional, comportamento organizacional ou mudança organizacional frequentemente abordam esse tema com um sofisticado senso de como os sistemas afetam o comportamento individual, porém com um senso espantosamente ingênuo de quão poderoso é o nível de complexidade mental com que o indivíduo vê aquela cultura organizacional ou aquela iniciativa de mudança.

Mente socializada

Ter uma mente socializada influencia significativamente os aspectos do envio e do recebimento do fluxo de informação no trabalho. Se for esse o nível de complexidade mental com que vejo o mundo, então aquilo que penso em enviar será fortemente influenciado por aquilo que acredito que os outros querem saber. Talvez você conheça os estudos clássicos de pensamento em grupo, os quais mostram membros da equipe suprimindo informações cruciais dos processos decisórios coletivos porque (conforme se descobre depois, nas pesquisas de acompanhamento), "embora eu soubesse que o plano não tinha praticamente nenhuma possibilidade de sucesso, vi que o líder queria contar com nosso apoio".

Alguns desses estudos de pensamento em grupo foram feitos originalmente em culturas asiáticas, em que os membros da equipe que suprimiram informações falavam de "salvar a face" dos líderes e não sujeitá-los à vergonha, mesmo ao preço de colocar a empresa no rumo do prejuízo. Os estudos eram, com frequência, apresentados como se estivessem revelando um fenômeno particularmente cultural. Da mesma forma, a famosa pesquisa de obediência à autoridade, de Stanley Milgram, foi originalmente realizada para compreender a mentalidade do "bom alemão" e o que na cultura alemã levaria pessoas decentes e não sádicas a cumprir ordens para exterminar milhões de judeus e poloneses.[1] Mas Milgram, em séries práticas de seu método de coleta de dados, surpreendeu-se ao encontrar "bons alemães" por toda a Main Street,* nos Estados Unidos; e, embora pensemos na sensibilidade à vergonha como uma característica particular da cultura asiática, a pesquisa de Irving Janis e Paul t'Hart deixou claro que o pensamento em grupo é um fenômeno tão forte no Texas e em Toronto quanto em Tóquio e em Taiwan.[2] Trata-se de um fenômeno cuja origem não está na cultura, mas na complexidade da mente.

**Nota da Tradutora*: Alusão à principal rua das cidades americanas, onde em geral se concentra o comércio.

A mente socializada também influencia fortemente o modo como a informação é *recebida* e *tratada*. Quando a manutenção do alinhamento com terceiros importantes e "circunvizinhos" valorizados é crucial para a própria existência da pessoa, a mente socializada é altamente sensível a – e influenciada por – aquilo que ela capta. E aquilo que ela capta costuma ir muito além da mensagem explícita, podendo incluir os resultados da grande atenção investida nos subtextos imaginados, que podem exercer mais impacto sobre o receptor do que a mensagem pretendida. Isso costuma ser espantoso e desanimador para os líderes, que não conseguem entender como os subordinados puderam *"entender isso"* daquele comunicado; mas pelo fato de que o detector de sinais e ruídos do receptor pode estar altamente distorcido, a informação que efetivamente chega talvez tenha apenas uma vaga relação com a intenção do emissor.

Mente autoral

Contrastemos tudo isso com a mente autoral. Se vejo o mundo desse nível de complexidade mental, o que "envio" tende a ser resultado daquilo que considero que os outros precisam saber para melhor promover a agenda ou a missão de meu plano. Consciente ou inconscientemente, tenho uma direção, uma agenda, uma posição, uma estratégia, uma análise do que é necessário, um contexto prévio do qual surge minha comunicação. Minha direção ou plano pode ser excelente ou estar repleto de pontos cegos. Posso ser mestre ou inepto em recrutar outros para seguir naquela direção. Essas questões implicam outros aspectos do eu. Mas a complexidade mental influencia fortemente se meu envio de informações está direcionado para que eu me sente no banco do motorista e dirija (a mente autoral) ou para que eu entre no carro e seja levado (a mente socializada).

Podemos ver um estado de mente semelhante operando também quando "recebemos". A mente autoral cria um filtro para aquilo cuja entrada permitirá. Ela coloca como prioridade receber as informações que tem procurado. Em segundo lugar na escala de importância estão as informações cuja relevância para meu plano, minha posição [postura] ou meu quadro [estrutura] está imediatamente clara. É muito mais difícil informações que não pedi e que não tenham relevância óbvia para o meu plano de ação passarem pelo filtro.

É fácil ver como tudo isso poderia descrever uma admirável capacidade de foco, de distinguir o importante do urgente, de fazer o melhor uso possível do tempo limitado que se tem, ao se dispor de um meio de lidar com as intermináveis e crescentes exigências de nossa atenção. Isso pode atestar como a mente autoral é um avanço em relação à mente socializada. Mas essa mesma descrição também pode ser a receita para o desastre no caso de o plano ou a posição da pessoa ter algum aspecto falho, se deixar de fora algum elemento crucial da equação que não foi reconhecido pelo filtro ou se o mundo mudou de forma tal que um quadro outrora bom agora tornou-se antiquado.

Mente autotransformadora

Em contraste, a mente autotransformadora também tem um filtro, mas este não está fundido com ela. A mente autotransformadora pode distanciar-se de seu próprio filtro e *olhar para ele*, e não apenas *enxergar através dele*. E por que ela faria isso? Porque a mente autotransformadora tanto valoriza como *vê com cautela* qualquer posição, análise ou agenda. Ela se mantém consciente de que, por mais poderoso que um dado plano possa ser, quase inevitavelmente deixa algo de fora. Ela tem consciência de que vive no tempo e que o mundo está em movimento, e que aquilo que pode ter feito sentido hoje talvez não faça tanto sentido amanhã.

Portanto, ao se comunicarem, as pessoas dotadas de mentes autotransformadoras não estão apenas promovendo a própria agenda e o próprio plano [desígnio]. Estão também abrindo espaço para a modificação ou a expansão de sua agenda ou plano. Como as pessoas dotadas de mentes autorais, o que elas enviam pode incluir indagações e pedidos de informação. Mas, em vez de indagar apenas *dentro* do quadro de seu plano (buscando informações que promovam sua agenda), suas indagações referem-se também ao plano em si. Elas buscam informações que possam melhorar a si e suas equipes, lapidar ou alterar o plano original ou torná-lo mais inclusivo. O envio de informações não se dá apenas com o intuito de dirigir; ocorre também para que se possa refazer o mapa ou mudar de direção.

Da mesma forma, o modo de a mente autotransformadora receber informações inclui as vantagens do filtro da mente autoral, porém ela não é prisioneira desse filtro. As pessoas que se encontram nesse nível de complexidade mental continuam em condições de se concentrar, selecionar e dirigir quando sentem que têm um bom mapa. Porém, atribuem uma prioridade mais alta a informações que também possam alertá-las quanto aos limites de seu plano ou quadro atual. Elas valorizam seu filtro e sua capacidade de separar o joio do trigo, mas sabem que ele também pode descartar "o joio de ouro", o não perguntado, a anomalia, o aparentemente desimportante, que pode ser justamente o necessário para fazer uma reviravolta no plano e alçá-lo ao nível de qualidade seguinte.

As pessoas dotadas de mente autotransformadora têm maior probabilidade de até mesmo ter a chance de considerar essas informações, porque os outros tendem a enviá-las a elas. Por que isso acontece? Porque os dotados de mentes autotransformadoras não apenas atentam às informações assim que elas chegam à sua porta, como também percebem que seu comportamento pode ter grande efeito, *de baixo para cima*, em relação à decisão das pessoas de se aproximar de sua porta. Eles não deixam que as outras pessoas fiquem se perguntando se devem ou não enviar informações do tipo "extramissão" que julgam importantes. Elas as enviam porque os dotados de mentes autotransformadoras descobriram formas de fazê-las saber que essas informações serão bem-vindas.

COMPLEXIDADE MENTAL E DESEMPENHO

Essas descrições, concentradas apenas num único elemento importante da vida organizacional – o fluxo de informação –, devem começar a deixar um pouco mais claros os diferentes níveis de complexidade mental. Também sugerem uma proposição de valor da complexidade mental. Cada nível sucessivo de complexidade mental é formalmente mais alto que o anterior porque pode desempenhar as funções mentais do nível anterior, bem como as funções adicionais. Mas a discussão de como o fluxo de informação é concebido e administrado sugere também que essas propriedades mentais formais traduzem-se em ações reais e com consequências reais para o comportamento organizacional e a competência no trabalho. A inferência é que um nível mais alto de complexidade mental implica um desempenho superior ao de um nível mais baixo.

Será isso apenas uma hipótese, embora com aparente validade plausível, ou ela foi efetivamente testada e tem sido sistematicamente demonstrada? Hoje, existe uma série de estudos correlacionando medidas de complexidade mental e avaliações independentes de competência ou desempenho no trabalho. Consideraremos esses resultados em maior profundidade adiante neste livro; por ora, vamos dar uma rápida olhada no que mostram esses estudos.

Keith Eigel avaliou o nível de complexidade mental de 21 CEOs de empresas grandes e bem-sucedidas, e cada uma dessas empresas é líder em sua indústria ou setor de atuação e com receita bruta superior a $5 bilhões.[3] (Ele usou uma medida de avaliação com base numa entrevista de 90 minutos, a qual nós e nossos colegas desenvolvemos. A Entrevista Sujeito-Objeto, descrita [a seguir] em "Como avaliamos o nível de complexidade mental?", tem, nos últimos 20 anos, sido usada no mundo todo, em todas as indústrias e setores. Ela discrimina o movimento do desenvolvimento entre e dentro dos níveis de complexidade mental com altos graus de confiabilidade interavaliadores). Usando avaliações de desempenho separadas, Eigel também avaliou a eficácia dos CEOs em termos da capacidade de:

- Questionar os processos existentes
- Inspirar visão compartilhada
- Gerenciar conflitos
- Resolver problemas
- Delegar
- Empoderar
- Construir relacionamentos

Ademais, para fins de comparação, Eigel fez avaliações semelhantes em cada uma das mesmas empresas, entrevistando promissores médios gerentes nomeados por seus respectivos CEOs. A Figura 1-6 traz um resumo dessas descobertas.

Vários resultados se destacam. O primeiro óbvio é a claramente discernível linha ascendente, a qual significa que a maior complexidade mental e a maior competência no trabalho, levantadas numa série de dimensões, estão correlacio-

Como avaliamos o nível de complexidade mental?

Nossa ferramenta de avaliação é uma entrevista de 90 minutos que chamamos de Entrevista Sujeito-Objeto, assim denominada porque a complexidade da mente varia em função de como distingue os pensamentos e sentimentos que temos (isto é, podemos olhá-los, podemos tomá-los como *objeto*) dos pensamentos e sentimentos que "nos possuem" (isto é, somos regidos por eles, estamos *sujeitos* a eles). Cada diferente nível de complexidade mental traça uma linha entre aquilo que é sujeito e aquilo que é objeto. A maior complexidade significa ser capaz de *olhar* mais (tomar mais como *objeto*). O ponto cego (aquilo que está *sujeito*) torna-se cada vez menor. O instrumento de avaliação se mostrou bastante sutil; ele pode identificar por completo, com altos graus de confiabilidade interavaliadores, cinco diferentes locais transicionais entre duas mentes, quaisquer que sejam elas.

A entrevista começa entregando ao sujeito 10 fichas, nas quais estão escritas as seguintes deixas:

- Irritado, com raiva
- Ansioso, nervoso
- Sucesso
- Posição forte, convicção
- Triste
- Abatido
- Sensibilizado, tocado
- Mudança
- Importante

Nos primeiros 15 minutos, pedimos ao entrevistado para fazer anotações em cada cartão, em resposta às perguntas da seguinte forma: "Pense nas vezes, durante os últimos dias ou semanas, em que você se sentiu realmente irritado ou louco da vida com algo [ou nervoso, apavorado, ansioso etc.] e anote o que lhe veio à mente." A entrevista então prossegue como uma exploração sistemática: o entrevistado nos conta os "*quês*" (o que o fez sentir-se irritado, bem-sucedido etc.) e fazemos uma sondagem para saber os porquês (por que aquilo o fez sentir-se irritado ou bem-sucedido; o que exatamente estava em jogo?). Escolhemos essas "deixas" porque pesquisas anteriores demonstraram que elas eram ótimas para trazer à tona os limites e perfis da atual maneira das pessoas de conceber a realidade. Um entrevistador treinado pode explorar esse material para saber qual é o princípio subjacente que rege aquilo que a pessoa consegue ou não consegue ver (o ponto cego).

As entrevistas são transcritas e analisadas segundo um processo uniforme. Milhares dessas entrevistas já foram conduzidas até agora com pessoas do mundo todo, com pessoas de todas as idades e ocupações. A maioria das pessoas considera a entrevista uma experiência altamente envolvente.

Fonte: L. Lahey, E. Souvaine, R. Kegan, e colaboradores, *A Guide to the Subject-Object Interview: Its Administration and Analysis* (Cambridge, MA: The Subject-Object Research Group, Harvard University Graduate School of Education, 1988).

FIGURA 1-6

Capacidade mental individual e eficácia empresarial: Resultados de Eigel

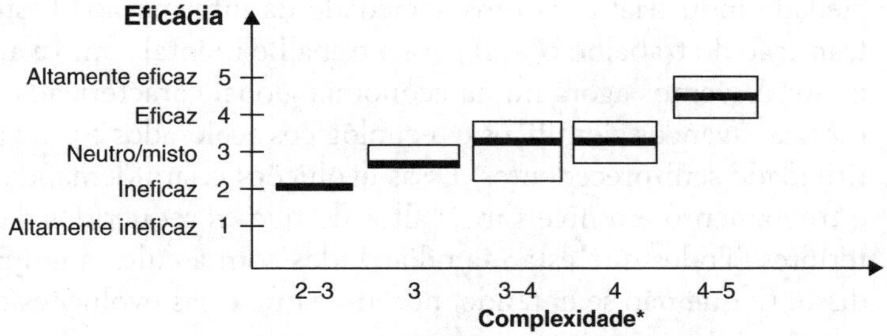

		Mente socializada		Mente autoral		
CEO	0	0	0	17	4	n = 21
Médio gerente	1	2	7	10	1	n = 21

Fonte: K. Eigel, "Leader Effectiveness" (Tese de doutorado, University of Georgia, 1998).

*3 = mente socializada; 4 = mente autoral; 5 = mente autotransformadora

nadas. Desse modo, não apenas é possível atingir planos mais elevados de complexidade mental, como também esse desenvolvimento está correlacionado com a eficácia – tanto em relação a CEOs quanto a médios gerentes. Essa descoberta foi reproduzida numa variedade de estudos minuciosos de pequenos grupos de líderes, avaliados em relação a competências específicas.[4] Tomados em conjunto, os dados cumulativos voltam a atestar o problema da complexidade: começamos a ver como o fato de se estar num dado nível de complexidade mental pode tornar um "mundo complexo" mais ou menos administrável.

MUDANÇAS NAS EXIGÊNCIAS FEITAS A SEGUIDORES E LÍDERES

Podemos também ter uma visão mais abrangente da mesma questão ao considerar as novas exigências que líderes e seus subordinados têm de atender no mundo mais veloz, uniforme e interconectado em que vivemos. Dê mais uma olhada na Figura 1-4, o gráfico dos vários platôs da complexidade mental adulta.

Agora, consideremos o que foi e o que é agora solicitado dos subordinados. No mundo em que *costumávamos* viver, na maioria dos casos, bastava as pessoas serem capazes de atuar em equipe ou dar conta de suas responsabilidades, serem leais à empresa ou organização em que trabalhavam e serem confiáveis no sentido de seguir conscienciosamente as orientações e sinalizações de seu chefe. Em outras palavras, a mente socializada seria perfeitamente adequada para lidar com a natureza das exigências ou demandas de ontem sobre os subordinados.

E hoje? Nathaniel Branden escreve o seguinte:

> Nas últimas duas ou três décadas, ocorreram evoluções extraordinárias nas economias americana e mundial. Os Estados Unidos mudaram de uma sociedade industrial para uma sociedade da informação. Testemunhamos a transição do trabalho braçal para o trabalho mental como a atividade dominante. Vivemos agora numa economia global caracterizada por mudanças rápidas, avanços científicos e tecnológicos acelerados e um grau de competitividade sem precedentes. Essas evoluções criam demanda por educação e treinamento em níveis mais altos do que os requeridos das gerações anteriores. Todos que estão familiarizados com a cultura empresarial sabem disso. O que não se entende, porém, é que essas evoluções criam também novas exigências no que se refere a nossos recursos psicológicos. Especificamente, tais evoluções requerem maior capacidade de inovação, autogestão, responsabilidade pessoal e autodireção. E não se pede isso apenas aos que estão nos altos cargos; é algo solicitado em todos os níveis da empresa, da alta direção até a camada da supervisão e até mesmo aos cargos de início de carreira... Hoje, as organizações precisam não apenas de um nível de conhecimento e preparo inauditamente mais alto entre todos os seus participantes, mas também de um nível mais alto de independência, segurança própria, autoconfiança e capacidade de iniciativa.[5]

O que Branden – e muitos outros que escrevem sobre o que estamos agora buscando em nossa força de trabalho – realmente quer dizer, no que se refere ao nível de complexidade mental? Ele está dizendo, sem que se dê conta disso, que costumava ser suficiente o fato de os trabalhadores estarem no nível da mente socializada, mas hoje precisamos de trabalhadores que estejam no nível da mente autoral. Com efeito, *estamos instando os trabalhadores a entender a si próprios e seu mundo num nível qualitativamente mais alto de complexidade mental.*

E qual é o quadro se olharmos não para os subordinados, mas para os chefes e líderes? O teórico organizacional Chris Argyris levanta questões semelhantes a respeito da sempre crescente insuficiência das tradicionais concepções de eficácia gerencial e de liderança que ainda dominam nosso pensamento na atualidade. Pode ter havido um dia em que não bastava os líderes desenvolverem objetivos valorosos e regras sensatas, cultivar alinhamentos ao redor de si e trabalhar "para manter o desempenho organizacional dentro da faixa especificada" – exercitando, o tempo todo, a força de caráter para defender a própria posição e se manter irredutível em face de oposição.[6] Por mais preparados que esses gestores pudessem ser, suas habilidades não serão mais suficientes num mundo que pede líderes que possam não apenas dirigir, mas também reconstituir suas organizações – suas regras e normas, suas missões e cultura – num ambiente de mudanças progressivamente mais rápidas. Por exemplo, uma organização de produtos padronizados e de baixo custo que opte por se transformar numa "customizadora" de massa ou numa provedora de soluções completas para empresas precisará desenvolver todo um conjunto novo de capacidades individuais e de equipe.

Há 30 anos, Argyris e Schön descreveram os desafios de uma transição organizacional parecida:

> Isso, por sua vez, exige que os membros da empresa adotem novos métodos de marketing, gestão e propaganda; que se acostumem a um ciclo de vida de produto muito mais curto e a um ciclo mais rápido de mudanças em seu padrão de atividades; que, de fato, mudem a própria imagem do negócio em que atuam. E essas exigências de mudança entram em conflito com outro tipo de norma corporativa, aquela que exige previsibilidade na gestão dos assuntos corporativos... Um processo de mudança que visa a eficácia, iniciado sob as normas existentes, acaba gerando conflito nas próprias normas.[7]

Por mais de uma geração, Argyris (e os que foram influenciados por ele) tem, sem se dar conta, clamado por uma nova capacidade da mente. Essa nova mente teria não apenas a capacidade de "*autorar*" uma visão de como a organização deveria funcionar, mas também a coragem de se ater resolutamente a essa visão. Ela seria também capaz de sair de *sua própria* ideologia ou quadro estrutural, observar as limitações ou defeitos desse quadro e "*reautorar*" uma visão mais abrangente – a qual ela manteria de forma suficientemente probatória para que também suas limitações pudessem ser descobertas. Em outras palavras, o tipo de "aprendiz" que Argyris acertadamente busca no líder de hoje pode precisar ser uma pessoa cujo entendimento se dê com uma mente *autotransformadora*.

Assim, estamos pedindo a cada vez mais trabalhadores que antes podiam fazer seu trabalho com sucesso, munidos de sua mente socializada – bons soldados –, que mudem para a mente autoral. E estamos pedindo a mais e mais líderes que antes podiam liderar com sucesso, munidos de sua mente autoral – verdadeiros capitães –, que desenvolvam uma mente autotransformadora. Em suma, estamos pedindo uma enorme mudança na complexidade mental individual em toda a extensão da organização.

E qual *é* a extensão da distância entre o que agora esperamos da mente das pessoas e aquilo que ela efetivamente é? Estaremos esperando algo muito difícil de alcançar? Afinal, se o mundo se tornou mais complexo nos últimos 50 anos, então talvez o mundo tenha também se tornado melhor incubadora de complexidade mental, tendo a oferta de complexidade mental aumentado com a procura.

Dispomos agora de duas ferramentas de medição sofisticadas, confiáveis e amplamente usadas para avaliar a complexidade mental na linha daquilo que estamos falando aqui. (Obviamente, trata-se de algo muito diferente dos testes de QI, o qual tem apenas uma pequeníssima correlação com a complexidade mental; você pode ter um QI acima da média, digamos 125, e estar em qualquer um dos três platôs.) São elas o Sentence Completion Test (SCT) [Teste de Completar Sentenças] da Washington University e a Subject-Object Interview (SOI) [Entrevista Sujeito-Objeto], que apresentamos anteriormente.[8] Duas grandes meta-análises de estudos que usam uma ou outra dessas ferramentas de medição já foram realizadas, com várias centenas de participantes em cada estudo. A Figura 1-7 apresenta um rápido resumo dos resultados.

Há duas observações que se destacam nos dados contidos na Figura 1-7:

- Ambos os estudos, cada um feito com amostras completamente diferentes, chegaram à mesma descoberta – que, em grande parte dos respondentes, a complexidade mental não chega a atingir a da mente autoral (de fato, em cada um dos estudos, exatamente 58% não estão nesse nível) – e, considerando que ambos os estudos estão viesados para profissionais de classe média com curso superior, a porcentagem real na população em geral tende a ser ainda mais alta.
- A porcentagem de pessoas que estão *além* do platô da mente autoral é bem pequena.

Esses dados sugerem que é bastante grande a distância entre aquilo que agora esperamos da mente das pessoas (incluindo a nossa própria mente) e aquilo que nossa mente é efetivamente. Esperamos que os trabalhadores sejam, em sua maioria, *autorais*, mas a maioria não o é. Esperamos que os líderes sejam, em sua maioria, mais complexos do que o nível *autoral* – e pouquíssimos o são.

FIGURA 1-7

Resultados de dois estudos de larga escala da distribuição de níveis de complexidade mental entre adultos

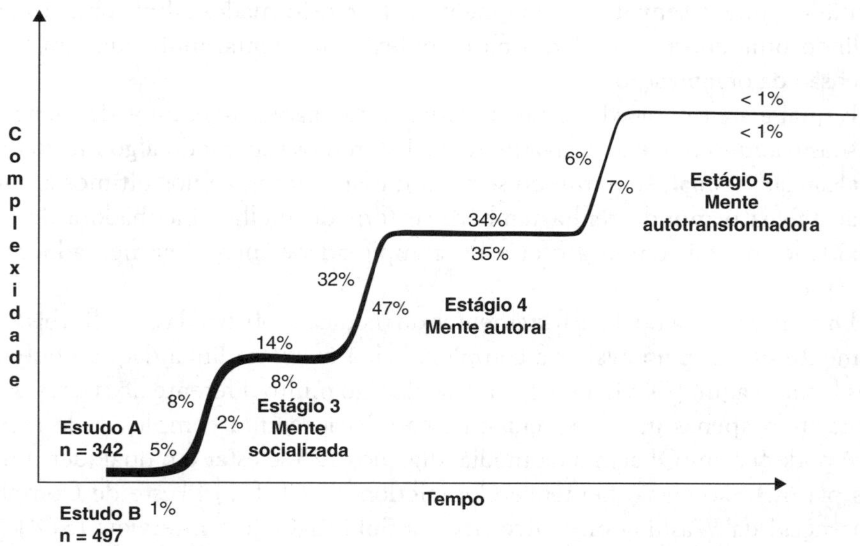

Fontes: Estudo A: R. Kegan, *In Over Our Heads* (Cambridge, MA: Harvard University Press, 1994). Estudo B: W. Torbert, *Managing the Corporate Dream* (Homewood, IL: Dow-Jones, 1987).

Podemos ver essas mesmas macrotendências confirmadas no nível micro se retornarmos por um momento para o estudo de Eigel (dê outra olhada na Figura 1-6). Observe que apenas cerca da metade dos "médios gerentes promissores" é autoral (e aqueles que o são saem-se melhor que aqueles que não o são), e apenas quatro dos 21 CEOs de empresas líderes em suas respectivas indústrias ou setores estão acima do estágio autoral (e estes se saem melhor do que aqueles que não estão nesse nível).

COMPLEXIDADE MENTAL E DESAFIOS "TÉCNICOS" *VERSUS* "ADAPTATIVOS"

Nosso colega e amigo Ronald Heifetz estabelece uma importante distinção que nos ajuda a sumarizar os pontos centrais que defendemos até aqui. Heifetz traça uma distinção entre dois tipos de desafios de mudança, que ele chama de "técnicos" e "adaptativos".[9] Desafios técnicos não são necessariamente fáceis, nem seus resultados são necessariamente desimportantes ou insignificantes. Aprender a remover um apêndice inflamado ou a pousar um avião com a roda do nariz travada são exemplos de desafios altamente técnicos, e sua bem-sucedida superação é certamente importante para o paciente na mesa de cirurgia ou para os nervosos passageiros do avião temendo um acidente na aterrissagem.

Os desafios, não obstante, são "técnicos" do ponto de vista de Heifetz porque o conjunto de habilidades necessário para executar essas complicadas operações é bastante conhecido. As rotinas e os processos pelos quais poderíamos ajudar um interno ou um piloto novato a se tornar um profissional completo são amplamente comprovados e aplicados. Embora seja totalmente possível que um interno ou um piloto em treinamento se torne qualitativamente mais complexo no decorrer de anos de treinamento, esse desenvolvimento mental está além do escopo de seu treinamento técnico. Cirurgiões novatos, por exemplo, tornam-se cirurgiões suficientemente habilitados sem que ninguém se preocupe com seu desenvolvimento adulto ou crescimento mental.

Todavia, muitos, se não a maioria, dos desafios de mudança que enfrentamos hoje e enfrentaremos amanhã exigem algo mais além da incorporação de novas habilidades técnicas em nossa mente atual. São eles os "desafios adaptativos", os quais só podem ser superados com a transformação da mente, com o avanço para um estágio mais sofisticado de desenvolvimento mental.

Heifetz diz que o maior erro que os líderes cometem é quando aplicam meios técnicos para resolver desafios adaptativos. Em outras palavras, podemos não ser capazes de levar a cabo as mudanças que desejamos por estarmos diagnosticando incorretamente nossa aspiração como de natureza técnica, quando, na realidade, trata-se de um desafio adaptativo. A dedução é que precisamos encontrar meios *adaptativos* (não técnicos) em que nos apoiar para fazer face a desafios adaptativos.

Distinguir os desafios adaptativos dos técnicos faz deslocar nossa atenção do "problema" para "a pessoa que tem diante de si o problema". Dissemos que a "complexidade" é, na verdade, uma história sobre a relação entre as demandas e os arranjos complexos do mundo e nossa própria complexidade mental. Quando examinamos essa relação, descobrimos uma lacuna: nossa própria complexidade mental está aquém da complexidade das demandas do mundo. Faltam-nos meios para lidar com essa lacuna.

E isso naturalmente nos leva à pergunta seguinte: podemos efetivamente fazer algo para incubar, e acelerar, a complexidade mental? Passamos mais de 20 anos explorando ativamente essa pergunta num "laboratório" que nos levou a todas as partes do mundo. No próximo capítulo, nós o trazemos para dentro desse laboratório para lhe mostrar o que descobrimos.

[2]
REVELANDO A IMUNIDADE À MUDANÇA

PORTANTO, o que significaria fazer face a uma mudança adaptativa de forma adaptativa, em vez de técnica? Em outras palavras, o que significaria promover o desenvolvimento da complexidade da mente? Em muitos aspectos, o restante deste livro é uma resposta a essa pergunta.

Verificamos que a superação de desafios adaptativos requer, em primeiro lugar, uma *formulação* adaptativa do problema (isto é, precisamos ver exatamente como o desafio se contrapõe aos limites atuais de nossa complexidade mental) e, em segundo lugar, uma *solução* adaptativa (isto é, nós mesmos precisamos nos adaptar de alguma forma).

Este capítulo se dedica à primeira tarefa: criar a formulação adaptativa de um desafio adaptativo. Ver como um desafio nos leva aos atuais limites de nosso crescimento mental obviamente não é apenas uma questão cognitiva. Ao contrário, haverá conexão entre mente e coração, pensamento e sentimento. Uma formulação adaptativa requer algum novo meio de percepção que nos permita, de imediato, uma leitura analítica mais clara do que tínhamos antes e revele a "ecologia emocional" subjacente naquele desafio.

Este capítulo apresenta um método explícito para se adquirir esse novo meio de percepção. (No Capítulo 9, você terá a oportunidade de desenvolver uma formulação adaptativa de um de seus próprios desafios.) Assim que tivermos discutido como desenvolver uma formulação adaptativa, passaremos para as soluções adaptativas: nós lhe mostraremos como fazer mudanças – em si próprio e em sua organização – viabilizadas pelo desenvolvimento de uma complexidade mental maior.

Para lhe ensinar nosso método, queremos primeiramente trazê-lo para dentro de nosso "laboratório", a fim de lhe mostrar o que descobrimos – um fenômeno que chamamos de imunidade à mudança. Nosso laboratório não existe num único espaço dentro de uma universidade, e não usamos jalecos brancos enquanto trabalhamos. Nosso laboratório está no mundo, no ambiente de trabalho real de empresas, no governo e na área de ensino, nos Estados Unidos e no exterior, onde, em cada um dos casos, corajosos líderes – CEOs, altos gerentes, comissários ou diretores de repartições públicas e superintendentes – nos convidaram a trabalhar em conjunto com eles e suas equipes ao longo de vários meses, numa nova jornada de aprendizado.

Diante de você, seguraremos esse fenômeno nas mãos e o exibiremos de todos os lados para que você possa vê-lo de vários ângulos. Se nossa demonstração for bem-sucedida, você verá uma dinâmica, anteriormente oculta, do problema da mudança. A versão particular de cada pessoa relativa a essa dinâmica torna-se visível através do esboço de um mapa mental que funciona de forma parecida com um raio X, uma imagem do invisível tornada visível. O raio X, ou mapa da imunidade, nos ajuda a ver não apenas como estão as coisas naquele momento, mas também por que estão daquele jeito e o que precisará ser mudado para produzir eventuais novos resultados significantes. A melhor forma de ajudarmos você a visualizar o fenômeno é mostrar alguns desses mapas da imunidade.

MAPA DA IMUNIDADE DE PETER

Nós lhe apresentamos Peter Donovan, um CEO colega nosso. Peter é CEO e cofundador de uma empresa de serviços financeiros de bilhões de dólares com sede na Nova Inglaterra. Quando o conhecemos, ele estava na casa dos 50 anos e fizera a empresa passar do status de uma integrante de importância secundária num conjunto de negócios para o de uma das inegáveis joias da coroa corporativa. É um sujeito contagiantemente energizante, estimulante e engraçado, cuja mente curiosa, interesse nas pessoas e amor pelo trabalho contribuíram imensamente para o sucesso de sua empresa. Por ter sido o primeiro líder da empresa, ela traz inevitavelmente a marca de sua personalidade.

Embora talentoso em muitos aspectos, Peter, como todo mundo, tinha suas limitações. E estas estavam se tornando mais perceptíveis, foi ele o primeiro a dizer, porque havia decidido, não muito antes de começarmos a trabalhar com ele, aumentar o porte de sua empresa com a aquisição de dois concorrentes de diferentes partes do país. Claro está que isso significava também adquirir os desafios organizacionais da fusão de diferentes culturas corporativas, assumir novos altos gestores, os quais, por sua vez, precisavam assumir diferentes funções, e, em alguma medida, redefinir seu modo de operar. Em primeiro lugar, dentre os desafios pessoais de Peter nessas novas circunstâncias, estava a necessidade de ele desenvolver um modelo de liderança mais distribuída, atuar menos diretamente em todas as atividades, ser um delegador melhor e deixar que mais pensamentos – além dos seus próprios – entrassem na região executiva do cérebro da empresa.

Apoiando-se em seu autoconhecimento, mas também examinando seriamente o feedback que recebera dos que o cercavam, Peter identificou um conjunto de objetivos de mudança pessoal e se dispôs fortemente a atingi-los. Ele disse que era imperativo, não apenas desejável, que operasse essas mudanças para ter sucesso em conduzir a empresa para a próxima etapa de sua existência. Segundo suas palavras, ele queria:

- Ser mais receptivo a novas ideias.
- Ser mais flexível em suas respostas, especialmente com relação a novas definições de papéis/funções e responsabilidades.
- Ser mais aberto à delegação e ao apoio de novas linhas de autoridade.

Para que Peter pudesse fazer o raio X dessas aspirações, teria de criar uma lista honesta e franca das coisas que fez (e deixou de fazer) que trabalhavam *contra* esses objetivos. Sua lista inicial era assim:

- Costumo dar respostas lacônicas a novas ideias, com um tom de "assunto encerrado", de "pode ir parando por aí" ou de rejeição.
- Não faço perguntas abertas nem procuro genuinamente saber a opinião dos outros com a devida frequência.
- Com excessiva frequência, passo aos outros a mensagem de que eles precisam voltar a bola para mim.
- Sou rápido demais em dar minha opinião quando isso pode não ser o que as pessoas estão pedindo.

A Figura 2-1 mostra as duas primeiras características do raio X de Peter.

FIGURA 2-1

Resultado do raio X de Peter: Colunas 1 e 2

1 Compromissos (objetivos de melhoria)	2 Fazer/não fazer (comportamentos que trabalham contra os objetivos)
Ser mais receptivo a novas ideias Ser mais flexível em minhas respostas, especialmente em relação a novas definições de papéis/funções e responsabilidades Estar mais aberto a delegar e a dar apoio a novas linhas de autoridade	Dar respostas lacônicas a novas ideias; tom de "assunto encerrado", de "pode ir parando por aí" ou de rejeição Não fazer perguntas abertas nem procurar saber a opinião dos outros com a devida frequência Passar demais/com excessiva frequência aos outros a mensagem de que eles precisam voltar a bola para mim Ser rápido demais em dar minha opinião quando isso pode não ser o que as pessoas estão pedindo

Tentar resolver os problemas corrigindo os comportamentos da segunda coluna é uma resposta perfeitamente compreensível e comum. É também um perfeito exemplo da tentativa de resolver um problema por meios técnicos. Se os objetivos de Peter contidos na coluna 1 representam um desafio mais adaptativo do que técnico para ele, tentar resolver seu problema por meio da correção dos comportamentos listados na coluna 2 é também um perfeito exemplo da tentativa de resolver um desafio adaptativo por meios técnicos.

Ao desenvolver ainda mais esse raio X, assumimos uma postura contraintuitiva respeitosa em relação aos comportamentos obstrutivos da segunda coluna. Em vez de vê-los como algo que precisa desaparecer, olhamos os comportamentos como um recurso precioso, como informações valiosas que podem ser exploradas para desenvolver um retrato mais satisfatório daquilo que pode estar acontecendo realmente. Outra forma de expor essa ideia é dizendo que vemos os itens da segunda coluna mais como sintomas de outra coisa do que "da coisa em si". Assim, estamos, por ora, menos interessados em fazer esses comportamentos desaparecerem e mais interessados em saber como podem nos levar a um retrato do verdadeiro desafio.

Neste ponto, somos lembrados daquilo que o psicólogo William Perry disse certa vez serem as duas coisas mais importantes para se saber em relação às pessoas que você está ajudando a mudar: "O que elas realmente querem [coluna 1] e o que farão para impedir de consegui-lo? [coluna 2]." A vantagem de nossa tecnologia de raio X é que ela também fornece uma janela para um terceiro elemento: *por que* as pessoas persistem nos comportamentos da coluna 2 que as impedem de obter o que desejam? Para obter a resposta, precisamos examinar os compromissos concomitantes na coluna 3.

Usando nossa tecnologia de raio X, podemos tornar visíveis aqueles compromissos "ocultos" que "dominam" Peter – compromissos que o mantêm cativo em seu controle (ainda que Peter esteja parcial ou completamente inconsciente deles) e que competem com os objetivos de Peter, declarados na coluna 1.

Quais compromissos "dominam" Peter? Ele listou os seguintes:

- Fazer as coisas serem executadas do *meu* jeito!
- Sentir que tenho influência direta.
- Sentir o orgulho da autoria (do jeito que fazemos as coisas), ou seja, ver minha marca nas coisas.
- Preservar meu senso do eu como o super-resolvedor de problemas, aquele que sabe o que é melhor, aquele que está no controle – ontem, hoje e amanhã.

Este último compromisso revelou ser o que sentimos como o mais influente.

Se introduzirmos esse componente no raio X, conforme mostrado na Figura 2-2, veremos não só uma coleção de itens separados, mas um sistema em operação.

As setas contidas na Figura 2-2 sugerem que aquilo que estamos vendo não é apenas um conjunto de itens dispostos em três colunas separadas. Estamos vendo a expressão de um sistema único e dinâmico; um sistema em equilíbrio; um sistema de forças compensatórias que se preserva e se sustenta por um bom motivo. Nós o chamamos de sistema *imune* porque nos dá um vislumbre daquilo que chamamos de imunidade à mudança. Esse fenômeno, que o raio X torna visível, começa por revelar uma crucial peça faltante no quebra-cabeça de por que é tão difícil mudar.

Usamos bastante conscientemente a metáfora da área médica para o termo "imunidade" para sinalizar que, em primeiro lugar, esse fenômeno não é, por si só, ruim. Ao contrário, um sistema imune, ou imunológico, é, na maioria das vezes, algo excelente, uma força extraordinariamente inteligente que age brilhantemente no sentido de nos proteger e de salvar nossa vida. Toda imunidade à mudança

FIGURA 2-2

Raio X de Peter: A dinâmica oculta nas colunas 1 a 3

1 (Objetivos de comportamento) Compromissos manifestos	2 Fazer/não fazer (Comportamentos que trabalham contra os objetivos)	3 Compromissos concomitantes ocultos
Ser mais receptivo a novas ideias Ser mais flexível em minhas respostas, especialmente em relação a novas definições de papéis/funções e responsabilidades Estar mais aberto a delegar e a dar apoio a novas linhas de autoridade	Dar respostas lacônicas a novas ideias; tom de "assunto encerrado", de "pode ir parando por aí" ou de rejeição Não fazer perguntas abertas nem procurar saber a opinião dos outros com a devida frequência Passar demais/com excessiva frequência aos outros a mensagem de que precisam voltar a bola para mim Ser rápido demais em dar minha opinião quando isso pode não ser o que as pessoas estão pedindo	Fazer as coisas serem executadas do *meu* jeito! Sentir que tenho influência direta Sentir o orgulho da "autoria" (do jeito que fazemos as coisas), ou seja, "ver minha marca" Preservar meu senso do eu como o super-resolvedor de problemas, aquele que sabe o que é melhor, aquele que está no controle

pode ser vista como uma vantagem e como uma fonte de força para a pessoa em questão. Conforme um membro da equipe de altos gerentes de Peter disse em tom de aprovação ao ver seu raio X: "A teimosia e a inexorabilidade mostradas em seu 'retrato' tiveram muito a ver com o sucesso desta empresa e com o tamanho da minha casa!"

QUANDO UM SISTEMA IMUNE TORNA-SE PARTE DO PROBLEMA

Todavia, em alguns casos, um sistema imune pode pôr em risco nossa boa saúde. Quando ele rejeita novos materiais, internos ou externos ao corpo, que o corpo precisa para se curar ou para crescer, o sistema imune pode nos colocar em perigo. Nesses casos, o sistema imune não está menos concentrado em nos proteger; ele só está cometendo um erro. Não entende que precisa alterar seu código. Não entende que, ironicamente, ao tentar nos proteger, ele, na verdade, está nos colocando em grande risco.

A imunidade à mudança de Peter nos ajuda a ver por que uma solução técnica não será, neste caso, suficiente. Uma abordagem técnica de suas atuais limitações envolveria planos ou estratégias para eliminar seus comportamentos obstrutivos, contidos na coluna 2. Ele não faz muitas perguntas abertas? Ele passa às pessoas a sensação de que precisam checar tudo com ele? Podemos certamente conceber alguma solução eficaz para isso. Afinal, Peter é um sujeito determinado e dotado de muita autodisciplina. Quando começamos a trabalhar juntos, ele havia decidido que precisava perder 5kg. Ele cortou segundas porções e sobremesas e, em dois meses, perdeu os 5kg. Ao almoçar com ele, passados quatro anos, ele não tinha voltado a engordar.

Então, por que não conseguiria lidar com esse desafio da mesma forma? Suponha que ele se comprometesse a monitorar sua maneira de fazer perguntas e a frequência com que reformulasse uma pergunta de modo a obter determinada resposta. Suponha que nunca encerrasse uma reunião com seus subordinados diretos sem antes lhes perguntar a respeito de seus planos de ação, e depois visse se o número de vezes que sentiam que precisavam obter o endosso dele (quando não precisavam) havia diminuído. Se um sujeito consegue perder peso sem ter de descobrir qualquer truque novo da moda, será que a mesma tática não funcionaria também naquele caso?

Sempre dissemos a nossos clientes que, se conseguem fazer as mudanças necessárias por meio de receitas, de força de vontade, da criação de algum plano para eliminar certos comportamentos e aumentar outros – como submeter-se a uma dieta –, então, sem dúvida alguma, é exatamente isso que devem fazer. Nada do que temos a oferecer é tão rápido e fácil como uma solução técnica direta – *se ela funcionar.*

Mas, na realidade, praticamente todas as pessoas que tivemos o privilégio de atender já haviam tentado mudar seus comportamentos da coluna 2, como qualquer pessoa inteligente o faria, e descobriram que *não funcionava.* Elas tentaram um meio técnico de resolver seu problema ou superar seu desafio, como era de se esperar. É uma boa forma de descobrir se se trata efetivamente de um problema ou desafio técnico. Nem sempre é possível saber apenas olhando o problema ou desafio. Para Peter, perder 5kg aparentemente *não* era um desafio adaptativo. Uma dieta, um meio técnico, resolveu o que para ele era um problema técnico. Mas, nesse aspecto, Peter é quase uma raridade. Para a maioria de nós – uma vez que as pesquisas mostram que a média das pessoas que fazem dieta recupera 107% do peso perdido –, emagrecer *não* é um desafio técnico; é um desafio adaptativo. Tentar resolvê-lo com um meio técnico – fazer dieta – não vai funcionar.

Peter já havia tentado mudar seu tom de voz e fazer um trabalho melhor no sentido de liberar seus subordinados diretos. Ele pode até ter tido algum sucesso temporário, mas logo os velhos comportamentos estavam de volta – mais 7%, conforme ele próprio admitiu. Esse era um sinal claro de que, para ele, esses desafios eram adaptativos, e o raio X nos mostra por que exatamente isso ocorre: os comportamentos de sua segunda coluna não são meras falhas de fraqueza, decorrentes de uma força moral insuficientemente desenvolvida; *são comportamentos brilhantes e altamente eficazes que servem aos propósitos de outra parte dele!* Ele faz todo mundo voltar a falar com ele para obter o endosso final porque está sob o controle de um compromisso oculto de se sentir como o sujeito indispensável que sempre sabe melhor das coisas (talvez ainda mais a essa altura, com tantos novos *players* em cena, alguns dos quais também "sabem melhor das coisas").

Mas não se engane: Peter *também* está sincera e profundamente empenhado em ser um delegador melhor. O raio X não revela qualquer compromisso insincero por trás do verdadeiro. O fenômeno que exploramos nesses últimos 20 anos seria muito menos interessante e importante se estivéssemos apenas identificando a distância entre aquilo que as pessoas dizem e o que elas realmente pensam. A mudança não deixa de ocorrer por causa de insinceridade. O paciente cardíaco não é insincero em seu desejo de continuar vivendo, mesmo quando acende mais um cigarro. A mudança não ocorre porque sentimos *ambas* as coisas. Ela não ocorre porque somos uma contradição viva. "Meu mapa da imunidade", disse Peter, "é um retrato meu com um pé no acelerador e outro no freio!". Ele quer fazer uma mudança, mas também quer "salvar sua vida", e, sob esse empenho de ser o sujeito que sabe melhor das coisas, está uma arraigada pressuposição de que sua "vida" estaria em risco se ele não se mantivesse no controle completo.

Organizações de todo o mundo, conforme dissemos, estão gastando bilhões de dólares e investindo números imensos de horas em processos de avaliação visando desenvolver capacidades maiores em seu pessoal. As pessoas escutam bravamente o feedback relativo àquilo que precisam mudar. Com frequência, comprometem-se, com a mais profunda sinceridade, a fazer as mudanças. Elas podem até começar colocando muita energia emocional naquele compromisso. Mas, um ano depois, voltam e olham um quadro que exibe pouquíssimas mudanças.

Muitas vezes, esses votos sinceros de mudar tornam-se o equivalente profissional das promessas feitas na virada do ano. A maioria das resoluções tomadas no Ano-Novo *é* sincera. É precisamente isso que torna seu decepcionante índice de vitórias tão surpreendente. Mas o raio X de Peter nos mostra por que tão raramente as resoluções de Ano-Novo produzem resultados duradouros. Quando tomamos uma resolução nessa época do ano, olhamos para os comportamentos que queremos eliminar como ruins e olhamos para os comportamentos que queremos aumentar como bons. Mas, até entendermos que o empenho que torna os comportamentos obstrutivos também os torna brilhantemente *eficazes*, não teremos formulado o problema corretamente. Einstein disse que a formulação do problema é tão importante quanto sua solução. A criação de um raio X pode ajudar Peter a descobrir e cuidar de seu problema como uma imunidade à mudança, uma forma de se proteger de atingir seu objetivo a fim de "salvar sua vida".

MAPA DA IMUNIDADE DE RON

Vejamos outro raio X da imunidade. Ron Halpern é presidente e diretor de operações de Peter, tendo estado com ele praticamente desde o dia em que Peter abriu a empresa. Sujeito brilhante, caloroso e gentil, Ron tem mais de 30 anos de experiência em serviços financeiros e é advogado por formação. Ele e Peter são mais que bons colegas; são bons amigos.

Como a pessoa encarregada das operações no dia a dia, Ron precisa tomar decisões regularmente, muitas vezes sem consultar ninguém, muitas vezes arriscando-se a enfrentar reações de descontentamento dos outros. Ele o faz sem grandes dificuldades, exceto numa situação específica muito importante – tomar decisões dentro de sua equipe executiva. Portanto, não ficou surpreso com o que ouviu depois de solicitar a opinião franca dos que o cercavam com relação à mais importante melhoria isolada que poderia fazer. Ele identificou seus compromissos da primeira coluna assim:

- Ser um comunicador mais poderoso e mais direto.
- Ser um decisor mais eficaz no âmbito de sua equipe executiva, especialmente quando possa envolver decisões impopulares.
- Parar de ser excessivamente conciliador.
- Melhorar no sentido de ir contra o CEO; ser menos voltado a obter a aprovação e o apoio dele.

Como Peter, ele foi sincero e franco ao preencher sua segunda coluna:

- Não ser direto.
- Verificar demais, consultar demais, assegurar-se demais de não ser alvo de reações negativas.
- Tentar agradar a todos, especialmente ao CEO.
- Estar excessivamente sintonizado com o ponto de vista do CEO.

Quando Ron preencheu a terceira coluna, seu raio X da imunidade saiu como mostra a Figura 2-3.

O desafio adaptativo de Ron tem um perfil bem diferente do de Peter. No entanto, como o de Peter, seu raio X da imunidade revela fortíssimo equilíbrio, um sistema imune que contrabalança as forças de compromissos contraditórios. Há sempre "um pé no freio e outro no acelerador".

Algumas pessoas se referem a nossos raios X como um retrato do *status quo* interno de uma dada pessoa. Não usamos esse termo porque tende a conotar imobilidade, estase ou falta de energia. Na verdade, quando um pé está no acelerador e o outro no freio, há uma *imensa* quantidade de energia circulando pelo sistema. Mas, como as energias estão circulando em direções opostas, o carro não se move. Imagine se Peter ou Ron fossem capazes de liberar parte da energia presa em seu sistema imune. Imagine se *você* (ou seus colegas) fosse capaz de liberar a energia presa em seu sistema (ou eles no deles). O que Peter e Ron – o que as pessoas dentro de nossas organizações – poderiam fazer com essa energia que elas e nós não conseguimos fazer hoje? (Este é o assunto da Parte II deste livro.)

O comportamento obstrutivo de Ron (coluna 2) não pode ser eliminado por uma resolução de Ano-Novo tanto quanto o de Peter, porque o raio X nos mostra que a falta de uma comunicação direta, o excesso de consulta e o constante esforço de Ron no sentido de agradar são comportamentos brilhantes e eficazes em prol de seus próprios compromissos contidos na terceira coluna. Observe que os compromissos da terceira coluna não são necessariamente previsíveis como

FIGURA 2-3

Raio X inicial da imunidade de Ron

1 Compromissos manifestos (objetivos de comportamento)	2 Fazer/não fazer (Comportamentos que trabalham contra os objetivos)	3 Compromissos concomitantes ocultos
Ser um comunicador mais poderoso e mais direto Ser um decisor mais eficaz no âmbito de sua equipe executiva, especialmente quando possa envolver decisões impopulares Parar de ser excessivamente conciliador Melhorar no sentido de ir contra o CEO; ser menos voltado a obter a aprovação e o apoio dele	Não ser direto Verificar demais, consultar demais, assegurar-se demais de não ser alvo de reações negativas Tentar agradar a todos, especialmente ao CEO Excessivamente sintonizado com o ponto de vista do CEO	Ser estimado por todos na empresa Manter o grande respeito que o CEO lhe tem Vivenciar a satisfação de um relacionamento bem sincronizado de piloto/copiloto com o CEO *versus* o desconforto de se movimentar em direções diferentes

resultado de um exame dos comportamentos da segunda coluna. Eles nunca são. No caso de Ron, ele descobriu (por meios que explicaremos depois) que tinha o compromisso de ser estimado e respeitado e de preservar, a todo custo, seu estreito relacionamento com Peter.

Mas esses não são os únicos compromissos da terceira coluna que poderiam gerar esses comportamentos. Outra pessoa com objetivos da primeira coluna e obstruções da segunda coluna semelhantes poderia descobrir que seu compromisso da terceira coluna é evitar ser responsabilizada por decisões ruins e fracassos da empresa (de modo que essa pessoa trabalha essencialmente no sentido de que os outros, e não ela, tomem as principais decisões). Outra pessoa, ainda, com a primeira e a segunda colunas semelhantes, poderia descobrir que o compromisso que "a tem" é o de não ser invejada ou de não causar ressentimento, de não se destacar demais em relação aos outros ou de não ser vista como "tendo passado para o outro lado" e ficar mais para "chefe" e "engravatado" do que para "parte da turma". (Esses não são os compromissos da terceira coluna de Ron, mas poderiam ser.)

MESMA QUESTÃO, DIFERENTES MAPAS PARA DIFERENTES INDIVÍDUOS

Conforme veremos, os compromissos da terceira coluna são os mais poderosos pontos de entrada para a mudança adaptativa, de modo que é importante reconhecer que, embora muitas pessoas possam ter o mesmo comportamento obstrutivo, a motivação real para esse comportamento (aquilo que o torna brilhante) pode ser muito diferente.

Podemos ver isso com mais clareza voltando ao assunto da perda de peso. (Sabemos que o deixáramos em suspenso com relação a isso, certo? Você estava esperando uma pequena ajuda com suas batalhas de redução de medidas.) Dissemos que, para Peter, esse não era um desafio adaptativo, porém o é para a maioria de nós. Coletivamente, os americanos perdem por ano milhões de quilos de peso corporal em dietas – e depois recuperam ainda mais. À luz dessas ideias, por que isso acontece?

As entradas da primeira e da segunda colunas da Figura 2-4 são itens com os quais muitos de nós nos identificamos. Coluna 1: gostaríamos sinceramente de perder peso – por motivos de saúde, por vaidade, para não sentir a roupa tão apertada, enfim, pela razão que for. Coluna 2: solicitados a identificar os compor-

FIGURA 2-4

Raio X do desafio de emagrecer, aplicável a múltiplas pessoas

1 **Compromisso manifesto**	2 **Fazer/não fazer**	3 **Compromissos concomitantes ocultos**
Decidi emagrecer.	Como demais. Como até mesmo quando não estou com fome. Ingiro alimentos com muita gordura. Ingiro alimentos com muitos carboidratos.	Pessoa A: estou empenhada em não me sentir entediada, em me sentir estimulada e energizada. Estou empenhada em não me sentir vazia. Pessoa B: estou empenhada em me relacionar bem com minha gente, em receber carinho quando me é oferecido. Pessoa C: estou empenhada em não ser vista como objeto sexual nem manter um relacionamento em que seja tratada como tal. Estou empenhada em não me sentir pressionada nem com raiva.

tamentos que trabalham contra esse objetivo, a maioria de nós acaba enxergando que – veja isso – o problema tem algo a ver com a maneira como estamos nos alimentando! Comemos mais do que deveríamos quando não estamos sequer com fome; ingerimos alimentos que contêm muita gordura ou muitos carboidratos, e assim por diante.

Tentamos resolver esse problema partindo diretamente para os comportamentos da segunda coluna. A dieta é um bom exemplo disso. A razão pela qual a dieta não funciona para a maioria de nós é que precisamos de uma formulação melhor (não técnica) de nosso problema. Precisamos ver como nossos comportamentos da segunda coluna são também brilhantes e eficazes (e não somente obstrutivos).

Todavia, por mais comumente compartilhadas que as duas primeiras colunas possam ser, os sistemas imunes reais de várias pessoas no que se refere a fazer dieta – não revelados por entradas acuradas em suas terceiras colunas – podem ser muito diferentes entre si.

Trabalhamos com uma série de pessoas cujo objetivo da primeira coluna era emagrecer. (Existe um projeto em andamento em Copenhague que avalia a eficácia de nosso método no tratamento da obesidade.) Uma pessoa descobriu que seu ato de comer demais não era uma solução para a fome, mas sim para a sensação desagradável de vazio e tédio que, com frequência, a invadia, e para cujo alívio comer se tornara o "tratamento" predileto.

Outra pessoa, um homem, descreveu-se como "membro de uma afetuosa tribo que participa de *extravaganzas* alimentares semanais, com múltiplos pratos e a presença de múltiplas gerações – em outras palavras, sou um ítalo-americano!". Ele estava se referindo ao almoço de domingo, e prosseguiu, explicando: "Você não conseguirá entender isso se não for italiano, mas, toda vez que eu começava uma dieta e recusava as amorosas ofertas de minhas queridas tias para me servir de mais *manicotti* ou qualquer outra coisa, o rosto delas assumia uma expressão magoadíssima e elas diziam coisas que me atingiam em cheio, como: 'O quê? Então agora a gente não é boa o suficiente para você? Você não é mais um de nós?' Adoro minhas tias e o que elas estão oferecendo não é apenas 'mais um pouquinho'. Elas estão me oferecendo amor. Recusar isso é muito doloroso. Acho que eu poderia dizer que, na terceira coluna, tenho o compromisso de sentir que me relaciono bem com minha gente."

Uma terceira pessoa, uma mulher, queria regularmente perder 10kg. Ela começava bravamente a dieta, perdia 10kg e, pouco tempo depois, recuperava tudo. Ela descobriu que, na terceira coluna, tinha o compromisso de "manter meus relacionamentos dessexualizados". Assim que emagrecia, via-se abordada por homens que, segundo ela sentia, haviam deixado de se relacionar com ela como pessoa e passado a se relacionar com ela como objeto sexual. Dado seu histórico pessoal, ela tinha bons motivos para considerar esse tipo de experiência profundamente incômodo.

Por mais semelhantes que os objetivos de melhoria e os comportamentos obstrutivos dessas três pessoas possam ser, as formulações (adaptativas) específicas de suas questões de perda de peso são muito diferentes (ver Figura 2-4). Para todas elas, emagrecer será um desafio adaptativo, mas, para cada uma, será um desafio adaptativo *diferente*. Nenhuma delas tende a ter sucesso fazendo dieta. Para cada uma, o caminho do sucesso será diferente porque o sistema imune de cada pessoa é único.

Nesse momento, acabamos de apresentar o processo pelo qual desvelamos a imunidade à mudança. Mas, antes de examinar esse fenômeno mais a fundo, imaginamos a reação que você possa estar tendo agora. É possível que, ao olhar esses primeiros quadros, ou retratos, oriundos de nosso laboratório, em especial as terceiras colunas de mapas como os de Peter e Ron, você possa estar pensando algo como:

> "Onde eles encontraram essas pessoas tão dispostas a revelar sua intimidade? Não sei se devo admirar a honestidade, a franqueza e a falta de uma atitude defensiva dessas pessoas ou ficar estarrecido/a com sua disposição de se desnudar com todos os seus defeitos. Na verdade, não importa. A questão é que não consigo ver as pessoas com as quais trabalho – Nossa!, também não consigo *me ver* – revelando tudo isso. É interessante e realmente nos faz olhar fundo para nós mesmos. Consigo até começar a pensar o que estaria nas terceiras colunas de algumas das pessoas que me cercam, mas, falando em termos práticos, não consigo ver aonde isso possa me levar, porque não acho que haja muitas pessoas que se disponham a se revelar com essa profundidade. Acho que Kegan e Lahey devem estar trabalhando com uma amostra muito idiossincrática de pessoas que aceitam esse tipo de coisa."

Achamos que poderíamos pensar a mesma coisa se estivéssemos apenas olhando esses raios X sem entender como foram desenvolvidos. Num próximo capítulo, mostraremos a você como isso acontece. Mas, por ora, queremos dizer, com muita confiança, que as pessoas que produziram esses raios X, e outras como elas, não são absolutamente idiossincráticas. São homens e mulheres como você. Trabalham no mesmo setor que você. São da mesma idade e nível de cargo que você tem agora. E, se indagadas, elas lhe dirão que não estão, de forma alguma, mais inclinadas que você a dividir essas informações pessoais.

Podemos dizer isso porque a amostra completa de pessoas com as quais desenvolvemos esses raios X inclui agora milhares de pessoas, todo tipo de gente que você possa imaginar e de todos os níveis de atuação profissional e de liderança. São engenheiros e educadores, CEOs e membros da CIA, cirurgiões, juízes, médicos e diretores de universidades; são comissários assistentes de bem-estar da criança, diretores assistentes de escolas secundárias e vice-presidentes corporativos; são banqueiros e altos funcionários de bancos, legisladores, executivos de indústrias farmacêuticas, advogados, consultores empresariais internacionais e bibliotecários; são gerentes, altos gerentes, gerentes de linha e gerentes de conta; são estudantes graduados em negócios, pedagogia, governo e medicina; são professores universitários e aposentados, coronéis do Exército, líderes de sindicatos de trabalhadores e desenvolvedores de software; são executivos de empresas integrantes da *Fortune 500* e de pequenas empresas; vivem nos Estados Unidos, na Europa Ocidental, na Europa Oriental, na América do Sul, na Índia, no Japão, no Oriente Médio, em Cingapura, em Xangai e na África do Sul. Embora estejam viesados para os escalões de classe média com curso universitário, certamente não são idiossincráticos em relação a questões de autorrevelação, autoconhecimento ou expressividade emocional. Eles não diferem em nada de você na probabilidade de ter feito psicoterapia ou dedicado algum tempo a outras atividades autorreflexivas. (Eles podem não estar mais interessados em introspecção do que o sujeito na charge da Figura 2-5.)

Quando eles começaram o processo de desenvolver seus raios X, a maioria não fazia ideia de que criaria um retrato que seria tão revelador – ou curioso – para eles. Se nós lhes tivéssemos dito antes o que eles estavam prestes a produzir, alguns poderiam ter-se recusado a participar e a maioria poderia mostrar-se cética. Portanto, não presuma que haja qualquer coisa de incomum nas pessoas que produziram os retratos que você viu até agora.

A ECOLOGIA EMOCIONAL DE UM SISTEMA IMUNE

No nível mais simples, qualquer dada expressão da imunidade à mudança nos fornece um retrato de quão sistematicamente estamos trabalhando contra o objetivo que desejamos genuinamente atingir. Mas esse equilíbrio dinâmico está impedindo muito mais que o progresso em relação a um único objetivo; está mantendo um dado lugar no *continuum* da complexidade mental. A imunidade à mudança fornece uma perspectiva tanto "de fora" quanto "de dentro" do que a mente adulta é: um organismo ainda em desenvolvimento.

FIGURA 2-5

"Olha, você pode até chamar de negação, se quiser, mas acho que aquilo que acontece em minha vida pessoal não é nem da minha própria conta."

Podemos aproveitar ainda mais essas perspectivas interna e externa olhando mais atentamente algo que dissemos antes, que todo sistema imune é uma força inteligente que procura proteger você, até mesmo salvar sua vida. Um exame mais completo dessas ideias de autoproteção e inteligência nos traz um entendimento mais profundo do que realmente é a imunidade à mudança, além de dar vida à ideia de que o desenvolvimento implica simultaneamente o funcionamento da mente e do coração. Dissemos que uma formulação adaptativa nos coloca nos limites de nossa mente, a qual sempre diz algo sobre nosso mundo do sentimento e do pensamento. Como exatamente o fenômeno da imunidade à mudança lida com essa dupla demanda? O que ele nos revela de nossa mente ou coração que talvez desconhecíamos?

Comecemos por nosso coração. Não é possível passar 20 anos nos expondo constantemente ao fenômeno que descobrimos sem desenvolver toda uma nova apreciação da coragem humana.

A coragem envolve a capacidade de agir e seguir em frente, mesmo quando estamos com medo. Por maior ou por mais consequencial que um dado passo possa ser, não se pode dizer que ele envolve coragem se não estivermos, de alguma forma, temerosos de dar tal passo. Ele pode mostrar como somos inteligentes, cheios de energia ou concentrados, mas não como somos corajosos. É a ação em face do medo que demonstra coragem. Chegamos a essa nova apreciação da coragem humana porque aprendemos algo que pode ser muito difícil que pessoas bem-sucedidas e capazes acreditem: a maioria das pessoas, mais do que entendemos, lida constantemente com o medo.

"Não sinto medo", sabemos que você está dizendo a si mesmo neste momento. "Eu me sinto ótimo(a)." E você tem razão. Você não sente seu medo, e a razão é o fato de estar lidando com ele. Embora não tenha consciência dele, você criou um sistema de administração da ansiedade, e é a esse sistema que chamamos de imunidade à mudança.

Chegamos gradualmente ao entendimento de que a ansiedade é a mais importante – e a menos compreendida – emoção privada da vida pública. Quando você olha um raio X da imunidade como o de Peter ou Ron, está vendo uma dimensão da mente de uma pessoa que, em geral, está invisível. Essa dimensão oculta reside no nível dos sentimentos, não no nível do pensamento cognitivo. Ela não é ansiosa em si; ela tem a função dedicada de administrar a ansiedade. O raio X da imunidade oferece uma representação esquemática da maneira como a pessoa está lidando, não com uma ansiedade aguda ou episódica, mas com uma constante, ainda que não reconhecida, ansiedade perpassando continuamente sua vida.

O sistema imune de Peter pode estar administrando uma ansiedade constante com relação à sua possível dispensabilidade e seu medo de perder o controle. O de Ron pode estar administrando uma ansiedade constante com relação a colocar relacionamentos importantes em risco. Porém, nenhum dos dois experimenta essa ansiedade de forma consciente ou constante, porque o sistema imune está trabalhando muitíssimo bem para administrá-la automaticamente. Pessoas bem-sucedidas – como Peter e Ron, como nós, como você – desenvolvem sistemas de administração de ansiedade que são muito robustos e autossustentáveis, os quais nos permitem funcionar numa grande variedade de situações.

Todavia, a operação desses sistemas – mesmo sistemas de administração de ansiedade altamente bem-sucedidos – tem seu custo. Eles, inevitavelmente, criam pontos cegos, impedem a aprendizagem de coisas novas e limitam a ação em alguns aspectos de nossa vida. Esses custos aparecem quando não conseguimos realizar alguma mudança genuinamente desejada, cuja consecução nos levaria a um novo e mais alto nível de funcionamento, operando de formas que desejamos verdadeiramente atingir.

A maioria dos esforços de automelhoria tem lugar num espaço psicológico muito restrito, um espaço cego a essa dinâmica maior que está em ação. Sem o benefício de seu raio X, um consciencioso Peter ou Ron trabalhará tentando alterar os comportamentos de sua coluna 2. A pessoa que quer emagrecer fará uma dieta. Por mais que se empenhem, por mais sinceramente que procurem eliminar seus comportamentos obstrutivos, tudo ocorrerá *dentro* de sua mentalidade atual. Nenhum aprendizado novo poderá ocorrer. Não é possível para Peter ou Ron, nem para nenhum de nós, manter nossos sistemas imunes e, ainda assim, cumprir os compromissos de nossa coluna 1. Então, como podemos superar esse dilema?

SUPERANDO A IMUNIDADE: TRÊS PREMISSAS

Podemos resumir boa parte daquilo que aprendemos a respeito de superar a imunidade à mudança numa série de premissas:

- Superar a imunidade *não* exige a eliminação de todos os sistemas de administração da ansiedade. Quando um sistema imune nos coloca numa situação problemática ao rejeitar algo que o corpo necessita, não achamos que a resposta esteja em eliminar todo o sistema imune. A solução para Peter ou Ron, ou para qualquer pessoa, está em transformar o sistema imune, em construir um sistema imune maior e mais complexo que permita o cumprimento do compromisso da coluna 1. É claro que transformar um sistema imune é difícil, porque...
- Não é a mudança que causa a ansiedade; é a sensação de estarmos sem defesa diante daquilo que enxergamos como perigo que causa ansiedade. Que "a mudança nos deixa desconfortáveis" é hoje uma das meias-verdades mais amplamente divulgadas e aceitas e menos consideradas que há por aí. Se lhe disséssemos que amanhã você ganharia na loteria, encontraria o amor da sua vida ou seria finalmente promovido(a) a sócio(a), achamos que concordaria que isso implicaria grandes mudanças para você. Mas talvez também concordasse que é improvável que a ansiedade seja a primeira emoção de resposta da maioria das pessoas! De modo que não é a mudança em si que nos deixa desconfortáveis; tampouco é a mudança que envolve assumir algo muito difícil. Ao contrário, é a mudança que nos faz sentir indefesos diante dos perigos que "sabemos" estarem presentes que causa a an-

siedade. Vencer uma imunidade à mudança levanta sempre o espectro de nos deixar expostos a esses perigos. Construímos um sistema imune para salvar nossa vida. Não renunciaremos facilmente a essa proteção vital.

Todavia, conforme você verá nas páginas adiante,

- Nosso sistema imune *pode* ser vencido. Um sistema de administração de ansiedade muito constritivo pode ser substituído por um sistema mais dilatável (cujos limites podem ser descobertos e cuja perspectiva de superação pode voltar a surgir).

Quando superamos uma imunidade à mudança, paramos de fazer algo que concluímos ser efetivamente um mau negócio: nosso sistema imune nos vem dando alívio da ansiedade e, ao mesmo tempo, criando a falsa crença de que é impossível fazermos uma série de coisas – *coisas que são, na verdade, completamente possíveis para nós!* Ao testar suas falsas crenças, Peter começou a dar lugar a outras em aspectos que ele viu que facilitavam a integração da empresa nova e mais complicada que ele estava criando. Ron começou a dar um feedback muito mais eficaz dentro de sua equipe executiva e descobriu que isso não prejudicava a maior parte de seus relacionamentos e que, em muitas situações, na verdade os fortalecia.

Assim, a imunidade que descobrimos não é apenas uma explicação para as pessoas terem tanta dificuldade de operar uma mudança que tanto desejam. Ela nos mostra também todo um *sistema* em funcionamento. O sistema imune é uma forma de administrar uma característica extraordinariamente poderosa da vida emocional – o profundo senso, com frequência bem fundamentado, de que a vida é perigosa e qualquer pessoa sensata precisa cuidar da versão humana da segurança nacional. Um raio X da própria imunidade à mudança é como uma página do ultrassecreto livro de operações de um sistema de defesa nacional pessoal. A dedução é que só seremos bem-sucedidos nas mudanças adaptativas se reconhecermos que estamos colocando em risco aquilo que tem sido uma forma que tem funcionado muito bem de cuidarmos de nós próprios.

Portanto, o fenômeno da imunidade à mudança nos leva a um nível mais profundo de nosso mundo dos sentimentos, conforme dissemos que qualquer formulação adaptativa do problema precisa fazer. Uma imunidade à mudança, conforme o nome sugere, é um sistema de autoproteção.

RUMO A UMA FORMA MAIS EXPANSÍVEL DE CONHECIMENTO

No entanto, uma imunidade à mudança também é mais que um sistema de autoproteção. Concluímos este capítulo oferecendo um vislumbre de algo que pensamos ser muito empolgante. Se tivermos êxito, nas próximas páginas você verá como o fenômeno que inspira o restante deste livro – a imunidade à mudança – reúne todos os elementos que vimos discutindo nesses dois primeiros capítulos: a reconceituação do desafio à mudança, a perspectiva de níveis cada vez mais sofisticados de complexidade mental e a contínua necessidade de administrar a ansiedade.

A raiz de qualquer forma de [tomada de] conhecimento (aquilo que os filósofos chamam de *epistemologia*) é algo que soa abstrato, uma coisa chamada "relacionamento sujeito-objeto". Qualquer forma de conhecimento pode ser descrita com relação àquilo que ela pode *olhar* (objeto) e aquilo *através do que ela olha* (o "filtro" ou a "lente" a que está sujeita). Crianças pequenas, por exemplo, ainda estão *sujeitas* às suas percepções, de modo que, quando algo lhes *parece* pequeno (como, por exemplo, carros e pessoas vistos do alto de um edifício), elas acham que aquilo *é* realmente pequeno. Crianças de 3, 4 e 5 anos olharão para baixo e dirão: "Olha que gente pequenininha!" Crianças de 8, 9 e 10 anos podem *olhar para* suas percepções. Elas dirão: "Olha como as pessoas *parecem* pequenininhas!"

Uma forma de tomada de conhecimento torna-se mais complexa quando pode *olhar para* algo que antes só podia *olhar através*. Em outras palavras, nossa forma de tomar conhecimento torna-se mais complexa quando criamos um sistema maior que incorpora e expande nosso sistema anterior. Isso significa que, se quisermos aumentar a complexidade mental, precisamos mover aspectos de nosso entendimento de sujeito para objeto, alterar nossa mente de tal forma que a tomada de conhecimento ou o ato de abstrair sentido se torne uma espécie de "ferramenta" que *temos* (e que podemos controlar ou usar), e não algo que *nos tem* (e que, portanto, nos controla e nos usa).

Cada um dos níveis de complexidade mental que começamos a explorar no Capítulo 1 incorpora um relacionamento sujeito-objeto claramente diferente, uma forma sucessivamente mais complexa de conhecimento que é capaz de *olhar para* aquilo que a forma de conhecimento anterior só podia *olhar através*. A Figura 2-6 resume o relacionamento sujeito-objeto em cada nível do desenvolvimento adulto.

Por exemplo, uma pessoa que percebe o mundo através de uma mente socializada está sujeita aos valores e expectativas de seus "circunvizinhos" (sejam eles sua família de origem, seu grupo de referência religiosa ou política ou os líderes de seu ambiente de trabalho que determinam os termos de sua realidade profissional e financeira). Os riscos e perigos percebidos que surgem para essa pessoa têm a ver com estar em descompasso, em termos de alinhamento ou fé, com seu entorno mediador; ser excluída dele e, assim, arrancada de suas proteções; ou ser mal avaliada por aqueles cujo respeito traduz-se diretamente no respeito que ela tem por si própria.

No nível seguinte de complexidade mental, o da mente autoral, a pessoa é capaz de distinguir a opinião dos outros (mesmo de pessoas que lhe são importantes) da opinião que tem de si mesma. Ela certamente pode levar a opinião dos outros em conta, mas tem condições de *escolher* quanto e como deixar-se influenciar por ela. As pessoas que avançam para essa capacidade mental mais complexa podem pegar toda a categoria de entendimento das opiniões alheias como uma espécie de ferramenta ou como algo que elas têm, ao invés de algo que as tem. Em outras palavras, essa forma mais complexa de conhecimento nos possibilita tomar as opiniões dos outros não como sujeito, mas como objeto.

FIGURA 2-6

O relacionamento sujeito-objeto torna-se progressivamente expansível nos sucessivos níveis de capacidade mental

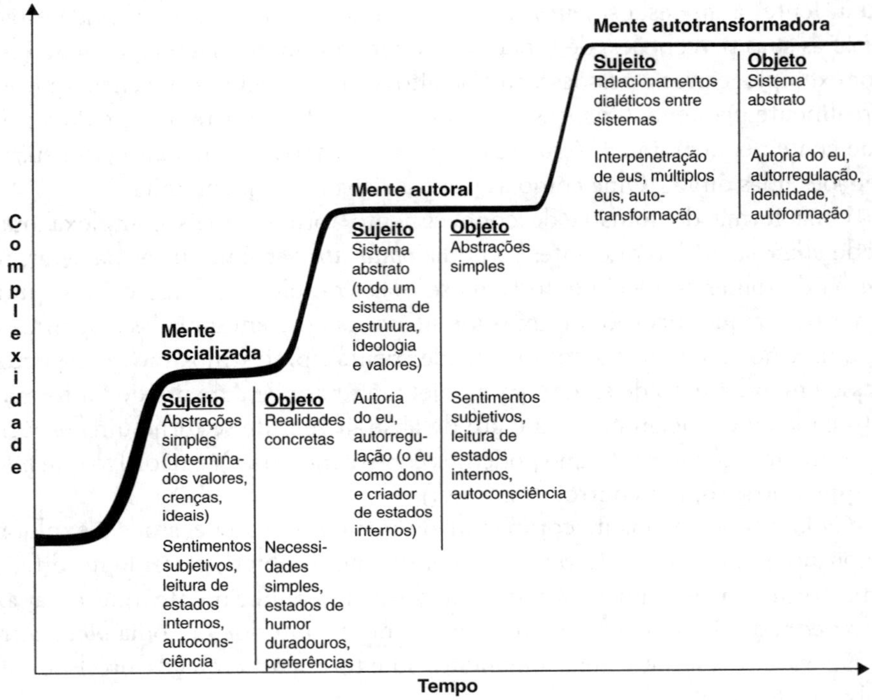

A capacidade de subordinar ou relegar opiniões, valores, crenças, ideias (nossos próprios ou dos outros) a um sistema mais complexo – para priorizá-los, combiná-los ou criar novos valores ou crenças que sequer sabíamos que tínhamos – nos possibilita ser os autores de nossa própria realidade e olhar para nós mesmos como uma fonte de *autor*idade interna – daí a mente "autoral".

Observe que essa nova forma de conhecimento não remove o espectro do risco e do perigo da vida psicológica, mas sim muda a base ou o contexto do qual emana essa sensação de alarme. A ansiedade final deixa de surgir em função de se ser excluído da própria tribo ou desdenhado por ela, passando a advir da ameaça de não se atingirem os próprios padrões, ou da incapacidade de cumprir a própria agenda, ou de perder o controle, ou de acabar a tinta da caneta com a qual estamos escrevendo o roteiro de nossa vida.

E se é para não se permanecer para sempre cativo da própria teoria, sistema, roteiro, quadro estrutural ou ideologia, há que se desenvolver uma forma ainda mais complexa de conhecimento que possibilite à pessoa *olhar para* seu próprio quadro, em vez da total falta de opção de enxergar *através* dele. Nesse caso, o quadro torna-se mais preliminar do que final, mais em processo do que obra acabada.

E isso abre caminho para um maior espaço emocional e mental que pode procurar as atuais limitações do quadro, em vez de meramente defender o esboço atual como se fosse um produto acabado e ver todas as sugestões em contrário como um golpe em seu eu.

Esses três níveis de complexidade qualitativamente diferentes – a mente socializada, a mente autoral e a mente autotransformadora – representam, portanto, três epistemologias diferentes. Cada forma de entendimento mantém um equilíbrio entre aquilo que é sujeito e aquilo que é objeto. O crescimento de nosso modo de conhecimento – adaptação – envolve turbar esse equilíbrio e aprender a *olhar para*, e não mais *através* daquilo.

Muito bem, você pode dizer, mas a pergunta permanece: "*Como* somos ajudados ou capacitados a fazer essa mudança de sujeito para objeto? O que induz o desenvolvimento da complexidade mental? Podemos usar esse entendimento para, intencionalmente, incubar ou acelerar esse desenvolvimento?"

A IMPORTÂNCIA DO CONFLITO IDEAL

A esta altura, deve ter ficado claro que o trabalho para aumentar a complexidade mental não é somente uma questão cognitiva. O termo – "aumentar a complexidade mental" – efetivamente invoca algum quadro de atenção exclusiva para o *pensamento*, ou talvez o de nos submetermos a alguma disciplina didática em que, se estudarmos com empenho e nos *concentrarmos*, conseguiremos, de alguma forma, desenvolver nossa complexidade mental. Todavia, temos dito desde o início que se trata de um trabalho complicado, um trabalho que depende da mente e do coração, do pensamento *e* do sentimento. Então, o que produz maior complexidade mental?

Se fosse para resumirmos a resposta que surge dos 75 anos de pesquisa dessa pergunta – iniciada muito antes de nossa época, nos laboratórios de psicólogos do desenvolvimento como Jean Piaget e Barbel Inhelder, na Suíça, ou James Mark Baldwin, Heinz Werner e Lawrence Kohlberg, nos Estados Unidos –, essa resposta seria *conflito ideal*:

- A experiência *persistente* de uma dose de frustração, dilema, mistério da vida, perplexidade ou problema pessoal que é...
- Perfeitamente projetada para nos levar a *sentir os limites* de nosso modo atual de conhecimento...
- Em alguma esfera da vida que *nos é importante*, com...
- *Apoios suficientes* para que não fiquemos sobrecarregados pelo conflito nem possamos fugir dele ou dissipá-lo.

Nosso objetivo, neste capítulo, tem sido mostrar-lhe o que significa formular um desafio adaptativo *adaptativamente* (para não cometermos o equívoco de abordá-lo *tecnicamente*). Se tivermos êxito, agora você pode ver por que desenvolver um raio X, colocá-lo diante de uma pessoa e dar o apoio para ela fazer o trabalho que esse instrumento aponta como necessário mostra-se um poderoso meio de apoio ao desenvolvimento da complexidade mental, possibilitando às pessoas a superação de seus desafios adaptativos. A criação de um retrato de nossa imunidade à mudança faz surgir um *conflito ideal*.

Dê outra olhada no raio X da imunidade de Peter, na Figura 2-2. O processo de construção desse retrato relativo a uma mudança que Peter deseja muito fazer, mas não consegue, irá ajudá-lo a ver um conflito perfeitamente projetado para destacar os limites de seu modo atual de conhecimento. Esse retrato pega a contradição à qual ele está sujeito (a contradição entre sua primeira e sua terceira colunas) e a entrega a ele como um objeto de sua atenção. Ele pega a contradição que ele *é* (e que é a razão pela qual sistematicamente não consegue realizar aquilo que se propôs a fazer) e a converte numa contradição que ele *tem*, na qual agora pode trabalhar. É somente enxergando a sistemática *im*possibilidade de realizar o objetivo de sua primeira coluna que Peter pode colocar-se – pela primeira vez – na posição de realizar esse objetivo.

Quando as pessoas veem pela primeira vez seus raios X se desenvolvendo diante de seus olhos, costumam sentir uma mistura de emoções em relação ao que veem: "revelador", "desconfortável", "curioso" e "assustador" são respostas comuns. Isso pode ser o mesmo que se sente ao olhar o mundo através de uma fresta maior.

Podemos dizer *qual* o nível de complexidade que o mapa de Peter começa a lhe revelar? Um único raio X, por sinal um primeiro esboço, nem sempre torna absolutamente clara a posição de uma pessoa no *continuum* da complexidade mental (as ladeiras e os platôs). (Não se surpreenda se seu primeiro retrato ou quadro, que você desenvolverá no Capítulo 9, for ambíguo nesse aspecto. O quanto você se importa em saber onde está nesse *continuum* variará, dependendo de seu interesse estar limitado a seu progresso no objetivo da coluna 1 ou incluir um projeto maior de crescimento pessoal.)

Mas a terceira coluna de Peter dá uma pista das questões às quais ele está sujeito e que agora pode enfrentar. Elas sugerem a você uma epistemologia em particular? Para comparar, dê outra olhada no raio X de Ron, na Figura 2-3. Você observa algum contraste entre ambos? A imunidade à mudança de Peter parece estar altamente relacionada com sua necessidade de manter o controle das definições e dos mecanismos de funcionamento de uma empresa da qual ele próprio foi o autor. Você poderia substituir as palavras *ele próprio* [ou seja, o *eu* dele] pela palavra *empresa* na sentença anterior, o que, efetivamente, descreveria o funcionamento da mente autoral. Pode ser que somente expandindo essa epistemologia de alguma forma – uma atividade assustadora e inevitavelmente ameaçadora para as economias da mente e do coração – é que Peter conseguirá vencer esse desafio adaptativo.

Ron, em contraste, parece estar sistematicamente impedindo a própria e desejada mudança porque ela iria ameaçar um eu que obtém suas mais profundas satisfações do alinhamento, o lema da mente socializada. Tanto Peter como Ron são líderes talentosos em muitos aspectos. Ambos fizeram contribuições individuais distintas para o sucesso da empresa e seus talentos opostos se complementam. Eles trabalharam lado a lado nas aquisições que triplicaram o tamanho da empresa. Se você passasse um dia ao lado de qualquer um deles, também concluiria que ambos são inteligentes. Se esses palpites experimentais a respeito dos níveis de complexidade mental de ambos estiverem corretos (e podem não estar), estamos dizendo que Peter é, de uma maneira bem particular, mais "complexo" que Ron, mas isso não significa que ele tenha necessariamente um QI mais alto ou que será mais fácil ou mais difícil para um ou outro vencer esse desafio adaptativo. Cada um deles terá de colocar em risco uma forma de conhecer o mundo que serve também como forma de administrar uma ansiedade fundamental persistente. Mas observe que o *tipo* de ansiedade persistente que cada um está administrando é *claramente diferente*. Cada epistemologia tem o próprio mundo de medos.

TRÊS DIMENSÕES DA IMUNIDADE

Agora você poderá começar gradualmente a enxergar a imunidade à mudança como um fenômeno multidimensional, conforme ilustrado na Figura 2-7. Primeiro, num nível mais prático, um mapa da imunidade nos fornece um retrato de como estamos ativamente impedindo a consecução justamente da mudança que desejamos fazer. Mas ele também nos mostra como um dado ponto do *continuum* do desenvolvimento mental é, ao mesmo tempo, uma forma de conhecer o mundo e de administrar uma ansiedade fundamental. Portanto, revela uma segunda dimensão da maneira como a ansiedade persistente é administrada, e uma terceira, o equilíbrio epistemológico que precisa ser preservado para que possamos manter nossa forma de conhecer o mundo e a nós mesmos.

Você pode testar seu nível de compreensão das três dimensões considerando dois outros raios X. Esses dois mapas, como os de Peter e Ron, não foram fabricados. Eles provêm do trabalho de clientes reais que tivemos o privilégio de atender. Se certas coisas começarem a lhe saltar aos olhos quando olhar esses novos exemplos, não será porque nós os formulamos de modo a lhe mostrar as três dimensões de uma só vez, mas sim porque você está começando a enxergar sozinho essas dimensões!

Os mapas das Figuras 2-8 e 2-9 são de dois sócios de uma empresa de consultoria estratégica internacional. O primeiro deles, a Figura 2-8, é de um sócio

FIGURA 2-7

As três dimensões da imunidade à mudança

FIGURA 2-8

Raio X da imunidade de um sócio júnior

1 Compromisso manifesto	2 Fazer/não fazer	3 Compromissos concomitantes ocultos	4 Grandes pressupostos
Ser mais empolgado e mais inspirado em meu trabalho ao me conectar mais com minhas próprias paixões e confiar mais no meu próprio caráter diferenciado	Trabalho com coisas nas quais não estou lá muito interessado (porque sinto que preciso) Trabalho de formas que são mais rotineiras, mais estabelecidas (porque sinto que é isso que esperam)	Ser bem-visto por aqueles que me avaliam Não correr qualquer risco de reputação, social ou econômico Não parecer malsucedido Não pressionar a adoção de um caminho não conhecido/não testado	Presumo que minha rota mais segura rumo ao sucesso é ter um desempenho excepcional naquilo que é esperado e que já está bem estabelecido Presumo que, se eu não for muito bem-visto e respeitado, serei um fracasso

FIGURA 2-9

Raio X da imunidade de um sócio sênior

1 Compromisso manifesto	2 Fazer/não fazer	3 Compromissos concomitantes ocultos	4 Grandes pressupostos
Desenvolver melhor especificamente o lado "ser" (em contraposição a "fazer") a fim de desenvolver uma postura orientada para o entendimento profundo (sem qualquer propósito instrumental ou oculto)	Tendência para ir direto à solução, para surgir com "a resposta", para "salvar a pátria" Procurar (ou até "montar") situações em que sou necessário para fazer a diferença Não ouvir seja lá o que for quando cheguei a uma conclusão ou decisão	Ser o herói Sentir-me indispensável	Presumo que não me sentirei realmente satisfeito se eu não for o herói Presumo que o sistema que uso atualmente para medir minha "satisfação" é o único que funciona para mim

júnior. Você pode olhar esse mapa e pensar: "O irônico é que a estratégia desse sujeito de não correr risco algum pode, na verdade, ser muito mais perigosa, em termos pessoais, do que se ele se dispusesse a correr seja lá o que for que considera um risco, porque a atitude de não se arriscar acabará certamente levando-o ao fracasso dentro da empresa." Mas, se você está dizendo isso a si próprio, está olhando a coisa do *lado de fora* da mente socializada. Embora, para ele, talvez não seja possível realizar o compromisso de sua primeira coluna sem que evolua para além da mente socializada, o mapa efetivamente sugere algumas formas valiosas de promover justamente esse salto.

Para plantar as sementes dessa exploração, direcionamos a atenção para uma parte desse mapa que você não viu em retratos anteriores. A ampliação completa de todos os nossos mapas da imunidade inclui esta quarta coluna: quais são os "grandes pressupostos" (os princípios de nossos modelos mentais) que sustentam todo o sistema imune? Nós os chamamos de "grandes pressupostos" porque hoje não são absolutamente vistos como "pressupostos". Ao contrário, eles são, sem qualquer crítica, tomados como verdadeiros. Tanto *podem* ser verdadeiros como podem não o ser, mas, enquanto assumirmos que são verdadeiros, nós nos manteremos cegos à pergunta em si.

Se esse sujeito pudesse fazer experimentos com comportamentos que pusessem seus grandes pressupostos sob teste, seriam grandes as chances de que modificasse esses pressupostos. Essa modificação poderia não somente começar a liberá-lo das amarras de seu sistema imune atual, como também poderia efetivamente começar a construir as estruturas mentais mais complexas que compõem a mente autoral.

No mapa da imunidade à mudança do sócio júnior, podemos ver:

- A forma sistemática como ele impede justamente o progresso que espera (conectar-se mais com as próprias paixões e confiar mais em seu próprio caráter diferenciado).
- A forma como seu mapa (e sua proteção contra a ansiedade) reflete uma epistemologia pessoal mais ampla, ou sistema de conhecimento, que, no caso dele, faz o eu entrar em coesão por meio de seu alinhamento com valores e expectativas vindos de fora.

O mapa da Figura 2-9 é de um sócio sênior da mesma empresa. Você pode ver os três elementos em operação também nesse mapa, embora o *modo* de esses elementos se expressarem seja muito diferente. Essa pessoa também tem uma formulação adaptativa diante de si. Ela quer muito ser capaz de assumir um tipo diferente de postura em relação às pessoas que venha a atender ou com as quais venha a trabalhar, o que poderíamos chamar de uma postura mais *acompanhante* (*versus* analítica e de resolução de problemas). Ela quer ser capaz de se juntar aos outros sem uma "agenda" tão estabelecida ou então uma agenda bem diferente daquela que domina.

Seu mapa lhe mostra por que uma solução técnica (fazer um curso para aprender algumas habilidades de aconselhamento e orientação, por exemplo) não irá, por si só, capacitá-lo a fazer grandes progressos em seu objetivo. Os comportamentos da segunda coluna não podem ser mudados porque estão servindo a um propósito importante. Ele pode enxergar melhor como se mantém sistematicamente pronto para produzir os resultados que impedem a consecução da mudança desejada, e também pode ver por que isso acontece. Seu sistema de prevenção de mudanças faz um bom trabalho no sentido de protegê-lo de uma família de ansiedades diferentes das de seu colega júnior, ou seja, o medo de deixar de se ver como o herói salvador, um modo de se ver que aparentemente tornou-se muito precioso para ele.

Ademais, seu mapa poderia ser a base para um projeto maior do que meramente realizar os objetivos de sua primeira coluna. O mapa poderia promover seu desenvolvimento geral *para além* da mente autoral. Se ele fosse capaz de alterar, ainda que ligeiramente, os grandes pressupostos da coluna 4, seria possível começar a incluir o "eu do fazer" *e* o "eu do ser" em sua identidade ativa. Com esse sistema mais complexo (a mente autotransformadora), ele não apenas seria menos cativo do "eu do fazer", como também estaria menos inclinado, de modo geral, a se identificar tão unilateralmente com apenas um polo das grandes dialéticas da vida (por exemplo, ser independente *versus* contar com os outros; ser o mais velho *versus* ser a criança).

Agora que apresentamos esse fenômeno multidimensional – a imunidade à mudança –, ouçamos dos próprios líderes como e por que optaram por introduzi-lo em suas equipes de liderança.

[3]

"NUNCA TIVEMOS UMA LINGUAGEM PARA ISSO"

Mobilizando a vida emocional da organização

NOSSOS CLIENTES SÃO NOSSOS PROFESSORES. Queremos que você conheça alguns deles – para que saiba o que fizemos – antes de prosseguir nesta jornada. Lembra-se de Peter Donovan, o CEO da empresa de serviços financeiros em expansão que apresentamos no Capítulo 2? Juntemo-nos a ele num momento crítico de uma atividade de imunidade à mudança realizada fora da empresa com seus colegas altos executivos.

"Entendo o que você está dizendo, mas decididamente não é assim que quero fazer a coisa", disse Peter naquela ocasião, num tom definitivo o bastante para criar um silêncio desconfortável, de olhos baixos, entre a meia dúzia de pessoas sentadas em círculo num canto de uma grande sala de estar do centro de retiro onde se realizava a reunião.

Ele estava se dirigindo a Bill, um de seus três vice-presidentes executivos. Bill estava tentando fazer Peter mudar de ideia em relação a como encerraríamos a atividade na manhã seguinte com o comitê executivo, agora um grupo de 18 pessoas, vindas desde Boston até a Costa Oeste, que se havia reunido na Nova Inglaterra. Cinco anos antes, a empresa e seu comitê executivo eram consideravelmente menores, mas haviam crescido desde que Peter, o cofundador, decidira que seu negócio precisava crescer, e rápido.

"Precisávamos ficar bem maiores", disse ele depois, contando a história de como acabou trazendo o trabalho da imunidade à mudança para a equipe da alta cúpula da sua empresa. "E eu não conseguiria fazê-lo de forma orgânica. Eu precisava comprar. Felizmente, eu tinha dois concorrentes disponíveis para isso. O primeiro, em Washington, D.C., dobrou o tamanho de nosso negócio e, poucos anos depois, outro, da Califórnia, aumentou de novo nosso negócio, dessa vez em 50%. De modo que, em três anos e meio, passamos de uma empresa com cerca de 100 funcionários, e fazendo o equivalente a $1 bilhão de hipotecas comerciais, para uma empresa de 300 pessoas fazendo o equivalente a $3,5 bilhões de empréstimos comerciais por todo o país.

"Esse rápido crescimento por meio de aquisições nos colocou diante de um verdadeiro desafio, como você pode imaginar, em termos de integrar a equipe da alta gerência para garantir que estivéssemos todos no mesmo time. Precisávamos de uma linguagem e de uma definição de liderança que fossem comuns a todos dentro da nossa organização, uma vez que tínhamos uma equipe de alta gerência relativamente nova – tanto por causa das aquisições como da promoção de algumas pessoas à medida que nossa empresa crescia, e também porque éramos três plataformas separadas, geograficamente dispersas e distantes. E, por fim, nosso trabalho de desenvolvimento de líderes havia estagnado. Tínhamos empreendido uma iniciativa de desenvolvimento de líderes uns três anos antes e percebi que realmente não estávamos onde precisávamos estar para ajudar a empresa a crescer.

"No início, me concentrei em nossos médios gerentes e em seu desenvolvimento, e então percebi – depois de debater a definição de liderança durante uma hora com um dos meus altos gerentes! – que tínhamos muito trabalho a fazer na cúpula. Parafraseando Pogo,* "Olhamos no espelho e o inimigo éramos nós". Nós é que tínhamos de nos desenvolver primeiro para então desenvolver o nível seguinte de gestores, e senti que não estávamos fazendo o progresso que precisávamos; e fiquei lá coçando a cabeça, pensando no por quê."

O impasse, naquela atividade externa, surgiu depois de um dia anormalmente intenso. A sala de estar estiva vazia, uma vez que o restante dos membros do comitê executivo estava relaxando antes do jantar enquanto nós, o grupo de planejamento, estávamos repassando o dia e vendo como faríamos o encerramento no dia seguinte. Logo descobrimos que Peter e seus vice-presidentes executivos certamente não estavam, naquele momento, no mesmo time, ou na mesma sintonia.

Já tínhamos passado várias semanas trabalhando com a equipe para preparar o seminário. Peter e seus mais altos prepostos nos haviam procurado depois de ler a respeito de nosso trabalho de imunidade à mudança na *Harvard Business Review*.[1] Na retrospectiva de Peter:

> Eu estava voando para a Califórnia, e o artigo me tocou de imediato. E então o passei a meu diretor de operações, que estava viajando comigo, dizendo: "Você tem de ler isto. Precisamos aplicar esse negócio", e instantaneamente começamos a fazer uma lista de verificação mental das pessoas-chave de nossa empresa, pensando: "É, isso se aplica a tal pessoa." Deixamos o assunto de lado por algum tempo, voltamos a Boston, pegamos o artigo de novo uns seis meses depois e o relemos, e ficamos tão entusiasmados quanto da primeira vez. Circulamos o artigo entre os nossos altos gerentes, nos sentamos com Bob e Lisa e começamos a delinear um plano de como traríamos aquilo para nossa organização.

**Nota da Tradutora:* Um gambá personagem de tira de Walt Kelly, muito popular nos Estados Unidos.

Rapidamente, Peter intuiu algo relativo a nosso método que não estava suficientemente claro para nós no início e que só fez comprovar-se mais e mais à medida que nosso trabalho ia avançando: que é de suprema importância colocar o objetivo de melhoria *certo* na primeira coluna. "Não importa quão ótima seja sua tecnologia de aprendizado", disse Peter. "Tentar descobrir sua imunidade à mudança com base em algum objetivo de melhoria que não é a coisa mais importante para você mudar é perda de tempo e dinheiro para todo mundo."

IDENTIFICANDO A "COISA MAIS IMPORTANTE" DE CADA PESSOA

Peter e seu "gabinete" queriam que todos os membros do comitê executivo criassem os próprios mapas da imunidade, mas que não fossem os *únicos* a decidir sobre aquilo que entraria em suas primeiras colunas. "Nenhum de nós deveria decidir sozinho", ele insistiu. "Todos nós deveríamos obter subsídios das pessoas que nos cercam." Por semanas antes do encontro fora do local de trabalho, cada um dos membros do comitê executivo conversou com a pessoa a quem se reportava, com os colegas e com alguém que se reportava a ele/ela. O tópico da conversa, em todos os casos, era o mesmo: "O *que especificamente* você acha que é a coisa mais importante em que devo melhorar?"

O foco concentrado era um método sem precedente na empresa no que se referia ao desenvolvimento de líderes. As pessoas estavam acostumadas a obter amplo feedback, a identificar um perfil completo detalhando muitos pontos fortes e muitas áreas para melhoria. Aqui eles estavam fazendo algo bem diferente. Uma frase curta desenvolvida naturalmente que acabou se tornando parte da linguagem da alta gerência – "a coisa mais importante", como em: "Qual é a coisa mais importante que devo trabalhar?" "Qual é a coisa mais importante do Harold?"

Saber que aquilo que o chefe pensa é a coisa isolada que fará grande diferença com relação a receber um grande bônus ou ser promovido ou, em alguns casos, ser *retido*, certamente atraiu o interesse dos membros do comitê executivo, e também, em diferentes aspectos, saber o que seus próprios subordinados diretos e seus colegas diriam. Como você pode imaginar, todos esses subsídios externos levaram a entradas prospectivas nos objetivos de melhoria da primeira coluna nos quais as pessoas estavam consideravelmente investidas.

Mas Peter teve um segundo insight. Ele não estava satisfeito em consultar apenas as pessoas que os cercavam no trabalho:

> Conforme as pessoas procuravam e começavam a descobrir uma possível coisa mais importante, comecei a perceber que aquilo não poderia estar ligado somente ao trabalho. E eu dizia: "Você tem de fazer o teste do cônjuge." E eles diziam: "E o que é isso?" Falei com minha mulher e disse: "Meu bem, estou me concentrando numa coisa importante e talvez você fique surpresa de saber que tenho algum problema com a questão do controle." Estávamos na cama e ela me olhou e começou a rir, e então disse: "Você deve estar brincando comigo!" Então, retruquei: "Não estou, não." E ela disse: "Estamos casados há 23 anos e *só agora* descobriu isso? Você disse

'*algum problema* com a questão do controle'? Você é um *controlador de marca maior*!" Muito bem, então estamos chegando a algum lugar, certo? Acho que estou no caminho certo. É a isso que chamo de passar no "teste do cônjuge".

Não sabemos até que ponto Peter entendeu a questão na época, mas sua insistência em que as pessoas não obtivessem apenas o feedback de 360 graus, mas também o que poderíamos chamar de feedback de 720 graus – incluindo pessoas-chave de nossa vida pessoal e de nossa vida pública – aumentou extremamente o afinco das pessoas em desenvolver seus objetivos da primeira coluna. Elas sabiam que as compensações seriam grandes, no trabalho e em casa, se conseguissem encontrar uma forma de fazer grandes avanços em sua coisa mais importante. Ele aumentou o escuro* para escolher o que entraria na primeira coluna, mas também aumentou em muito a bolada a ganhar da mesa.

Assim, quando o comitê executivo apareceu na reunião fora da empresa, cada um dos membros tinha um objetivo de melhoria da primeira coluna que realmente lhe era importante. Eles haviam passado o dia desenvolvendo mapas abrangentes de seus sistemas imunes, e cada um viu como a própria imunidade estava fazendo um brilhante trabalho no sentido de protegê-los de alguma terrível ameaça e, em troca, estava cobrando sua conhecida taxa pelo bom trabalho realizado – ou seja, progresso real zero em seu agora urgentemente desejado objetivo de melhoria. Como sempre, foi uma experiência muito esclarecedora, mas a intensidade do dia tivera a contribuição do fato de que os membros do comitê executivo estavam compartilhando seus mapas com todo o seu subgrupo, e não apenas com um único parceiro, como de praxe.

Eles haviam sido divididos em subgrupos com o intuito de maximizar a segurança e o conforto. Embora integrassem um comitê executivo e liderassem uma empresa agora de âmbito nacional, eles ainda eram um conjunto algo balcanizado num mapa de confiança. O vice-presidente executivo Bill, por exemplo, poucos anos antes, fora o estimado e respeitado CEO de uma das empresas que Peter havia adquirido. Ele estava prestes a se aposentar e não se sentia desconfortável em ter, nos últimos anos, sido o preposto de Peter, ajudando-o a integrar sua própria equipe de altos executivos no comitê executivo agora ampliado. Ele acabara de conduzir, de forma hábil e sensível, seus próprios colegas de longa data por um processo no qual eles não somente chegaram a intensas percepções pessoais relativas aos próprios objetivos de melhoria, mas também dividiram essas descobertas entre si.

Ele havia achado o dia muito valioso e estimulante, mas ele queria também cuidar muito bem do seu pessoal, que, ele intuía, estava se sentindo muito vulnerável com a profundidade e a abertura do trabalho relativo à imunidade. "Nós nos conhecemos há anos", disse Bill depois. "Mas estávamos começando a nos conhecer de uma forma completamente nova." Foi a preocupação de Bill com o

Nota da Tradutora: No jogo de pôquer, aposta feita "no escuro" ou depois de dadas as cartas, mas antes de se pedirem novas.

próprio pessoal que levou ao impasse com Peter. E foi o *terceiro* insight de Peter que havia originado o impasse.

"Eis o que sinto com relação a como deveríamos encerrar amanhã", disse Peter, com seu entusiasmo característico. "É a melhor maneira que me ocorre para levar este trabalho para além daqui e prosseguir com ele de modo que venha a fazer a diferença naquilo que somos como comitê executivo. O que fizemos até agora, até o dia de hoje, é um grande passo, mas só dividimos nossas percepções com os membros do comitê executivo que conhecemos e com os quais já nos sentimos mais à vontade. Amanhã de manhã, acho que devíamos abrir o jogo – e provavelmente deveríamos ser os primeiros a fazê-lo – acho que todos nós deveríamos nos abrir e dividir com todos os outros o que descobrimos em relação a nossos sistemas imunes."

Não era do estilo de Bill discutir diretamente com ninguém, muito menos com Peter, mas todos puderam ouvir em alto e bom som que sua resposta admonitória vinha do fundo da alma. Bill rebateu: "Hmm, bom, não estou muito certo disso. Ah, não sei como aconteceu nos outros grupos, mas, no meu, algumas pessoas mergulharam realmente fundo hoje. Estou orgulhoso de todas elas, mas este é um terreno muito novo para elas. Algumas têm muito em que pensar agora. Minha impressão é de que estão se sentindo bastante vulneráveis. Não consigo vê-las amanhã se abrindo e dizendo a todo mundo o que elas têm em suas quatro colunas."

Peter ficou claramente desconcertado quando viu os outros dando sua concordância não verbal às palavras de Bill. "Então, o que exatamente você está propondo?", ele perguntou.

"Acho que poderá chegar o dia em que *talvez* consigamos compartilhar essas coisas", respondeu Bill, sentindo rapidamente o desapontamento de Peter. "E sinto que este foi um dia muito importante, muito bom. Apenas não acho que já estejamos prontos para o passo que você está propondo. Acho que a próxima parada para cada pessoa levar o que descobriu aqui é o seu coach, e também acho que foi muito bom termos disponibilizado essas relações um a um com os coaches."

Foi nesse ponto que Peter disse: "Entendo o que você está dizendo, mas decididamente não é assim que quero fazer a coisa." Quando todos baixaram os olhos diante do desconforto do impasse, Peter prosseguiu: "Veja, o que estamos tentando fazer aqui é levar todo este comitê executivo para um novo patamar. Deixei bastante claro que estamos elevando o padrão daquilo que significa fazer parte desta cúpula."

Silêncio.

"Não estou interessado em lançar dezoito projetos separados de desenvolvimento de líderes! Isso não vai acontecer. Estou tentando fazer aqui algo com *a equipe inteira*!"

"Acho que você não percebe, Peter", disse outro de seus colegas, "que nem todos se sentem tão confortáveis como você em mergulhar nesse tipo de coisa".

"Não se cresce quando se permanece confortável. As pessoas precisam dar um passo a mais!"

Mais silêncio.

Nós – os infelizes consultores – estávamos relutantemente chegando à conclusão de que precisávamos interceder e dizer alguma coisa, isso se soubéssemos o que dizer. Nossa óbvia esperança, de que nossos clientes resolvessem aquilo sozinhos, estava desaparecendo rapidamente.

E então algo aconteceu que não somente resolveu o impasse daquele fim de tarde, como provavelmente criou a grande virada do projeto inteiro.

"Ah, me desculpe, Peter", disse Bill, finalmente rompendo o silêncio. "E não vai aqui nenhum desrespeito, mas, hum, será que o que está acontecendo agora mesmo não seria um exemplo da *sua própria* coisa importante?"

DO INSIGHT PARA O IMPACTO: FAZENDO A MUDANÇA REAL ACONTECER

"O que aconteceu naquela reunião", disse-nos mais tarde outro membro da equipe de altos gestores, "foi que começamos efetivamente a usar aquela coisa! De repente, não se tratava mais de um mero exercício fora do escritório. A coisa se infiltrou em nossa maneira de trabalhar em conjunto. E estávamos começando direto no topo!

"Dou ao Bill e ao Peter, a ambos, todo o crédito do mundo. Era o Peter querendo que as pessoas dessem um passo a mais, e o Bill deu esse passo direitinho! E o Peter, para seu crédito eterno, retrocedeu. Acho que poderíamos ter perdido todo o projeto naquele momento se ele tivesse se recusado a largar as armas e feito as pessoas engolirem aquele negócio à força... porque Peter pode ser uma força da natureza quando encasqueta com alguma coisa. Pode ser muito difícil fazê-lo parar."

Conforme Peter disse depois: "Eu estava insistindo em que fizéssemos daquele jeito, e eu não estava disposto a ceder, a recuar. E, para ser franco, se não tivéssemos lançado os alicerces que lançamos, honestamente não sei se eu teria recuado. Posso ter feito o que faço normalmente, que é mais ou menos abaixar a cabeça e seguir em frente a toda. Foi difícil de engolir. Tive de respirar fundo. Foi um caso da vida real de tentar absorver e de exibir o mesmo tipo de comportamento que eu esperava ver na nossa equipe de altos gestores."

A máxima de Pogo pode nunca ter sido mais *pessoalmente* verdadeira – "Encontramos o inimigo e o inimigo somos nós!". Mas quando Peter fala sobre o que realmente o ajudou a parar, a ouvir e, por fim, a tomar uma decisão diferente, apesar de suas apaixonadas convicções em contrário, é interessante que sua experiência das palavras de Bill parece completamente isenta de sentir-se acusado de algo ou de ter sido pego em flagrante.

"Ele foi muito direto", disse Peter, "mas não estava absolutamente personalizando a coisa; ele estava fazendo referência à minha coisa importante".

Essa declaração pode soar estranha. Afinal, aquilo a que Bill estava se referindo – a intensa necessidade de controle de Peter – era extremamente pessoal. No entanto, quando Peter examina a questão em retrospectiva, a partir da perspectiva de alguns anos atrás, e resume o efeito do trabalho sobre sua equipe de altos gestores, esse mesmo tema – de encontrar uma forma apropriada e eficaz de mobilizar o pessoal e o privado na vida pública do trabalho – é exatamente o que aparece em destaque.

Ele começa falando sobre o seu relacionamento com seu diretor de operações, Ron, o qual você conheceu também no Capítulo 2.

> Minha coisa mais importante é o controle, certo? A coisa mais importante do diretor de operações era agradar. Ele é o homem mais gentil do mundo. Minha mulher vive me dizendo isso. Ela fala: "Por que você não é como ele? Ele é tão gentil!" E é mesmo. Eu o adoro, ouviu? Eu o adoro. Mas acontece uma dinâmica interessante. Preciso controlar. Ele precisa agradar. Então, o que isso significa realmente? Tomo as decisões e ele me deixa tomar as decisões. Mas, às vezes, quando ele discordava, ele não me enfrentava, mas tampouco acatava a decisão. Ele acabava sendo um anteparo ou um amortecedor entre mim e quem quer que estivesse envolvido na decisão. Às vezes, ele acabava fazendo o oposto daquilo que eu lhe havia pedido para fazer, pensado que estava me agradando ao não dizer não e servindo à empresa ao fazer o que achava que era realmente a coisa certa a fazer.
>
> De modo que havia essa dinâmica em operação, na qual nem sempre estávamos em sincronia. E um dia estávamos sentados na sala de reuniões examinando juntos os nossos mapas de imunidade, e essa coisa meio que se revela. Virei para ele e disse: "Deixa eu ver se entendi direito. Sou um abusador e você gosta disso!" Ele começou a rir entre dentes, quase abertamente. Eu ri também, mas então eu disse: "Isso é muito, muito contraproducente. Realmente precisamos mudar esse comportamento."
>
> Mas entenda o seguinte: estávamos trabalhando juntos há quinze anos. Quinze anos! Não é como se ele tivesse entrado na empresa há apenas seis meses atrás. E acho que, lá no fundo, nós dois sabíamos que esse tipo de jogo estava ocorrendo, mas nunca tínhamos tido uma linguagem para isso. Nunca tivemos permissão. Provavelmente nunca tivemos a coragem de realmente enfrentar a situação; e o tal do método da "coisa mais importante", como o chamamos, realmente nos deu a estrutura e a linguagem, a capacidade de abordar o assunto de uma maneira encarada como positiva e não simplesmente um ataque pessoal.

Então Peter voltou-se para outras mudanças no relacionamento das pessoas com ele como CEO. "Vocês conhecem o termo 'o canário na mina'?", Peter perguntou, referindo-se ao antigo costume dos mineiros de levar canários para dentro dos túneis para que funcionassem como um alarme em caso de uma perigosa falta de oxigênio nas minas. Ele disse que passou a ver o trabalho que estávamos fazendo como criador de outro tipo de sistema de alarme, que ele chamou de "o canário na *mente*". "Quero dizer com isso que vocês deram permissão a outras pessoas da nossa própria equipe de altos gestores para falar dessas coisas, para falar sobre o comportamento que elas veem se manifestar, seja meu ou de outros, porque lançamos as bases para isso. E pensei que isso era algo poderosíssimo. Precisamos cortar isso logo de início, cortar logo na primeira vez que eu fizer algo disfuncional, logo na primeira vez em que eu fizer algo negativo. Não deixar que a coisa aumente. Como CEO, pode ser um grande problema obter qualquer tipo de feedback, especialmente feedback negativo, de sua equipe de altos gestores."

Em seguida, ele abordou mudanças no relacionamento entre os membros da equipe como um todo:

> As pessoas precisam dar permissão umas às outras para ter essas conversas e, com enorme frequência, isso não acontece, principalmente no mundo empresarial e entre os membros da alta direção. Você sabe: "Não podemos falar a esse respeito." "Não podemos fazer isso." "Não sabemos como fazer isso." "Não sabemos como isso seria recebido." Falando bem francamente, tudo isso é eliminado quando se cria esse tipo de estrutura.
>
> O trabalho que fizemos realmente propiciou uma linguagem comum para que pudéssemos falar a respeito dos desafios do desenvolvimento pessoal. E isso foi tão importante para nós, poder conversar sobre os problemas de uma forma consensual com relação a como abordá-los e poder falar sobre como tentaríamos mudar os comportamentos em termos individuais e coletivos, e por quê. E vi que tantas vezes antes havíamos nos debatido com "Que linguagem deveríamos usar?", "Como deveríamos abordar um problema?" ou "Será que tenho permissão para abordar essa questão?". Como CEO, tenho permissão de abordar o problema de uma forma que considero construtiva e que não seria recebida como um ataque pessoal? Trata-se de uma linha muito complicada para se andar, e descobri que a matriz da coisa mais importante, da imunidade à mudança, se você preferir, realmente propiciou estabilidade para fazer isso. É uma coisa muito pessoal em termos de desenvolvimento de líderes, mas descobri que era efetivamente capaz de despersonalizar, de certa forma, alguns aspectos sobre os quais estávamos falando – e de uma maneira muito eficaz.
>
> Creio que esse trabalho nos tornou uma equipe de gestores mais coesa, uma equipe de comunicação muito melhor. Fomos capazes de ir imediatamente até o âmago dos problemas porque se havia criado uma linguagem e um construto. Não precisamos ficar tangenciando o problema. "Como é que vou falar com fulano sobre isso?" Não. É o negócio da "coisa mais importante". Sabemos que se trata da "coisa mais importante". Ele sabe que se trata de sua "coisa mais importante". Você pode conversar com ele sobre o assunto naqueles termos, de uma forma bem solidária, bem factual. Ele aceitará a coisa da mesma forma e nós seguiremos em frente. De modo que, como costumo dizer, às vezes a coisa se torna uma maneira bastante eficaz de ajudar a trabalhar o desenvolvimento pessoal e coletivo.

Peter alertou que leva tempo e que implica ter paciência.

> Nem todos conseguem. Nem todos conseguem da mesma maneira ou ao mesmo tempo. Portanto, como em qualquer esforço de desenvolvimento, você deve esperar que haverá pessoas em pontos bastante diferentes ao longo de todo esse processo, tanto em termos emocionais como intelectuais, e,

> como resultado, certamente em termos de comprometimento. Certo sujeito me disse: "Isso será usado contra mim? Estou expondo minha fraqueza." Desse modo, era necessário ser cuidadoso no sentido de que a coisa não fosse vista como uma espécie de objetivo final e supremo.
>
> Com o tempo, as pessoas, entendendo melhor o que estávamos tentando fazer, se tornaram mais receptivas, energizadas, animadas, engajadas, por vezes até mesmo mais corajosas. E vimos algumas amostras de verdadeira coragem. Vimos lágrimas em reuniões, em homens e mulheres. Vimos pessoas darem passos ousados. Vimos pessoas confiarem em nós em termos de quais eram nossas motivações e aonde queríamos chegar. No final, muitas delas – mas nem todas – tornaram-se entusiastas defensoras. Isso aproximou mais os altos gestores. Creio que não haja dúvidas a esse respeito.

Finalmente, Peter falou a respeito do efeito que o trabalho tivera sobre aqueles fora da equipe sênior.

> Acho que nossos altos gerentes, por sua vez, ganharam uma credibilidade maior dentro da organização porque havia essa abertura com relação a seus próprios desafios em termos de comportamento que outros dentro da organização aplaudiram e emularam ao longo do tempo. Criamos um alvoroço corporativo. As pessoas começaram a me procurar. "Quero saber qual é minha 'coisa mais importante'." Pessoas que nada tinham a ver com a alta gerência. Às vezes, pessoas que não tinham envolvimento algum com os cargos de gestão, porque podiam sentir a empolgação com aquilo que estava acontecendo. Todo mundo queria descobrir e trabalhar em sua "coisa mais importante". E, você sabe: isso é obviamente uma coisa altamente positiva para o ciclo de crescimento.

E o que dizer daquela atividade fora da empresa? Como ela terminou? Na manhã seguinte, Peter e Bill contaram ao grupo toda a sua conversa, contaram sobre a decisão à qual acabaram chegando – de não pressionar ninguém antes que ele ou ela estivesse pronto/a. E contaram sobre como exatamente haviam chegado a essa decisão, sobre como revelar "a coisa mais importante" – até mesmo aquela do CEO – pode modificar padrões de comportamento conhecidos – até mesmo do CEO – que, às vezes, precisam ser mudados.

Passados trinta dias da atividade fora da empresa, todos os membros do comitê executivo voluntariamente compartilharam suas imunidades com os outros. Estávamos lá quando isso aconteceu, e lembramos as palavras de Peter no final: "Creio que nunca tenha sentido mais orgulho das pessoas deste grupo."

"SE VOCÊ NÃO CONSEGUIR DESENCAVAR O PROBLEMA, ELE IRÁ ATRAPALHAR SEMPRE": O QUE APRENDEMOS COM HARRY SPENCE

Trabalhando como servidor a pedido do presidente da Commonwealth of Massachusetts, Harry Spence era, quando o conhecemos, o diretor do Departamento de

Serviços Sociais, a organização estadual pelo bem-estar da criança. Harry diz que aceitou o trabalho pensando que sua tarefa era "tornar o sistema de bem-estar da criança de Massachusetts tão bom quanto o de qualquer outro estado do país".

Mas depois de cerca de dezoito meses no cargo, ele mudou seu objetivo. Diz ele, "Percebi que a área do bem-estar da criança era tão flagrantemente subdesenvolvida que qualquer pessoa que tivesse uma oportunidade de liderança tinha uma gigantesca responsabilidade de levar a área para uma posição melhor. Este é um sistema que vive no constante temor de ter um caso de grande destaque na mídia. É, portanto, uma organização que se mantém numa posição continuamente defensiva, o que certamente é a pior postura possível para se aprender."

Deixaremos que Harry continue a história com suas próprias palavras, como fez Peter em relação à sua empresa: "De modo que estávamos tentando descobrir como transformar uma organização de bem-estar da criança numa organização que aprende continuamente. Como pegar uma organização constantemente assolada pelo medo e ajudá-la a assumir um forte compromisso com o aprendizado contínuo? Porque será necessário para promover o desenvolvimento de uma organização que se encontra tão subdesenvolvida em âmbito nacional."

Tivemos a oportunidade de trabalhar com Harry por razões muito semelhantes às de Peter, por mais diferentes que suas organizações possam ser. Harry também sentiu que sua equipe de líderes estava meio encalacrada. Após meses dirigindo o órgão, sua experiência com sua equipe de líderes espelhava aquilo que ouvira indiretamente desde a sua chegada: como um grupo, a eficiência da equipe diretiva era zero. Ele descreve o sentido disso para ele:

> Discutimos muito o que colocar na agenda. Tendíamos a discutir apenas tópicos administrativos e políticos. E uma das regras fundamentais que tenho para mim é que a maioria das organizações como esta gastam cerca de 80% do seu tempo com política e administração e cerca de 20% do tempo com a prática. E um tipo de regra central que tenho é que a gente precisa inverter isso. Era preciso que passássemos a dedicar 80% do tempo à prática e 20% do tempo à política e à administração. E não conseguíamos realizar isso.
>
> Não conseguíamos afastar os líderes das questões políticas e administrativas, e, quando conseguíamos, ficava um clima de "pé atrás". E o que ficava claro era o elemento do "pé atrás", de quão profundamente desconfiados éramos uns dos outros na equipe de liderança.
>
> Por quê? Parte disso eu havia herdado. Havia uma dinâmica interna muito dividida no escritório central e havia muitos lugares onde se havia estabelecido uma competição entre o pessoal do escritório central. E aí todos operam sob uma ansiedade constante no sentido de que se alguém cometer um erro, esse alguém não apenas carregará "o sangue de uma criança" nas mãos como será publicamente crucificado. De modo que existe uma ansiedade sem fim com relação à questão. E, é claro, isso leva a uma prática tragicamente ruim de bem-estar da criança, não a uma prática boa. Na verdade, isso incita a prática ruim. De modo que as pessoas já estão

num estado de muita ansiedade, além do que estão competindo umas com as outras. Havia linhas axiais especificamente claras no sentido de que havia lutas em curso, algumas das quais acabei herdando, e que continuaram quando assumi e tentei resolvê-las. Mas acontece que havia esse forte senso de que "não conseguiremos", "temos medo".

E havia também muitas coisas que costumam acontecer nas equipes de liderança de muitas organizações. Depois das reuniões da equipe de liderança – grupinhos e panelinhas discutiam as piores coisas que haviam sido feitas, algo idiota que alguém fizera, e assim por diante, um monte de coisas negativas que acontecem.

Esse desafio criou o contexto para que começássemos a trabalhar com Harry. Como Peter, Harry nos contatou porque o método da imunidade à mudança ecoou nele:

> Acredito profundamente que as organizações são inacreditavelmente impedidas pela dinâmica encoberta, e que nunca é reconhecida, no que se refere à vida emocional da organização. Foi com base numa premissa que cheguei a esse trabalho, ou seja, que para conseguir modificar realmente a dinâmica das organizações, se você não conseguir desencavar o problema, ele irá atrapalhar sempre.
>
> Sabe, a gente poderia pensar numa organização "clínica", numa organização de bem-estar da criança – toda essa gente é composta de assistentes sociais treinados na área de psiquiatria ou outros tipos de assistentes sociais, tendo mestrado e dois anos de treinamento especializado em teoria clínica, e eles usam esse conhecimento de variadas formas –, mas acho que essa premissa é difícil para qualquer dada organização absorver.
>
> De modo que fiquei fascinado com a questão de como isso se daria nessa organização, que tão claramente tinha tantas disfunções em toda a sua extensão – porque é realmente um trabalho de lidar com traumas, pelo fato de o conteúdo emocional do trabalho ser tão intenso e porque nosso pessoal e nossos assistentes sociais estão constantemente lidando com traumas em base diária. Não tem nada de diferente do trabalho de paramédicos, a não ser que se trata de trabalho psicológico. Eles entram em lares horrorosos. Encontram crianças em circunstâncias terríveis. E isso mobiliza muita coisa emocional dentro da organização. Como podemos superar isso tudo?
>
> E eu ficava pensando com os meus botões, você sabe, não posso mandar todos eles para a Califórnia para cursar um programa de um ano de duração para desenvolver suas habilidades pessoais de liderança. Não posso ficar mandando todos para esses programas de treinamento o tempo todo. Não sei como continuar lidando com isso.
>
> E, quando vi o livro, o maravilhoso com relação a ele foi que ele trazia toda a complexidade de todo o treinamento que eu havia dado nesse âmbito incrivelmente pequeno e altamente acessível.[2] Eu disse para as pes-

soas: "Sabe, se eu tivesse quatro horas para fazer todo o meu trabalho de desenvolvimento pessoal e todo o meu treinamento na Califórnia e tudo o mais, e tivesse quatro horas para fazer alguém 'entender' – eu faria, e recomendaria, essa espantosa destilação da quarta coluna do exercício. Ela é tão brilhantemente acessível. Não há ninguém que *não consiga* entendê-la. Não estamos falando de termos clínicos pomposos. Não precisamos passar dias construindo um quadro conceitual comum. A coisa é incrivelmente simples, realmente. E transmite a sensação de que pode ser muito poderosa." De modo que falei com Bob e Lisa e propus à equipe de liderança que experimentássemos o método.

E houve alguns sentimentos misturados, alguma incerteza, e todos leram o livro, e ele aumentou a ansiedade do evento. E aí começamos a trabalhar. No começo do trabalho, mais ou menos na segunda reunião, fizemos o exercício da quarta coluna. Na verdade, nós o estendemos para duas sessões porque havia muitas pessoas na sala para fazê-lo de uma só vez. E foi um exercício imensamente eficaz.

Duas reuniões de três horas de duração, em que houve inclusive lágrimas e as pessoas foram para lugares que, acho, as surpreenderam, num ambiente no qual não tinham sequer a confiança de falar a respeito de uma pequena discordância, com receio do conflito que adviria ou do ridículo resultante ou fosse lá o que fosse. E, no entanto, lá estavam elas, sentadas ao redor de uma mesa, e, em alguns casos, indo realmente fundo, mergulhando em suas experiências de infância que teriam sido a origem disso e de outras coisas.

E o que foi realmente valoroso não foi apenas que estivesse ocorrendo, mas que estava ocorrendo num ambiente em que cada uma das pessoas na sala estava compartilhando suas experiências. De modo que logo se instalou entre o grupo um vínculo em torno da vulnerabilidade que elas haviam compartilhado.

E, em segundo lugar, houve um súbito senso de compaixão mútua em relação às coisas que as deixavam loucas. Por exemplo, temos na alta gerência uma "contendedora", uma pessoa ótima, mas ela periodicamente entra numa espécie de "acesso de contenção" e a pessoa objeto dessa contenda se sente agredida. Acabamos entendendo essa dinâmica. Quando entendemos de onde vem a dinâmica, as pessoas param de dizer: "Oh, meu Deus! Você viu o que ela fez de novo?", e passam a dizer: "Oh." E então conseguem dizer a ela: "Opa, de novo! Espera aí. Bandeira vermelha. Não foi isso que a gente viu?", ao que ela retruca: "Oh, meu Deus, é mesmo."

E, para que cada um de nós possa fazer isso, tanto apoiarmos uns aos outros por causa dos compromissos assumidos em torno do conjunto de mudanças que precisamos fazer e da vulnerabilidade compartilhada de ter dividido alguns sentimentos profundos ao longo daquele tempo, construído as bases, o alicerce, para aquilo que então se tornou realmente quase dois anos de trabalho de construção de nossa capacidade como membros da equipe de gestão de manter conversas cada vez mais conflituosas, intensas, desafiadoras e difíceis.

Acho que o foco central dos altos gestores era se transformar num contentor para conversas verdadeiramente reais que incluíam muita assunção de riscos, profundos desacordos e coisas do gênero. E assim, nos últimos seis meses, concentramo-nos explicitamente em tópicos sensíveis. "Vamos continuar construindo nossa capacidade." "Vamos fazer uma lista dos tópicos sensíveis que não podemos discutir no grupo." "Vamos pegá-los um a um e começar a construir nossa capacidade para fazer isso." E, ao longo de dois anos, acho, o grupo chegou ao ponto em que agora nossas reuniões com os altos gerentes estão trazendo tantas discussões inacreditavelmente intensas que não temos tempo para tudo. Quero dizer, estamos literalmente tentando manter a agenda. Como vamos manter a agenda administrável, agora que o grupo pode fazer um grande trabalho no sentido de assumir qualquer número de tarefas dentro da organização, tendo se tornado um fórum central de pensamento sobre a prática?

VINCULANDO O DESENVOLVIMENTO PESSOAL E O DESENVOLVIMENTO ORGANIZACIONAL

Ao refletir sobre o trabalho que fizemos juntos e sobre sua progressiva clareza com relação ao que exatamente significa elevar o campo do bem-estar da criança para um lugar mais desenvolvido, Harry considera a relação entre os dois.

> O trabalho do bem-estar da criança é, de longe, o trabalho público mais complexo que já encontrei na vida. Trata-se de um trabalho fundamentalmente terapêutico que se tenta fazer com a burocracia pública. De modo que o que estamos tentando fazer é realmente tentar criar uma organização de serviços profissionais, *uma organização de serviços profissionais públicos*, e estes serviços não existem. E uma organização que seja tão complexa quanto a complexidade das famílias que temos encontrado, porque quando tornamos a tarefa simplista e encontramos circunstâncias complexas, causamos muitos danos. Quando simplificamos demais as coisas em face da complexidade, causamos danos imensos. Você traz uma marreta quando o que se precisa é um bisturi ou coisa parecida. De modo que estamos tentando tornar isso aqui uma empresa de serviços profissionais mais complexa.

Harry se dá conta de que conseguir esse tipo de desenvolvimento exige instilar um hábito de autorreflexão na organização inteira. E fundamental para isso, diz ele, é reconhecer certos processos paralelos entre a própria natureza pessoal do trabalho que a organização faz com seus clientes e a própria natureza pessoal do trabalho que profissionais – desde o diretor até os da base – precisam fazer *consigo* para aumentar as chances de serem parte da solução, não do problema. Como são esses processos paralelos? Eis o que Harry tinha a dizer:

Uma das famosas frases da área do bem-estar da criança é, "Você só conseguirá fazer o trabalho se acreditar que as famílias podem mudar". Isso é uma espécie de ponto pacífico. Mas se sou um servidor da área de bem-estar da criança, muitas vezes posso dizer que acredito totalmente nisso, mas, ao mesmo tempo, lhe contar sobre o Joe, "aquele f.d.p. da sala ao lado da minha, que, há cinco anos, grita toda vez que fala no telefone. Não consigo fazê-lo falar baixo. O f.d.p. *nunca* vai mudar!" Famílias podem mudar, mas o meu colega de trabalho não. Ora, uma das afirmativas é falsa. Portanto, fundamental para o trabalho é o entendimento de que se você quer entender a dinâmica da mudança nas famílias, o melhor lugar em que começar é com o Joe. Você tem um laboratório constante em seus relacionamentos mútuos com relação à questão da mudança. Como podemos, como organização pública, treinar as pessoas, apoiar as pessoas, desenvolver suas capacidades para trabalhar no sentido de que outros mudem? Bem, elas poderiam começar por seus próprios colegas funcionários.

De modo que o trabalho que nós, como equipe de gestores, fizemos juntos teve a ver com mudança. E uma das lições que aprendemos foi quanto é difícil mudar e quanto apoio é necessário para mudar. Afinal, não éramos as famílias envolvidas no sistema de bem-estar da criança por questões de negligência ou abuso. Estávamos apenas trabalhando juntos e, mesmo assim, foi um período terrível. Foi inacreditavelmente difícil mudar. Por isso, desenvolvemos respeito pela dificuldade da tarefa e reconhecimento daquilo que nos proporcionou mais apoio na mudança. Todo aquele trabalho em conjunto pode ser facilmente levado para o trabalho com as famílias, e aí começamos a ver que há um maravilhoso processo paralelo.

E há um segundo processo paralelo, conhecido, no mundo do trabalho clínico, é claro, como transferência e contratransferência. Todo o conjunto de questões envolvidas se estou tentando ajudar alguém a mudar, o que estou trazendo para aquela interação, para aquele engajamento, que está atrapalhando? Que aspectos desse relacionamento no qual estou tentando ajudar e apoiar alguém no sentido de mudar estão me atrapalhando e nos atrapalhando nesse processo?

Mas a linguagem da transferência e da contratransferência é, você sabe, essa linguagem grande, pesada, séria, repleta de bagagem freudiana. O maravilhoso do exercício da quarta coluna é que a linguagem da "coisa mais importante" nos permite chegar a algo bastante similar. Na verdade, talvez algo exatamente igual. Será a questão de qual é a minha dinâmica principal que pode estar me atrapalhando?

Portanto, temos o mesmo conjunto de questões nas quais estou considerando, "De que maneira estou impedindo meu compromisso de fazer a equipe de gestores trabalhar como um grupo realmente poderoso e eficaz e funcional?" Eu poderia dizer a uma assistente social que a mesma pergunta se aplicaria: "De que maneira estou impedindo meus esforços de dar suporte a esta família para que se fortaleça e evolua?"

A autorreflexão é o aspecto central de qualquer trabalho organizacional. A autorreflexão é particularmente crítica nos tipos de relacionamento que surgem entre a família e o assistente social da área do bem-estar da criança. Sabíamos que precisávamos de uma estrutura para a autorreflexão. E acabamos percebendo que o trabalho da quarta coluna propicia o que viemos a chamar de uma espécie de "andaime". Não podemos regular esse negócio, mas podemos supri-lo de um andaime. Não lhe dar regras sobre como interagir com uma família para gerar mudança. Não posso colocar a coisa por escrito como um conjunto de regras burocráticas, entregá-lo a você e dizer: "Cumpra." Não vai funcionar. A complexidade do sofrimento humano, entre outras coisas, é grande. Não existe um conjunto simples de regras. Trata-se de um trabalho imensamente discricionário. É uma empresa de serviços profissionais, não um modelo industrial.

Estamos tentando construir um conjunto de valores, um conjunto de princípios relativos a como fazer o seu trabalho, alguns quadros conceituais centrais do trabalho que você faz, e valores para dar suporte a eles. De modo que agora estamos muito empolgados com a ideia de que podemos pegar o exercício da quarta coluna e usá-lo como uma prática gerencial com equipes de gestão em nossos vinte e nove escritórios regionais, onde eles desenvolvam a linguagem do exercício da quarta coluna, tenham um quadro conceitual para sua autorreflexão em seu trabalho de construção de equipe com seus colegas, e que essa mesma linguagem em que os assistentes sociais serão treinados em seus escritórios poderá ser usada em sua reflexão com relação a seus relacionamentos com as famílias. Isso é espetacular!

Quando Harry examina todo o trabalho que fizemos juntos, ele volta justamente ao lugar em que começamos, no Capítulo 2 – o papel oculto da emoção na superação do desafio de mudar, a nossa necessidade de encontrar uma maneira de levar aquilo que tendíamos a pensar como sendo uma experiência pessoal para a esfera pública do trabalho:

O que, na verdade, passei a entender cada vez mais profundamente é a função da emoção neste trabalho. O impressionante no que se refere à área de bem-estar da criança é que as pessoas fazem a faculdade de assistência social, certo? Elas aprendem todo um conjunto de coisas, cujo núcleo é a ideia do "retorno do reprimido", certo? A ideia de que a emoção com a qual não se lida acaba voltando de alguma forma disfuncional, acaba se manifestando de forma disfuncional. Um princípio central de todo o trabalho clínico. Então você entra na organização e a organização suprime impiedosamente todas as emoções. É uma organização de assistência social que parece agir em total contradição com os princípios centrais do trabalho de assistência social!

Mais do que qualquer coisa, num trabalho desse tipo – mas suspeito que, em diferentes graus, em todo trabalho organizacional – precisamos encontrar formas de reverter essa dinâmica da supressão da emoção. No final das contas, é isso que o trabalho da quarta coluna nos ajuda a fazer.

MATANDO DOIS GRANDES PROBLEMAS COM UMA SÓ CAJADADA: O QUE PETER E HARRY ENTENDERAM MELHOR DO QUE NÓS

Peter Donovan e Harry Spence lideravam organizações que não poderiam parecer mais diferentes. Uma é uma empresa privada, ligada à economia de mercado; a outra é uma agência governamental pública encarregada de prestar serviços de assistência social. A empresa de Peter não é desprovida de valor social: concentrando-se quase que exclusivamente no financiamento de moradias multifamiliares (e práticas sólidas de financiamento, em contraste com as circunstâncias que levaram à nossa recente crise das hipotecas), ela tem, à sua maneira, contribuído para a realidade de que hoje, pela primeira vez, uma grande parcela dos americanos desfruta desse aspecto de nosso sonho nacional. Mas, no final das contas, ele seria o primeiro a dizer que está dirigindo um negócio orientado para resultados, em nome de um grupo da iniciativa privada; e Harry está dirigindo uma empresa pública de serviços humanitários em nome da cidadania e de seu representante eleito, o governador do estado.

Por mais diferentes que suas situações possam ser, há também algumas semelhanças impressionantes – em seus desafios, em sua liderança e em seus resultados finais. Ambos anseiam por melhorar significativamente o desempenho de suas organizações e – apesar das personalidades fortes que eles possam ter – ambos reconhecem claramente que nenhum ator heroico pode conseguir sozinho o desenvolvimento que buscam. Eles sabem que precisam de parceiros. Cada um deles olha para sua equipe de gestores como a unidade crítica para a consecução da mudança, e cada um deles se sente frustrado com o estado atual dessa equipe.

Mas o que é mais importante ainda: nenhum deles se coloca fora da equação na avaliação de sua equipe. Em ambos os casos, sua disposição de "ir primeiro", de deixar visível sua própria imunidade à mudança da mesma forma que estão solicitando aos membros da sua equipe que o façam, faz uma diferença crucial.

Sentimo-nos privilegiados de trabalhar com líderes tão corajosos como Peter e Harry, e certamente aprendemos, a partir do trabalho conjunto com eles e outros, que a pessoa que está no topo precisa ser uma defensora desse tipo de trabalho. O líder precisa ser mais que um mero apoiador de um trabalho como esse; ele precisa ser um advogado ativo. Não podemos ser bem-sucedidos se o líder estiver apenas autorizando a nossa participação, se ele for meramente um patrocinador do trabalho conduzido por gente de fora. Contamos com os líderes com os quais trabalhamos no sentido de serem genuínos parceiros em nosso método, e quando a resistência cresce, como quase sempre acontece, é o líder, não o consultor externo, que precisa ajudar o grupo a renovar seu compromisso com a jornada do aprendizado pessoal visando aos resultados públicos.

Peter fez isso em mais de uma ocasião e deixou clara a fonte da sua convicção:

> Basicamente, eu disse para as pessoas: "Olha, se esta é realmente a sua 'coisa mais importante', se você foi realmente fundo, se mergulhou realmente na coisa pessoal, todo mundo já sabe. Eu sei. Os outros sabem. Há essa espécie de ilusão por aí que você está compartilhando algo que é tão pessoal que ninguém sabe. Acredite, eles sabem! Eles sabem e falam a respeito. Agora, onde eles falam a respeito? A portas fechadas, no almoço, depois do trabalho, mas eles falam a respeito."
>
> Então, eu tive de fazer um trabalho meio de checagem da realidade. A realidade é que eles já sabem, é o elefante na sala. E quando você tem 18 ou 20 altos gerentes, é uma manada de elefantes, e eles atrapalham. Certo? Eles atrapalham. De modo que tive de convencê-los de que era melhor criar uma linguagem e um fórum para falar a respeito do assunto de uma maneira positiva do que deixar as pessoas falando por trás; e acho que, com o tempo, isso ecoou nas pessoas.

Da mesma forma, num ponto crítico do nosso trabalho com o Departamento de Serviço de Assistência Social, Harry precisou encontrar palavras para explicar a seus colegas por que ele sentia que era realmente necessário que eles se engajassem nesse tipo de trabalho – por mais difícil, arriscado e demorado que fosse:

> Eu me vi dizendo: "Já não tivemos todos a experiência de trabalhar para alguém cujo ego nos obriga a gastar um tempo enorme só para contornar o problema?" Todos nós já passamos por essa experiência, a imensa energia que temos de gastar "administrando as coisas", de modo a atender as predileções, características e estilo pessoais de um ou outro chefe. Ainda estou por encontrar alguém que não tenha tido alguma versão dessa experiência.
>
> E depois eu digo: "Bom, agora vem a parte difícil: o chocante é que há outras pessoas que veem a *nós* exatamente assim! A parte difícil de aceitar é essa – aquela pessoa que nos deixou quase loucos? Bem, *nós* somos essa pessoa para alguém!" E se conseguirmos entender isso, poderemos começar a trabalhar.

As palavras de Harry causaram impacto nas pessoas numa variedade de outros ambientes nos quais trabalhamos. Mas podemos imaginar que quando ele estava falando isso para *sua própria equipe de gestores* – para algumas pessoas para as quais "o chefe que te deixa louco" poderia muito bem ser o próprio Harry, e quando ele estava se comprometendo publicamente a trabalhar em sua própria agenda de aprendizado pessoal, incluindo justamente as coisas que bem poderiam ter deixado *as pessoas* loucas – suas palavras causavam um impacto particularmente forte.

De modo que há reais semelhanças nos desafios que cada líder enfrenta, nas razões que os levaram a pensar em trabalhar conosco, em sua disposição e capacidade de ser efetivos defensores do trabalho e em sua coragem própria de se tornar parte vulnerável da jornada compartilhada de aprendizado. No entanto, a semelhança mais impressionante tem a ver com algo que sentimos que Harry e Peter entenderam melhor do que nós: o propósito de nosso trabalho, qualquer que fosse nossa forma de realizá-lo, era aumentar a capacidade da organização de realizar melhor suas aspirações.

O fato de que o trabalho, nos dois ambientes, teve seu início, e foi continuamente renovado, no contexto social de uma verdadeira equipe de trabalho (não de relacionamentos particulares de coaching ou de uma classe reunida para o propósito temporário de passar um conhecimento que, se espera, será mais tarde transferido para o ambiente de trabalho real) prometia estabelecer uma série de novas e valiosas condições para permanecer com o trabalho difícil do aprendizado pessoal, apesar do fato de que a reflexão contínua e a experimentação pessoal parecem ir contra a natureza da maior parte dos ambientes de trabalho tanto do setor corporativo como do social. Deixar as pessoas "entrarem" em seu objetivo de melhoria (seu compromisso da coluna 1) imediatamente o "registra" como trabalhando em algo que seus colegas podem:

- Confirmar que será valioso para você
- Querer que você obtenha sucesso, pelo bem do grupo
- Testemunhar se você fez ou não progressos
- Estar em posição de reconhecer suas mudanças (dando muita motivação quando e se você as fizer)
- Sentir-se estimulados a prosseguir com os próprios projetos de melhoria, inspirados (ou positivamente "pressionados") por seu progresso

De fato, tudo isso se mostrou verdadeiro, e estamos muito entusiasmados com o poder do método de trabalho em equipe como forma de manter as pessoas envolvidas em seu próprio aprendizado. Achamos que é um significativo passo rumo à solução do problema de uma prática muito polêmica e que, conforme discutiremos adiante neste livro, começa a produzir um quadro mais complicado das melhores práticas no aprendizado organizacional do novo século.

Sabemos que os nossos colaboradores CEOs nos dão muito crédito por lhes trazer uma forma poderosa, acessível e profissionalmente apropriada de colocar na mesa as questões do desenvolvimento adulto no trabalho. Mas, quer saibam ou não, eles também contribuíram com algo crucial para aquilo que fizemos juntos. Afinal, chegamos a esse trabalho a partir da perspectiva de psicólogos auxiliando o desenvolvimento individual de adultos. Como líderes organizacionais, eles foram muito mais talentosos do que nós em pensar em termos organizacionais e sistêmicos.

Conforme Peter disse certa vez, ao pensar na necessidade de transcender uma orientação individualista no desenvolvimento de líderes: "Se você tem um telefone melhor, e alguém tem um telefone melhor, mas vocês não estão conectados, isso não lhe traz vantagem alguma. Você só fica ali, falando consigo mesmo. E eu costumava fazer muito isso como CEO. E eu não queria mais fazer isso." Nossos parceiros CEOs intrinsecamente pensaram em construir um novo tipo de rede.

Se você enxergar só com um olho, ainda assim conseguirá discernir muito daquilo que está diante de você, mas a deficiência principal é a falta da percepção de profundidade. A visão binocular possibilita enxergar com profundidade. A complementaridade de nossos dois métodos – cada um de nós tomando como figura aquilo que o outro tomou como base – deu ao trabalho sua distintiva profundidade. Como desenvolvimentistas, estávamos mais interessados no problema de manter o envolvimento das pessoas nos processos que levariam a avanços em sua complexidade psicológica individual para que pudessem ser mais bem-sucedidas. Como líderes de organizações, nossos parceiros CEOs estavam mais interessados no problema de como mobilizar, de forma efetiva e apropriada, a vida emocional da organização para que *a organização* pudesse ser mais bem-sucedida na consecução de seus propósitos. E, no entanto, foi somente com cada um de nós assumindo também o problema não resolvido do outro que conseguimos por fim cumprir ambos os propósitos.

Esperamos que Peter e Harry tenham despertado sua curiosidade e que você queira ver por si mesmo do que estamos falando. O que ocorre realmente quando indivíduos e equipes assumem este trabalho? E que diferença ele faz? As pessoas e as organizações que você conhecerá na Parte II oferecem uma variedade de oportunidades para que você possa responder a essas perguntas.

PARTE II

VENCENDO A IMUNIDADE À MUDANÇA EM ORGANIZAÇÕES, PESSOAS E EQUIPES

[4]

VENCENDO A IMUNIDADE À MUDANÇA DE GRUPOS

Uma abordagem coletiva

AO CONSIDERAR ESSE FENÔMENO que chamamos de imunidade à mudança, certamente lhe ocorrerá que não são apenas indivíduos que ficam presos nas amarras de compromissos concomitantes e grandes pressupostos restritivos. Coletividades – equipes de trabalho, grupos de liderança, unidades departamentais, organizações inteiras – também se protegem involuntariamente de fazer as mudanças que mais desejam.

Este capítulo o leva para dentro de várias equipes e grupos de trabalho que exploraram as imunidades que promulgaram *coletivamente* para se preservar de perigos não expressos, revelados em seus compromissos da terceira coluna e em seus grandes pressupostos. Em geral, partindo para esse trabalho depois de ter identificado suas imunidades individuais, os membros desses grupos viram que valia a pena descobrir também a contradição central e a mentalidade restritiva existente não apenas dentro de determinados membros de seu grupo, mas dentro de seu grupo *como um todo*.

Para lhe dar uma amostra desses tipos de exploração, começamos com três breves cenários de organizações altamente variadas. Você conhecerá o corpo docente do departamento de humanidades de uma importante universidade de pesquisa, um setor do Serviço Florestal Nacional dos Estados Unidos responsável por trabalhos altamente perigosos e um distrito escolar do sul da Califórnia que estava com problemas.

O DEPARTAMENTO DE HUMANIDADES: "FAZ 11 ANOS QUE NÃO PROMOVEMOS NINGUÉM DOS ESCALÕES DE JUNIORES!"

O corpo docente de um grande centro de humanidades indagava se poderíamos ajudar seus membros com um problema que eles não estavam conseguindo resolver sozinhos. "Há 11 anos não efetivamos um único de nossos professores juniores! É sério!", disse o presidente. "Somos uma das mais respeitadas universidades de pesquisa dos Estados Unidos, mas os candidatos juniores estão ficando ressabiados de aceitar nossas ofertas de emprego. É verdade que quando membros de nosso corpo de juniores efetivamente *vão embora*, partem para assumir ótimos empregos em outros lugares, mas, ainda assim, se você for um jovem promissor, é compreensível que pense duas vezes antes de vir para cá se sente que não há chance alguma de efetivação."

De início, perguntamo-nos se essa preocupação ia muito além da de um presidente consciencioso, mas quando conversamos com outros membros efetivos do departamento, ficou claro que era algo que havia realmente chamado a atenção do grupo. Diferentemente das universidades estaduais, em que existe tipicamente uma fidelidade departamental mais forte, não é incomum em universidades de pesquisa privadas de destaque que professores seniores se preocupem mais e principalmente (ou até exclusivamente) com o progresso de sua própria pesquisa e trabalhos do que com o bem-estar do seu departamento. Mas essa questão parecia ter-se tornado suficientemente alarmante para ser uma exceção.

"Temos nos debatido com essa questão há anos", disse um deles. "E é frustrante não chegar a lugar algum. Não gosto de sentir que não estamos oferecendo nada de bom aos professores mais jovens. Sou um pesquisador, sim, mas sou também professor, e sinto satisfação em promover a carreira da próxima geração. Fazemos isso por nossos alunos doutorandos e deveríamos fazê-lo também por nossos colegas professores mais jovens. *Ninguém* será promovido, certo? Quero dizer, esse é um fato da vida que é entendido numa universidade de pesquisa número 1, e não deveria ser diferente. Mas, pelo amor de Deus, *alguém* precisa ser promovido!"

"Nós não os promovemos", disse outro, "porque, apesar das grandes esperanças quando os contratamos, quando chega a hora de avaliá-los para promoção, a pesquisa deles é muito superficial ou então não é considerada de alta qualidade. E, conforme os anos passam, procuramos fazer um trabalho melhor. Mas então eles chegam aqui e não chegam lá! Não é possível que a gente faça um julgamento tão horrível! Deve haver alguma coisa importante que acontece aqui depois que eles chegam. Só podemos ter alguma coisa a ver com isso."

"Bom", disse outro ainda, "nós os orientamos, lhes dizemos como é importante que publiquem, lhes concedemos licenças semestrais para que possam escrever; quero dizer, o que mais deveríamos fazer?"

A ideia de que "só podemos ter alguma coisa a ver com isso" provavelmente é um pré-requisito para um grupo chegar a algum lugar num exame conjunto de sua imunidade *coletiva* à mudança. Pedimos ao grupo para chegar a um consenso com relação a como seus membros definiriam seu objetivo de melhoria e, juntos, colocamos esse compromisso na primeira coluna de seu mapa coletivo: "Queremos fazer um trabalho melhor no que se refere aos nossos colegas professores juniores. Queremos que experienciem o lugar como um apoio ao desenvolvimento de sua carreira, e, em especial, queremos aumentar de forma significativa o número de professores juniores que possamos efetivar."

Depois lhes pedimos para fazer coletivamente um "levantamento organizacional destemido" de comportamentos obstrutivos: "O que vocês fazem *coletivamente* (não só alguns de vocês), ou deixam de fazer, que trabalha *contra* seu objetivo de melhoria?" Eles acabaram tendo muito a dizer nesse front (ver coluna 2 da Figura 4-1):

- Nós os sobrecarregamos demais com orientandos e tarefas da comissão, e aí eles não têm o tempo necessário para fazer sua pesquisa e publicar.
- Nós lhes damos uma carga pedagógica excessiva.
- Nós lhes dizemos que publicar é importante, mas também lhes dizemos ou mostramos que tudo o mais é importante também – sua atividade de ensino, a orientação que eles dão, o fato de eles integrarem uma comissão diretora. Não passamos as mensagens certas no que se refere às prioridades.

Conforme você viu no Capítulo 2, a grande descoberta de se mapear a imunidade à mudança de um indivíduo vem com a terceira coluna – os compromissos que "nos têm" (em contraposição aos compromissos da primeira coluna que "nós temos"). Pense em Peter identificando seu compromisso de estar no controle ou em Ron, de assegurar que continuará a ser estimado. Da mesma forma, quando um grupo consegue criar um mapa coletivo potente, é

FIGURA 4-1

A imunidade coletiva à mudança num departamento de humanidades: Por que os professores juniores são promovidos tão raramente

1 **Objetivo de compromisso coletivo**	2 **Levantamento coletivo do que fazer/não fazer**	3 **Compromissos concomitantes ocultos coletivos**
Queremos fazer mais por nossos professores juniores. Queremos que eles experienciem o lugar como um apoio ao desenvolvimento de sua carreira, e, em especial, queremos aumentar significativamente o número de nossos professores juniores que somos capazes de efetivar.	Nós os sobrecarregamos demais com orientandos e tarefas da comissão, e aí eles não dispõem do tempo necessário para fazer sua pesquisa e publicar. Nós lhes damos uma carga pedagógica excessiva. Nós lhes dizemos que publicar é importante, mas também lhes dizemos ou lhes mostramos que tudo o mais é importante também – sua atividade de ensino, a orientação que eles dão, o fato de eles integrarem uma comissão diretora. Não passamos as mensagens certas no que se refere às prioridades.	Estamos comprometidos com não aumentar a nossa carga de trabalho nos fronts da orientação, de aulas e de atividades da comissão. Estamos comprometidos com preservar nossos privilégios de senioridade (tempo de casa).

a terceira coluna que produz um espaço inabitualmente maior para o grupo refletir sobre si mesmo. Sem prévio aviso, o grupo será alçado a um novo patamar de entendimento. Ver a floresta inteira – uma floresta inevitavelmente emaranhada –, em vez de estar imerso nas árvores, quase sempre proporciona algo novo em que se pensar e sobre o que conversar. No mínimo, o conhecido ato de "ficar rodando no mesmo lugar" é interrompido, surgindo algo novo para a consideração do grupo.

Como ajudamos as pessoas (quer indivíduos ou grupos) a tornar manifestos seus compromissos da terceira coluna? Fazendo emergir os maiores medos que surgem ao se considerar fazer o *oposto* de algum ou de todos os comportamentos da segunda coluna. Neste caso, a questão colocada para o corpo docente é: "O que *coletivamente* mais nos afetaria ou preocuparia se tentássemos fazer o oposto?" É provável que você já imagine a forma que as respostas tomaram, às vezes com risadas do orador ou dos ouvintes, ou de ambos:

- "Se eles não contratassem todos aqueles orientandos, *nós* teríamos de contratar!"
- "Se eles ensinassem menos, nós teríamos de ensinar mais!"
- "Se eles não carregassem o peso nas comissões diretoras, nós teríamos de carregar!"

As preocupações levantadas pelas pessoas nos levam à porta de seus compromissos ocultos. Então elas podem entrar nesse aposento inexplorado e perceber que talvez não tenham preocupações apenas, mas também serem presas de "compromissos" não reconhecidos no sentido de *impedir* a ocorrência daquilo que as preocupa. Para os membros do corpo docente, isso levou às entradas da terceira coluna que fizeram um sistema único e equilibrado tornar-se visível – seu sistema imune coletivo em toda a sua glória. (Ver Figura 4-1.)

Assim que esse sistema imune coletivo se tornou manifesto, pareceu criar uma série de reações que nunca se vira antes. As mesmas pessoas que, uma hora atrás, estavam sincera e apaixonadamente dividindo sua consternação com a situação de "fadados ao fracasso" dos professores juniores admiravam-se agora de dizer – com igual sinceridade e paixão – coisas como: "Ninguém olhou por *nós* quando éramos professores juniores – e *nós* fomos efetivados! Por que *eles* não podem passar pelo mesmo?!"

Então, um dos membros, meio que rindo e balançando a cabeça com esse quadro do grupo de estar com um pé no acelerador e o outro no freio, contou a seguinte história:

> Quero lhes dizer o que isso me faz pensar. Sabe que uma de nossas resoluções de Ano-Novo relativa a esse problema foi que seríamos todos muito mais proativos em nosso trabalho de orientação? De modo que, neste outono, decidi ser um bom cidadão e levar essa decisão a sério, e chamei a Laura. Eu a considerava, e ainda considero, uma jovem acadêmica muito promissora, e realmente acho que, se prosseguir nas suas pesquisas, ela tem a chance de ser efetivada em alguns anos.

Então fiz uma reunião com ela e conversei sobre as dificuldades que ela enfrenta em prosseguir com seu trabalho, e ela me disse – o que não foi nenhuma surpresa! – que um dos maiores problemas é quando um de nós a convida para participar de uma comissão demorada. "Vocês são as mesmas pessoas que me avaliarão para fins de promoção", ela disse. "Como posso dizer não?" Então eu disse a ela: "Completamente compreensível. O que você acha desta ideia: de agora em diante, quando um membro do corpo docente convidá-la para participar de uma dessas comissões demoradas, você escuta atentamente, agradece à pessoa por ter pensado em você e então diz: 'Acho que precisarei de um dia para pensar no assunto. Tudo bem se eu lhe der uma resposta amanhã?' Ninguém recusará um pedido tão razoável da sua parte", eu disse a ela.

"E aí o que quero que você faça", eu disse, "é me ligar. Examinaremos a questão juntos, veremos se seria bom para você participar e, quando decidirmos que, muito provavelmente, não seria, acharemos uma forma de tirá-la disso. Que tal?" Os olhos dela se iluminaram. "Oh", disse ela, "isso seria ótimo!"

É provável que você saiba como acaba essa história, certo? Duas semanas depois, estou no telefone com ela, usando a minha camisa de presidente de admissões, dizendo, "Laura, *será que* seria *possível* você encontrar tempo para participar desta comissão? Você seria uma pessoa tão certa para o trabalho!"

O quadro da contradição principal do grupo – sua imunidade à mudança – possibilitou ao grupo rir de si mesmo, a um de seus membros contar uma história revigorantemente honesta de si e a todos os demais verem que sua rotina autoderrotista não era algum tipo de prova condenatória de que eles realmente não se importavam muito com os professores juniores (sua furtiva, não manifestada e constrangedora suspeita). Eles viram que, ao contrário, sua genuína preocupação com os professores juniores coexistia com uma forte e sub-reconhecida preocupação em preservar uma vida de trabalho que eles *pressupunham* que não poderia ser favoravelmente alterada com a realocação das atividades do corpo docente.

O SERVIÇO FLORESTAL NACIONAL: "NOSSO PESSOAL ESTÁ MORRENDO E NÃO PODEMOS FAZER NADA!"

Trabalhamos por vários anos com um setor do Serviço Florestal dos Estados Unidos, cujas responsabilidades incluíam iniciar intencionalmente imensos incêndios e queimar milhares de metros quadrados a cada ano. Se lhe parece um tipo estranho de emprego, talvez você também tenha crescido na era do Urso Smokey* ("Somente *você* pode prevenir os incêndios nas florestas!") e acreditava que todo

---

*_Nota da Editora:_ Personagem de desenho animado americano.

incêndio florestal era ruim. Na verdade, como viemos a saber, muitas de nossas áreas ambientais têm "falta de incêndio", sendo ocasionalmente necessário queimá-las para promover sua saudável regeneração.

Todavia, é um trabalho muito perigoso. Por mais que os iniciadores de incêndio tentem conter as chamas, por vezes as queimadas saem do controle e, quando isso acontece, podem causar milhões de dólares de danos materiais e até a perda de vidas. As pessoas que morrem quando os incêndios saem do controle muito provavelmente eram nossos clientes, as pessoas que iniciaram os incêndios. Participamos de suas reuniões anuais, nas quais sempre se reserva um tempo para relembrar os mortos, e, nos corredores, durante os intervalos, ouvimos frases de humor negro: "Quem será que não estará aqui no ano que vem – e não será porque tinha algo melhor para fazer."

Se já houve um compromisso da primeira coluna mais desolador, nós ao menos nunca vimos: "Estamos comprometidos com a redução do nosso número de mortes." Todavia, fomos prevenidos por algumas pessoas que conheciam essa turma de que era muito remota a chance de eles sequer participarem do exercício de diagnóstico. (A propósito, fomos igualmente alertados em relação a muitos dos supostamente fechados e formidáveis grupos com os quais tivemos o privilégio de trabalhar por anos – juízes, CEOs, a CIA, cirurgiões, superintendentes escolares, líderes israelenses. *Nunca* tivemos um grupo que acabasse não querendo mergulhar fundo no trabalho.)

Por que esse grupo teria candidatos supostamente tão improváveis à introspecção coletiva? "Vocês precisam entender", nos disseram, "esses não são assistentes sociais e eles não passam lá muito tempo pensando em seus sentimentos. Eles são, em sua maioria, *homens* – e estou falando de homens grandes, fortes, preocupados com a forma física, homens que vivem ao ar livre!". Disseram-nos para pensar num grupo de *linebackers* aposentados e nos deram todo tipo de semissinceros votos de boa sorte.

De novo, só nos voltamos para a ideia de um mapa da imunidade coletivo quando cada um dos participantes havia passado pela própria versão pessoal. Esses mapas tendiam a ter objetivos da primeira coluna conhecidos e que podem ser vistos em qualquer profissão – aspirações de melhorar aspectos da própria liderança ou gestão. Quando nos voltamos para o trabalho coletivo deles, o subgrupo que havia escolhido trabalhar no objetivo de "reduzir o número de mortes" não teve dificuldade alguma em gerar um mapa (Figura 4-2) que colocou lágrimas nos olhos e um nó na garganta deles.

Como você pode imaginar, tratava-se de pensamentos e sentimentos completamente novos para os iniciadores de incêndio dividirem uns com os outros. Eles ficaram sensibilizados e nós ficamos tocados de ouvi-los. Hoje, esse setor do Serviço Florestal tem uma operação ativa e fecunda de Lições Aprendidas, e o número de mortes vem caindo. Não fazemos ideia se tivemos algo a ver com esse resultado, mas gostamos de pensar que demos uma pequena contribuição.

FIGURA 4-2

A imunidade coletiva à mudança no serviço de iniciadores de incêndio: Por que é tão difícil falar em reduzir o número de mortes

1 **Compromisso coletivo**	2 **Fazer/não fazer**	3 **Compromisso concomitante oculto coletivo**	4 **Grande pressuposto coletivo**
Estamos comprometidos com a redução do nosso número de mortes.	Não estamos fazendo sessões rigorosas de resumo pós-ação na maioria dos casos importantes. Não estamos divulgando nossos erros – ao público ou internamente. Não estamos analisando cuidadosamente nossos erros.	Estamos comprometidos também com não ter de encarar a possibilidade de que nosso pessoal pode morrer e que talvez não possamos fazer nada a respeito!	Presumimos que se efetivamente encararmos a possibilidade de nossa impotência, podemos sucumbir diante do fato e talvez não nos recuperarmos.

OS LÍDERES DO DISTRITO ESCOLAR: "NÃO TEMOS EXPECTATIVAS ALTAS NO QUE SE REFERE ÀS NOSSAS CRIANÇAS"

Trabalhamos com a equipe de liderança de um empenhado distrito escolar do sul da Califórnia – o superintendente, os superintendentes assistentes e vários diretores de escola.[1] O corpo discente era constituído de mais de 80% de latinos; a equipe era constituída de mais de 80% de profissionais brancos. A maioria dos alunos provinha de famílias que precisavam de ajuda financeira. Depois que todos os líderes tinham diagnosticado suas imunidades pessoais à mudança, nós os convidamos a diagnosticar sua imunidade coletiva.

Conforme mostra a Figura 4-3, o grupo não teve dificuldade de identificar seu compromisso comum da primeira coluna que parecia importante para todos eles: "Acelerar o índice de aproveitamento acadêmico de nossos alunos de inglês." Embora o preenchimento da segunda coluna – identificação de comportamentos que trabalham contra a consecução daquele objetivo – tenha sido uma experiência menos confortável, eles chegaram com razoável rapidez à sua resposta, indicando: "Não temos grandes expectativas em relação a nossos alunos de inglês."

Como costuma ocorrer, eles acharam a terceira coluna (os compromissos concomitantes ocultos coletivos) a mais difícil de preencher e, por fim, sua maior oportunidade de aprendizado. Na primeira tentativa, identificaram preocupações com os novos tipos de trabalho que teriam de desempenhar se fosse para esperarem mais de seus alunos de inglês – a necessidade de criar novos tipos de currículo

FIGURA 4-3

A imunidade coletiva à mudança de um distrito escolar: Primeiro esboço

1 Compromisso coletivo	2 Fazer/não fazer	3 Compromisso concomitante oculto coletivo	4 Grande pressuposto coletivo
Estamos comprometidos com acelerar o índice de aproveitamento acadêmico de nossos alunos de inglês.	Não temos grandes expectativas dos nossos alunos de inglês.	Talvez estejamos também comprometidos com não ter de assumir o trabalho adicional de rever o que ensinamos e como lecionamos para nossos alunos de inglês.	

e novas formas de ensino, muito trabalho duro adicional para um grupo que já se sentia no limite do que se exigia dele.

Embora o compromisso da terceira coluna a que eles haviam chegado de fato criava, tecnicamente, um quadro de imunidade à mudança (ver Figura 4-3), o exercício – diferentemente do que aconteceu com o corpo docente da universidade – não pareceu gerar muita energia no grupo nem introduzir uma nova perspectiva produtiva. Já era tarde e então decidimos adiar a coisa até a manhã seguinte.

Na manhã seguinte, um agitado assistente da superintendência veio nos procurar enquanto tomávamos o café da manhã. "Tenho pensado naquele exercício desde que paramos ontem. Pensei no assunto durante a noite e até sonhei com ele. Não estamos falando a verdade com relação ao que deveria realmente estar naquela terceira coluna!" Perguntamos o que ele achava que estava acontecendo.

"O mais difícil para nós falarmos realmente, neste grupo predominantemente anglófono", disse o assistente, ele próprio um latino, "é a questão da raça. Todos nos damos bem e somos todos pessoas de boa vontade e estamos todos comprometidos com ajudar essas crianças – mas pode ser justamente isso que nos impede de dizer o que realmente deveria entrar naquela terceira coluna".

Então lhe perguntamos o que ele achava que devia entrar na terceira coluna.

"Se fôssemos honestos, ela devia conter algo como 'Também estamos comprometidos com a preservação da cultura do *coitadinho* que impera aqui'. Mas não tenho certeza de que eu possa dizer isso ao grupo." Ele explicou que a "cultura do coitadinho" era repleta de sentimentos de pena e solidariedade e de preocupações no sentido de proteção. "É uma postura que diz: 'Essas crianças já enfrentam muitos obstáculos e suportam muitas cargas. Como poderíamos aumentar seu sofrimento, fazendo-as corresponder a expectativas acadêmicas tão rigorosas?'"

Continuamos conversando e ele acabou concluindo que tinha como dívida com o grupo sugerir a revisão de sua terceira coluna. "Se eu não puder levantar isso, quem poderá?" Ele decidiu que, por mais difícil que fosse para ele, "seria impossível que algum dos administradores brancos levantasse a questão. Eles teriam medo de acabar parecendo racistas ou de nos ofender ou de prejudicar o espírito de boa vontade da nossa equipe."

Quando ele levou isso para a sua equipe naquela manhã, "foi como acender a fogueira", disse ele. Foi tão controvertido quanto ele esperava que fosse e, embora nenhum membro do grupo não se mostrasse imediatamente disposto a endossar o novo quadro, todos concordaram que haviam dado um importante passo em sua liderança conjunta. Conforme um deles disse: "A ideia de que a baixa expectativa podia provir não somente da discriminação ou do descaso, *mas do amor e da preocupação* – foi um grande 'abridor de olhos'!"

Um lado anteriormente não iluminado das operações do grupo estava agora escancarado. Eles podiam ver com mais profundidade e acurácia como trabalhavam contra seu compromisso genuíno com os alunos de inglês. O grupo estava agora, pela primeira vez, em condição de abordar a questão crucial de se o fato de pressionar e exigir desses alunos *sempre* levará ao fracasso e ao sofrimento, como eles haviam inconscientemente pressuposto. E, por fim, seu mapa revisado (Figura 4-4) criou a possibilidade de rever esse pressuposto e reverter uma prolongada imunidade à mudança.

FIGURA 4-4

Um esboço melhor: Por que não temos altas expectativas no que refere a nossos alunos de inglês

1 **Compromisso coletivo**	2 **Fazer/não fazer**	3 **Compromisso concomitante oculto coletivo**	4 **Grande pressuposto coletivo**
Estamos comprometidos com acelerar o índice de aproveitamento acadêmico de nossos alunos de inglês.	Não temos altas expectativas de nossos alunos de inglês.	Estamos comprometidos em preservar a "cultura do coitadinho" – em proteger nossos alunos ao não sermos exigentes demais.	Presumimos que se efetivamente exigíssemos dos nossos alunos, eles não conseguiriam; eles seriam esmagados; nós nos sentiríamos péssimos por eles e nos sentiríamos pessoalmente fracassados.

Esses três cenários ilustram como as práticas de imunidade à mudança podem começar a ser desenvolvidas e ir além do foco da melhoria individual. Como você pode ver, elas podem, no mínimo, criar novos espaços para a reflexão e a interação do grupo, com o potencial de "soltar" as conhecidas rotinas comportamentais e conversacionais que deixam os grupos sentindo que "não chegaremos a parte nenhuma com isso" ou que "estamos andando em círculos". Em situações desse tipo – e quem não tem diversas experiências pessoais desse exato fenômeno? –, costumamos sentir também que "provavelmente não estamos falando da coisa real". Mas costuma ser difícil saber o que a coisa real *é de fato* ou como suscitá-la sem criar uma atitude defensiva debilitante ou um conflito intragrupo.

No Capítulo 11, discutiremos as praticabilidades de como ajudar um grupo ou subgrupo a criar um raio X coletivo. Mas, antes que você considere tentar algo parecido, pode estar pensando: "Sim, uma conversa mais profunda e mais aberta é excelente, mas o que dizer de levá-la mais longe para que produza o *resultado coletivo* efetivamente desejado? Será que o corpo docente efetivamente mudará seu procedimento para criar um grupo de professores juniores mais propensos à efetivação? Será que o distrito escolar aumentará suas expectativas e será que os alunos corresponderão ao novo desafio? Até mesmo os iniciadores de incêndios – haverá alguma maneira de fazer esse trabalho de grupo, de modo que você não fique *esperando* que tenha feito a diferença?"

A resposta, na verdade, é sim. Para lhe dar um quadro de como os grupos abordaram suas imunidades coletivas de modo a produzir novos resultados, nós o convidamos a considerar três relatos mais completos. Dessa vez, você conhecerá um grupo de sócios de uma empresa de serviços profissionais, a equipe médica de uma clínica ambulatorial e o corpo docente de uma escola de medicina dos Estados Unidos.

A EMPRESA DE SERVIÇOS PROFISSIONAIS: "NÃO SOMOS UM GRUPO COESO DE LÍDERES!"

A equipe de liderança de uma empresa de serviços profissionais queria alçar seu grupo para o nível seguinte. Sua autoavaliação coincidia com o feedback de seus associados mais jovens: eles tinham muitos pontos positivos; a empresa estava indo muito bem sob a liderança deles; mas a falta de genuína coesão, confiança mútua e apoio interno estava cobrando um preço em todos os níveis da organização. Com frequência, os associados mais jovens se sentiam no meio do fogo cruzado e ficavam inseguros quanto a se deveriam cerrar fileiras com eles. Os próprios líderes se sentiam pessoalmente produtivos, até mesmo criativos, mas estavam também cansados do caráter faccional, competitivo e abertamente crítico de sua interação. O diretor-presidente sentia-se dividido pela vontade, por um lado, de corresponder ao desejo do grupo de uma forma menos hierárquica e mais compartilhada de liderança de equipe e, por outro, pela óbvia incapacidade do grupo de ser suficientemente colaborativo para fazer essa estrutura de governança funcionar.

Primeiro os 20 sócios tiveram a oportunidade de diagnosticar suas imunidades individuais a serem mudadas (ver mais a respeito de trabalhar nesse nível nos próximos capítulos). Escolheram objetivos de melhoria pessoal relacionados com o desafio de sua equipe de se tornar um grupo de liderança mais coeso (por exemplo, "ser menos crítico", "manter a mente mais aberta", "confiar mais", "ser mais pessoal", "ser mais empático"). Então os convidamos a fazer uma análise de sua imunidade *coletiva*. Eles decidiram colocar o objetivo de melhoria coletivo como o de "criar uma cultura de confiança mútua e apoio constante" dentro do grupo de sócios.

Nós os dividimos em quatro subgrupos para que houvesse uma participação e uma interação maiores, e pedimos a cada grupo para mapear o sistema imune coletivo que estava impedindo seu progresso naquele objetivo. Quando voltaram a se reunir como grupo completo, eles combinaram os mapas dos grupos menores a fim de criar um quadro único bem rico (ver Figura 4-5) que chamou a atenção de todos.

O que eles estavam fazendo que ia contra o objetivo (coluna 2)?

- Não escutamos uns aos outros; mandamos uns nos outros.
- Falamos uns dos outros pelas costas.
- Sentimos que se não fomos pessoalmente consultados, não houve uma decisão.
- Deixamos que nossas agendas pessoais suplantem a agenda coletiva.
- Em situações ambíguas, não presumimos que houve boa intenção; ao contrário, geralmente presumimos que houve má intenção.
- Evitamos conversas difíceis uns com os outros.
- Não nos esforçamos para entender realmente as agendas uns dos outros.
- Não compartilhamos informações.
- Criamos e perpetuamos uma estrutura de incentivo que privilegia a recompensa dos êxitos individuais sobre os coletivos.
- Vivemos julgando e criticando uns aos outros.
- Formamos panelinhas e continuamos trabalhando dentro de nossos pequenos círculos.
- Estamos, todos, sempre correndo atrás de clientes, nos mantendo ocupados e nos garantindo contra crises e tempos difíceis.
- Competimos pela participação de associados juniores em nossos projetos particulares.

E quais compromissos concomitantes coletivos (coluna 3) tornam todos esses comportamentos perfeitamente sensatos, até mesmo brilhantes?

- Não ter de seguir as orientações de ninguém; ser "livre"; preservar nossas próprias paixões empresariais; manter nossa própria independência egoísta
- Ganhar, mesmo que signifique que outros do grupo perderão
- Não ter de contar com os outros, nunca ter de depender dos outros
- Assumir o máximo possível agora para que nunca mais voltemos aos tempos de vacas magras ("estocar-se" durante os sete anos de vacas gordas)
- Ter os recursos de pessoal necessários quando os quisermos
- Não resolver conflitos diretamente para não nos desgastarmos
- Preservar o prazer de criticarmos duramente e julgarmos uns aos outros

FIGURA 4-5

Contradições principais coletivas numa firma de serviços profissionais

1 **Compromisso coletivo**	2 **Fazer/não fazer**	3 **Compromisso concomitante oculto coletivo**
Criar uma cultura de confiança mútua e apoio constante	Nós não escutamos uns aos outros; nós mandamos uns nos outros. Falamos uns dos outros pelas costas. Sentimos que se não fomos pessoalmente consultados, não houve uma decisão. Deixamos que nossas agendas pessoais suplantem a agenda coletiva. Em situações ambíguas, não presumimos que houve boa intenção; ao contrário, geralmente presumimos que houve má intenção. Evitamos conversas difíceis uns com os outros. Não nos esforçamos para entender realmente as agendas uns dos outros. Não compartilhamos informações. Criamos e perpetuamos uma estrutura de incentivo que privilegia a recompensa dos êxitos individuais sobre os coletivos. Vivemos julgando e criticando uns aos outros. Formamos panelinhas e continuamos trabalhando dentro dos nossos pequenos círculos. Todos estamos sempre correndo atrás de clientes, nos mantendo ocupados e nos garantindo contra crises e tempos difíceis. Competimos pela participação de associados juniores em nossos projetos particulares.	Cada um de nós está comprometido com não ter de seguir as orientações de ninguém; ser "livre"; preservar nossas próprias paixões empresariais; manter nossa própria independência egoísta. Estamos comprometidos com ganhar, mesmo que isso signifique que outros do grupo perderão. Estamos comprometidos com não ter de contar com os outros, com nunca ter de depender dos outros Estamos comprometidos com assumir o máximo possível agora para que nunca mais voltemos para os tempos de vacas magras ("estocar-se" durante os sete anos de vacas gordas). Estamos comprometidos com ter os recursos de pessoal que precisamos quando os quisermos. Estamos comprometidos com não resolver conflitos diretamente para não nos desgastarmos. Estamos comprometidos com preservar o prazer de criticarmos duramente e julgarmos uns aos outros.

Os membros do grupo analisaram friamente suas contradições principais e começaram a formular os vários grandes pressupostos possíveis que as sustentavam. Eles fizeram uma lista deles com o espírito de que "Se continuarmos mantendo essa visão, *jamais* nos tornaremos o grupo de mais alto desempenho que almejamos ser!". Eles disseram, "Parece que costumamos pressupor":

- Que há um conflito inerente entre a colaboração empresarial e a coletiva; é uma situação de uma coisa ou outra.
- Que, em essência, estamos vivendo num mundo do "cada um por si"; se algo der errado para algum de nós, a empresa não estará lá para nos dar apoio; se procurarmos ajuda, não a teremos; se não cuidarmos de nós, ninguém cuidará.
- Que, diante de dados limitados, nossos julgamentos individuais são superiores a qualquer julgamento coletivo.
- Que alçar nossa equipe para o nível seguinte é uma *escolha*; que efetivamente temos opção; que não *temos de* fazer isso.
- Que nossa prosperidade atual não durará; que os tempos difíceis voltarão e que, quando isso acontecer, haverá muitas baixas.
- Que, em última instância, há mais segurança na extensão do trabalho (garantir-se, assumir o máximo possível) do que na profundidade do trabalho (concentrar-se no grande cliente).
- Que "empreendedorismo" é mais uma questão de conseguir novos trabalhos (caçar) do que de aprofundar o relacionamento com os clientes estabelecidos (cultivar).
- Que, se não estivermos pessoalmente envolvidos numa decisão, não poderá ser uma boa decisão.
- Que gente boa e forte não precisa de apoio.

À medida que o grupo prosseguia nessa discussão, todo o aparato do exercício da quarta coluna desapareceu como por mágica, da mesma forma que um catalisador desaparece do precipitado numa reação química. Os sócios não estavam mais meramente participando de um exercício. Eles haviam conseguido vislumbrar a mentalidade coletiva que estava impedindo seu avanço. Praticamente todos os pressupostos, cada um por sua vez, foram apresentados e/ou recebidos com um espírito de forte dúvida quanto à sua validade, mas com o reconhecimento de que o grupo estava operando como se o pressuposto fosse verdadeiro: "Estamos falando como se realmente pudéssemos nos permitir nos acomodarmos com os nossos louros conquistados e como se ficarmos como estamos fosse uma alternativa razoável, quando, na verdade, acho que sabemos que não temos escolha nessa questão, que temos de dar o próximo passo para que não acabemos encontrando o declínio e o fracasso."

Quando um sócio ficava muito envolvido em contestar um dado pressuposto ("Mas, pessoal, não é verdade que não ajudamos uns aos outros..."), outro sócio (não os facilitadores) intercedia e o relembrava do que estávamos fazendo. ("Mas, espere aí, Ben; não estamos resolvendo problemas agora. Não estamos tentando nos dissuadir dessas crenças. Estamos tentando descobrir o que elas realmente são. Podemos trabalhar nelas depois.") Eles viram que começavam a perceber *por que* seu sistema de prevenção de mudanças era tão robusto.

Em seguida, identificaram os quatro pressupostos mais críticos (sabendo que poderiam retomar os demais em outra ocasião). Eles voltaram a se subdividir em pequenos grupos e, dessa vez, seu trabalho era inventar maneiras pelas quais poderiam sistematicamente explorar – e possivelmente ganhar alguma distância de – cada um desses grandes pressupostos. Este foi um primeiro passo rumo a torná-los justamente aquilo que efetivamente eram, *pressupostos*, nada mais, nada menos, e não verdades aceitas sem qualquer crítica.

Por exemplo, o grupo que ficou com o primeiro grande pressuposto, relativo à incompatibilidade das aspirações empresariais e colaborativas, concebeu uma série de experimentos interessantes para testar aquele pressuposto. Para começar, como um experimento mental, eles planejavam desmembrar toda a categoria do empreendedorismo, reconhecendo que tinha múltiplos significados para os diferentes indivíduos da firma. Eles se propuseram a examinar e avaliar se cada um dos diferentes componentes do empreendedorismo seria realmente tolhido pelas limitações na colaboração e de que forma. Poderia uma ética da colaboração efetivamente *apoiar* qualquer aspecto do empreendedorismo?

Como um teste de ação, decidiram identificar 10 projetos empresariais (novos clientes que eles queriam atender, ou novos projetos que queriam desenvolver com clientes atuais), os quais "caçariam em grupo" para testar se conseguiriam formar novas coalizões e ter êxito em gerar novos negócios, ao mesmo tempo desfazendo as conhecidas panelinhas e atentando para as agendas individuais de cada membro.

Quando a atividade fora das instalações da empresa terminou, os comentários finais foram mais ou menos os seguintes:

> "Vocês não podem imaginar como estou contente de não terminarmos da maneira usual de vir aqui na frente e fazer promessas, de pôr a mão no coração e todos nós prometermos que seremos meninos e meninas mais bem comportados! Todos nós sabemos que essas declarações podem ser muito inspirativas naquele momento e todos nós sabemos como é desanimador que tão pouco resulte delas."
>
> "Dizemos o tempo todo para nossos clientes que eles não deveriam ir rápido demais para a solução, que precisam dedicar algum tempo a entender o que está realmente acontecendo. Vocês dois nos fizeram tomar o nosso próprio remédio."
>
> "É verdade que nada foi resolvido até agora, mas me sinto muito mais otimista do que quando começamos. Não é só pela maneira que temos conversado uns com os outros, mas pela maneira que um processo de uma simplicidade desarmante nos ajudou a lidar com algo que antes não fazíamos sequer ideia. Vejo um caminho à nossa frente, e agora que identificamos os tipos de pensamento que complicam nossa vida, precisamos continuar explorando e prestando atenção a isso."

A CLÍNICA AMBULATORIAL: "SOMOS MUITO MOLES COM PACIENTES QUE PEDEM NARCÓTICOS"

Peter Ham e seus colegas trabalham numa clínica ambulatorial de um centro médico acadêmico.[2] Os médicos e enfermeiros da clínica concordaram em se reunir por causa da insatisfação geral com as inconsistências observadas em todo o departamento no que se referia à forma de administração de analgésicos narcóticos.

O assunto já vinha sendo alvo de muita discussão e preocupação bem antes de nossa reunião. Vários integrantes dos públicos envolvidos vinham reclamando há meses; as seguintes descrições refletem as preocupações deles:

- Alguns médicos de família da clínica acreditavam que sua clínica estava ganhando a fama de lugar onde se obtinha analgésicos narcóticos com facilidade.
- Alguns médicos se recusavam a cobrir os boxes do ambulatório para outros médicos por causa do grande volume de pedidos de reposição de narcóticos que recebiam.
- Os enfermeiros e enfermeiras se queixavam de que os médicos eram "muito moles" e que os pacientes estavam manipulando a clínica. Eles reclamavam que os médicos muitas vezes passavam por cima da atitude linha-dura deles – enfermeiros e enfermeiras – com a reposição de narcóticos e que sempre davam as receitas. (Um exemplo recente ocorreu quando os enfermeiros e enfermeiras disseram aos pacientes que eles precisavam esperar pela reposição até a data especificada num "contrato" de dor crônica, mas os médicos os prescreviam antes do prazo quando o paciente conseguia falar com eles e dobrá-los.)
- Médicos pós-graduados em treinamento reclamavam do excesso de "pedidos de drogas" que viam durante suas sessões clínicas.

A clínica tinha políticas e procedimentos claros em relação a como administrar pedidos de narcóticos, mas, como você pode presumir, não havia nenhuma consistência em seu cumprimento. Diversas tentativas anteriores de disciplinar a entrega de analgésicos narcóticos haviam falhado, e a frustração entre o pessoal com relação ao assunto só fazia aumentar. O diretor do departamento estava particularmente preocupado e aberto a um novo método de lidar com o problema e melhorar a prática clínica. Um novo membro do corpo docente, o qual havia recentemente conhecido o modelo da imunidade à mudança, prontificou-se a mediar a reunião.

Na sala, estavam os médicos e os enfermeiros. Eles discutiram rapidamente o problema dos medicamentos narcóticos em grupo e depois se separaram em pares para trabalhar na questão. O facilitador explicou o modelo de quatro colunas, inclusive o fato de que, para algumas pessoas, isso envolvia assumir riscos, e tranquilizou o grupo no sentido de que eles estavam sendo convidados a testar o método para ver se o consideravam útil.[3]

Cada par trabalhou na produção de um mapa de quatro colunas baseado nos aspectos individuais dos dois membros. As únicas regras básicas iniciais eram que toda informação compartilhada nos pares seria confidencial e que o compromisso inicial (coluna 1) tinha de estar relacionado com o problema dos narcóticos. Assim, os indivíduos foram convidados a examinar sua contribuição individual para aquele que era um problema coletivo. Dois médicos e uma enfermeira se prontificaram a dividir suas entradas com o grupo.

Vejamos primeiro o que os médicos disseram; dê uma olhada na Figura 4-6. Indagados sobre a relação entre seus compromissos da coluna 1 e a política de prescrição de narcóticos da clínica, os dois médicos disseram que ambas eram a mesma coisa. Em outras palavras, esses médicos estavam comprometidos com seguir a política da clínica. Mas, como você pode ver, eles agiam de forma incon-

FIGURA 4-6

Prescrição de narcóticos: O mapa da imunidade dos médicos

1 **Compromisso**	2 **Fazer/não fazer**	3 **Compromissos concomitantes ocultos**	4 **Grandes pressupostos**
Prescrever narcóticos da forma apropriada Tratar da dor da forma apropriada	Não parar para examinar os "contratos" de narcóticos Prescrever narcóticos sem verificar o histórico completo (por exemplo, ao ser abordado por um paciente na sala de espera, no corredor, por telefone ou por e-mail) Não parar para examinar melhor o histórico de dor quando o pedido de medicação ocorre no final da visita Não "demitir" da prática pacientes que são grosseiros com as enfermeiras ou com o pessoal em geral por causa da questão dos medicamentos narcóticos Não dispensar pacientes que infringem os "contratos" relativos a medicamentos narcóticos	Preciso cumprir a escala Preciso acreditar nos pacientes Preciso ser querido pelos pacientes Preciso evitar o estresse de enfrentar os pacientes	Se estiver atrasado/a, sou um médico/a ineficiente Se eu não acreditar nos pacientes, não poderia ser um aliado deles e ajudá-los Se eu responder integralmente a cada solicitação, falharei em meus outros trabalhos importantes Se eu não for querido pelos meus pacientes, minha reputação ficará prejudicada Se eu não me assegurar de tratar cada dor possível, poderei falhar em diminuir o sofrimento Se eu me sentir estressado, serei antiprofissional

sistente com esse compromisso. (É claro que costumavam seguir a política, mas foram honestos em reconhecer que muitas vezes não o faziam.) Como você pode ver no mapa deles, tais comportamentos estavam servindo a outros propósitos importantes para eles, inclusive a necessidade de evitar as consequências negativas (ao menos as assim percebidas) de seguir a política da clínica. Aí está o sistema imune: um pé no acelerador e o outro no freio.

Agora vejamos a imunidade pessoal da enfermeira em torno dessa mesma questão. Veja a Figura 4-7.

FIGURA 4-7

Prescrição de narcóticos: O mapa da imunidade de uma enfermeira

1 **Compromisso**	2 **Fazer/não fazer**	3 **Compromisso concomitante oculto**	4 **Grandes pressupostos**
Cumprir sistematicamente as regras da clínica relativas à prescrição de narcóticos	Não falar para os médicos que sente que eles "passam por cima"	Preciso evitar o desconforto de criticar os médicos	Se eu criticar os médicos, eles ficarão irritados, me evitarão e também me criticarão. Se eu me sentir desconfortável, deixarei de apreciar meu trabalho.

O que mais nos impressionou foi a semelhança entre o sistema imune da enfermeira e o dos médicos: todos têm comportamentos que vão contra seu compromisso de praticar a política da clínica para que possam evitar o desconforto de enfrentar as reações dos outros. Naturalmente, o que difere são as pessoas cuja reação os preocupa: para os médicos, são os pacientes e, para a enfermeira, os médicos. (E, como é da natureza de um sistema em operação, as enfermeiras – assumindo que essa enfermeira não esteja falando somente por si – não revelam que estão irritadas com o fato de os médicos passarem por cima delas, o que possibilita aos médicos não se preocupar com a reação delas.)

No encerramento da reunião, os facilitadores pediram a todos que *não* tentassem mudar os comportamentos listados na coluna 2, mas que observassem seus grandes pressupostos (coluna 4) ao longo de vários meses. Eles pediram aos sócios que se mantivessem disponíveis uns para os outros para verificar o progresso da observação de seus pressupostos e dos compromissos da coluna 3.

Todavia, é claro que o propósito da reunião não era apenas expor as contribuições dos médicos e enfermeiros para o atual problema. Os facilitadores esperavam que eles acabassem mudando seu comportamento e suas atitudes. De modo que também os facilitadores fizeram planos para avaliar se havia ocorrido mudanças. Durante o mês que antecedeu a reunião, quando um paciente pedia uma receita de narcótico, as enfermeiras incluíam o nome do paciente num banco de dados e verificavam se aquele paciente tinha um contrato de narcóticos válido ou não. Passados cinco meses, os quadros desses pacientes eram revistos para verificar se pacientes sem contratos de narcóticos haviam sido incluídos em contratos, recebido narcóticos sem contrato ou acima dos limites do contrato, ou recusado prescrições de narcóticos.

Além disso, durante os cinco meses seguintes, a clínica monitorou o número de pacientes que foram retirados da instituição por problemas relacionados a narcóticos, como falsificação de receitas, comportamento rude ou envolvendo ameaças para obtenção de narcóticos, ou infração de um contrato de narcóticos.

A rigorosa avaliação no acompanhamento foi por si só impressionante, mas os resultados o foram ainda mais:

- Ao final de cinco meses, 14 pacientes foram dispensados da clínica por infração de contratos de narcóticos, comparados com *nenhuma dispensa* nos dois anos anteriores.
- Os índices de contratos de narcóticos para pacientes que solicitavam reposição do medicamento aumentaram de 30% durante o primeiro mês para 65% durante o último mês.
- Das enfermeiras que trabalhavam no atendimento de pedidos de receita por telefone, 100% relataram sentir-se apoiadas no cumprimento das regras relativas a medicamentos narcóticos (ao contrário do que sentiam anteriormente).

Consideramos esses resultados notáveis, como também o consideraram o facilitador e seus colegas, que concluíram que um investimento relativamente pequeno em tempo de reuniões gerou resultados mensuráveis substanciais. Embora outras intervenções na clínica possam ter também contribuído para as mudanças reportadas, os participantes consideraram a reunião na qual as pessoas mapearam suas barreiras e seus pressupostos relativos à administração da dor como a ocasião em que se deu a grande virada. Disseram que, depois daquela reunião, puderam mapear a evolução das queixas, em particular para a assunção pública de compromissos relativos à mudança, do exame dos pressupostos subjacentes que tendiam a impedir a mudança para a mudança efetiva de seus comportamentos.

A ESCOLA DE MEDICINA: "CONCORDAMOS NO QUE SE REFERE A COMO E O QUE É O MELHOR A ENSINAR AOS FUTUROS MÉDICOS – MAS NÃO ESTAMOS FAZENDO NENHUM DOS DOIS!"

Constance Bowe e seus colegas usaram o método da imunidade à mudança num contexto de transformação organizacional – um ambicioso esforço de reforma curricular em uma escola de medicina dos Estados Unidos.[4] As memórias da maioria das instituições de ensino superior estão repletas de esforços fracassados e sonhos irrealizados no front das reformas gerais, uma vez que uma aspiração idealista após outra trombam com a realidade de que é muito mais fácil pequenas facções impedirem o avanço de um processo de mudança do que um grupo maior de pessoas de mentalidade semelhante conseguir sua consecução.

O processo constante e gradual reportado por Bowe parece ter levado a um resultado muito diferente, porque a adaptação do método de imunidade à mudança feita pelos reformadores manteve o grupo, a cada passo, numa exploração inclusiva de suas contradições *comuns*, impedindo a dissensão do "nós *versus* eles" que costuma descarrilar e solapar esforços de mudança organizacional bem-intencionados.

Ron Heifetz escreveu certa vez que o brilhantismo da liderança de Martin Luther King Jr. foi sua capacidade de reconstruir o movimento de direitos civis, partindo da luta entre brancos e negros (que dividiu a nação) para a luta entre os ideais nacionais dos Estados Unidos conforme representados na Constituição e sua então atual realização desses ideais – uma luta da qual, ao menos potencialmente, todos poderiam participar.[5] Essa guinada não diminui o conflito imediatamente, mas transforma a natureza do conflito ao alinhar a atenção com *um fosso*, cuja eliminação é responsabilidade de todos, em vez de fazer as pessoas se alinharem com um lado ou outro. Uma vez que nunca haverá líderes carismáticos geniais em número suficiente para defender todos os desafios de mudança válidos, ajudaria se meros mortais, trabalhando mais conscienciosa do que carismaticamente, pudessem aprender a produzir tal mudança nas atitudes coletivas. Bowe e seus colegas demonstram que o processo de imunidade à mudança pode realizar esse objetivo mais "terra a terra".

O grupo começou por envolver todo o corpo docente num exame das capacidades centrais que eles queriam instilar num formando ideal que possibilitassem a essa pessoa ter sucesso em atividades de pesquisa ou em sua prática, no mundo da medicina do século XXI. Quando, depois, eles consideraram os maiores descompassos entre essas aspirações e as capacidades reais de seus alunos de graduação, eles puderam identificar seus objetivos de melhoria coletivos da coluna 1 (a forma resumida de cada objetivo contido na Figura 4-8 aparece entre colchetes):

- Estamos comprometidos com a promoção do desenvolvimento de competências, atitudes e habilidades profissionais abrangentes em nossos estudantes graduados. [Competências profissionais]
- Estamos comprometidos com o incentivo de nossos estudantes no sentido do aprendizado ativo e autodirigido como preparação para que se tornem e sejam aprendedores por toda a vida. [Aprendizado ativo]
- Estamos comprometidos com a promoção da integração de conceitos científicos básicos e clínicos essenciais para a prática da medicina. [Integração]
- Estamos comprometidos com o aumento da familiaridade de nossos estudantes com os tópicos identificados como subatendidos. [Tópicos subatendidos]

Tendo encontrado uma maneira de ajudar os membros do corpo docente coletivamente a nomear seus compromissos da primeira coluna (em vez de alguma força de cima impor seus objetivos a eles), os reformadores voltaram-se então para a ainda mais difícil tarefa de fazer seu grupo coletivamente admitir o "destemido inventário" de suas obstruções a tais objetivos (a segunda coluna).

De novo, os reformadores se desincumbiram dessa tarefa ajudando o grupo inteiro a experienciar mais um fosso. Desta vez, não era o fosso entre onde eles queriam que seus estudantes estivessem e onde eles efetivamente estavam, mas o fosso, ou descompasso, entre a maneira com que eles, como corpo docente, tendiam a ensinar e a maneira como sabiam que *deviam* ensinar. Como fizeram isso?

Os reformadores pesquisaram todos os professores que dirigiam os cursos requeridos, solicitando suas opiniões no que se referia aos desenhos ideais de ensino/instrução e avaliação para os vários objetivos de aprendizado. (As Tabelas 4-1 e 4-2 descrevem os resultados em detalhes.)

As respostas às pesquisas revelaram que a maioria dos professores considerava os métodos de ensino que não incluíam as aulas dissertativas (discussões em grupo, projetos individuais, aprendizado experiencial e tutoriais) como mais apropriados para a consecução de todos os seus objetivos de aprendizado (que somavam 13), excluídas a "identificação de informações e conceitos críticos" e a "apresentação eficiente de informações". Por exemplo, eles classificaram as "discussões em pequenos grupos com preparo prévio dos estudantes" como um método muito mais valioso para os outros objetivos de aprendizado do que as aulas dissertativas. No entanto, as discussões em pequenos grupos compunham apenas 12% e 11% dos programas pré-clínicos e clínicos, respectivamente, enquanto as aulas dissertativas formais constituíam 65% dos programas pré-clínicos e 20% dos programas clínicos.

Da mesma forma, os membros do corpo docente reconheciam as limitações dos exames de múltipla escolha comparados com as avaliações orais, de ensaios e de desempenho para todos os objetivos, exceto o do conhecimento factual, mas os testes objetivos permaneciam a base da avaliação na maioria dos cursos.[6]

A pesquisa possibilitou também aos reformadores identificarem uma série de outras contradições no comportamento dos professores relativas aos quatro principais objetivos de melhoria, o que levou a uma rica apresentação da coluna 2 que proveio, não dos reformadores, mas dos próprios representantes do corpo docente – uma genuína "revelação sobre nós mesmos", exatamente o tipo de levantamento coletivo destemido que buscamos.

Os reformadores ajudaram, então, a coletividade a identificar os compromissos concomitantes ocultos (coluna 3) e os grandes pressupostos (coluna 4) responsáveis por tais comportamentos obstrutivos. Trabalhando, em forças-tarefa separadas, em cada um dos quatro objetivos de melhoria (e incluindo estudantes em cada grupo, uma vez que estes tinham menos em jogo e podiam, com toda a honestidade, levantar possíveis fontes de autoproteção), os professores puderam chegar a um quadro muito mais intenso de *por que* eles não tinham sido, até então, capazes de fazer grandes progressos em objetivos como os contidos em sua primeira coluna. (Veja o raio X da imunidade completo na Figura 4-8.)

TABELA 4-1

Pesquisa dos membros do corpo docente relativa a suas opiniões quanto aos métodos de ensino ideais para a obtenção de vários objetivos de aprendizado (*n* = 44; retorno de 98%)

	MÉTODOS DE ENSINO						
Objetivos de aprendizado	Aulas dissertativas	Discussão em grandes grupos (com preparação prévia)	Discussão em pequenos grupos (sem preparação prévia)	Discussão em pequenos grupos (com preparação prévia)	Projetos independentes (com supervisão)	Aprendizado experiencial	Tutoreamento
Identificar informações e conceitos críticos	4,2*	3,3	3,0	4,1	3,4	3,5	3,9
Apresentação eficiente de informações	4,6	3,2	2,4	3,4	3,1	2,7	3,3
Incentivo ao aprendizado autodirigido	1,6	2,4	2,4	4,3	4,6	4,1	3,4
Habilidades de resolução de problemas	1,4	2,3	2,8	4,2	4,0	3,6	3,4
Capacidade de pensamento crítico	1,7	2,7	3,0	4,2	4,2	3,7	3,4
Capacidade de comunicação	1,4	2,5	3,2	4,5	3,2	3,3	3,3
Integração de informações	2,6	3,3	3	4,4	3,8	3,8	3,4
Gestão de informações	2,6	2,8	2,7	3,9	4,0	3,4	3,5
Familiaridade com recursos de informação confiáveis	2,7	2,7	2,3	3,8	4,6	3,1	3,1
Capacidade de trabalhar em equipe	1,1	2,3	3,0	4,3	2,5	3,6	2,0
Aplicação de conceitos	2,3	2,9	3,0	4,3	4,1	4,0	3,5
Integração do aprendizado	2,4	3,0	3,0	3,9	4,2	3,7	3,8
Retenção de informações	2,6	2,8	3,0	4,2	4,3	4,1	4,0
Classificação geral	2,4	2,8	2,8	4,1	3,8	3,6	3,4

Fonte: C. M. Bowe, L. Lahey, R. Kegan e E. Armstrong, "Questioning the 'Big Assumptions': Recognizing Organizational Contradictions That Impede Institutional Change", *Medical Education* 37 (2003).

Excerto da Pesquisa de Diretores de Cursos e de Trabalho Administrativo. *A instrução dizia: "Diferentes métodos de ensino têm diferentes vantagens para objetivos educacionais específicos. A partir da sua perspectiva e com base em sua experiência, classifique os métodos de ensino (colunas) em função de sua eficácia (5 = ótimo; 1 = mínimo) na promoção de cada um dos objetivos de aprendizado (linhas)."

TABELA 4-2

Opiniões dos membros do corpo docente relativas aos modelos ideais de avaliação de vários objetivos de aprendizado (*n* = 44; retorno de 98%)

	MÉTODOS DE AVALIAÇÃO					
Objetivos de aprendizado	**Prova de múltipla escolha**	**Ensaio**	**Prova oral**	**Prova com consulta ou no estilo de trabalho (para fazer em casa)**	**Desempenho**	**Abrangendo os intervalos**
Conhecimento factual	4,3*	4,0	3,8	2,7	3,4	4,0
Conhecimento conceitual	2,8	4,3	4,2	3,3	3,3	3,0
Aprendizado autodirigido	2,4	3,5	3,6	3,5	3,3	2,9
Habilidades de resolução de problemas	2,7	4,1	4,1	3,7	3,6	2,8
Pensamento crítico	2,4	4,0	4,1	3,4	3,2	2,8
Capacidade de comunicação: comunicação escrita, comunicação oral e capacidade de compreensão auditiva	1,4	3,8	4,3	2,6	3,2	2,1
Integração de informações	2,5	4,0	4,0	3,2	3,5	2,8
Gestão de informações	2,2	3,3	3,4	3,4	3,3	2,8
Conhecimento de recursos de informação	2,7	2,9	3,2	3,1	2,3	2,6
Trabalhando em grupo	1,3	1,3	2,1	2,8	2,3	1,6
Retenção e acessibilidade de conhecimento	3,3	3,4	3,8	2,6	2,7	3,4
Habilidades organizacionais	2,0	4,0	4,0	3,2	3,2	2,0
Habilidades básicas relativas a exames clínicos	2,0	2,4	3,1	2,1	3,8	2,1
Habilidades de auto-avaliação	2,2	2,7	2,8	2,3	3,2	2,5
Habilidades técnicas	1,7	2,1	2,2	1,7	3,9	1,9
Classificação geral	2,4	3,3	3,5	2,9	3,2	2,6

Fonte: C. M. Bowe, L. Lahey, R. Kegan e E. Armstrong, "Questioning the 'Big Assumptions': Recognizing Organizational Contradictions That Impede Institutional Change", *Medical Education* 37 (2003).

*Instrução: "Diferentes métodos de ensino têm diferentes vantagens para objetivos educacionais específicos. A partir da sua perspectiva e com base em sua experiência, classifique cada um dos métodos de avaliação (colunas) em função de sua eficiência (5 = ótimo; 1 = mínimo) na promoção de cada um dos objetivos de aprendizado (linhas)."

Conforme Bowe e seus colegas explicaram: "Alguns dos compromissos concomitantes eram, em si, louváveis. Quem discutiria os objetivos de insistir no preparo adequado dos estudantes para os exames de licenciatura, proteger o tempo e o avanço acadêmico dos professores e reconhecer as limitações dos recursos da instituição para o ensino? Tais preocupações eram responsáveis e lógicas. Outros compromissos concomitantes visavam mais ao interesse próprio: assegurar boas avaliações de ensino, manter o controle dos recursos educacionais e dos objetivos curriculares do departamento e excluir adições ao currículo para proteger as atuais alocações de tempo. Muitos dos membros da força-tarefa estavam relutantes em adotar pessoalmente essa mentalidade mais negativa e reacionária. Assim, por uma questão de dever, eles os expressaram em nome das partes diretamente envolvidas."[7]

Como sempre, num mapa da imunidade individual ou coletivo, a emergência da terceira coluna proporciona simultaneamente uma consciência *cognitiva* do sistema de prevenção de mudanças em operação e a percepção *emocionalmente* perturbadora de que as verdadeiras barreiras à mudança provêm de dentro do sistema. Ao descrever as preocupações da terceira coluna e dos compromissos concomitantes motivados por elas, Bowe e seus colegas escrevem: "Se não lidarmos com essas preocupações profundas, certamente comprometerão qualquer proposta de reforma ou, o que é mais provável, perpetuarão o *status quo*. O grupo havia baseado seus principais compromissos em objetivos educacionais e dados curriculares. Agora ele examinava as fontes e as fundamentações que sustentavam os igualmente poderosos compromissos concomitantes da instituição."[8]

Foi igualmente útil para o grupo identificar os possíveis grandes pressupostos que preservam essa imunidade à mudança. Como sempre, assim que essas crenças passam do caráter de "verdade" para "possivelmente verdadeiro", surge à frente um caminho para reverter a imunidade à mudança.

> Muitos dos grandes pressupostos iniciais que embasavam os compromissos concomitantes revelaram-se truísmos comumente operativos em muitas escolas de medicina. O avanço do treinamento médico durante o último século, como também a estabilidade e o conforto das escolas de medicina em geral, foram atribuídos à observância de algumas dessas máximas. Não é de surpreender que propostas curriculares que aparentemente iam contra tais axiomas tenham despertado uma profunda preocupação e resistência entre alguns professores. Os participantes não conseguiam se lembrar de uma única vez em que tais pensamentos organizacionais não fossem aceitos de modo geral, porém admitiram que sua validade não fora questionada recentemente. Manter o desenvolvimento curricular presa de truísmos do passado parecia indefensável.[9]

A seu crédito, os reformadores não se contentaram em parar por aí. Embora tivessem ajudado o grupo a chegar a um diagnóstico incomumente revelador, eles não acreditavam que isso, por si só, levaria a um "tratamento" bem-sucedido.

FIGURA 4-8

O sistema imune coletivo do corpo docente da escola de medicina: Por que não estamos usando sistematicamente os melhores métodos para atingir objetivos de aprendizado importantes para os estudantes

1 **Compromissos coletivos**	2 **Fazer/não fazer** ***O que o currículo não está (ou está) fazendo atualmente que impede que esse compromisso seja completamente realizado?***	3 **Compromissos concomitantes ocultos coletivos** ***(O que tememos caso façamos algo diferente disso?, e então...)*** ***"Estamos também empenhados em..."***	4 **Grandes pressupostos** ***"Presumimos que"***
Competências profissionais	Dar ênfase excessiva a informações factuais em detrimento de outros aspectos do desenvolvimento profissional	**Não permitir que nossos alunos fiquem despreparados** (A atenção menor a informações factuais resultará em estudantes mal preparados)	Os estudantes só aprendem as informações factuais essenciais quando elas são ensinadas formalmente nas atuais alocações de tempo.
	Não fazer efetivamente, durante os quatro anos do treinamento, o monitoramento das atitudes, comportamentos e competências profissionais dos estudantes; da oferta de um feedback construtivo; e dos modelos de comportamento conscientemente desejados	**Não ameaçar os residentes e os estudantes** (Em termos factuais, os residentes e os estudantes se sentirão ameaçados pelo monitoramento e pela avaliação das competências profissionais)	A avaliação das competências profissionais, em especial as atitudes, não é confiável e é por demais subjetiva para ser aplicada como critério de progresso.
	Não integrar questões contextuais clínicas nas discussões relativas à solução de problemas clínicos	**Manter o currículo sob o controle do departamento** (A integração de competências profissionais num currículo baseado no departamento roubará tempo de conteúdo específico da disciplina)	Os objetivos de aprendizado de cada departamento devem ter precedência sobre os objetivos de ensino da escola como um todo.

FIGURA 4-8

Continuação

1 **Compromissos coletivos**	2 **Fazer/não fazer** ***O que o currículo não está (ou está) fazendo atualmente que impede que esse compromisso seja completamente realizado?***	3 **Compromissos concomitantes ocultos coletivos** ***(O que tememos caso façamos algo diferente disso?, e então...)*** ***"Estamos também empenhados em..."***	4 **Grandes pressupostos** ***"Presumimos que"***
Aprendizado ativo	Estabelecer limites arbitrários de aprendizagem; usar roteiros de curso excessivamente detalhados; concentrar-se principalmente na avaliação da aprendizagem factual Não coordenar os formatos de ensino/ avaliação com os objetivos de aprendizado	**Obter boas avaliações do ensino** (Os estudantes ficam frustrados quando as expectativas de aprendizagem não são delineadas claramente; a confusão resultará em avaliações ruins dos professores)	Os estudantes precisam de um ambiente de ensino altamente estruturado para que possam aprender. As avaliações do ensino feitas pelos estudantes são mais baseadas na quantidade de informação que é ensinada do que naquilo que é aprendido.
	Não propiciar suficientes oportunidades de monitorar até que ponto os estudantes conseguem aplicar os conceitos adquiridos aos casos clínicos	**Manter a reputação e o reconhecimento da escola** (O aprendizado de material factual necessário para passar em exames de licenciatura seria prejudicado; o reconhecimento da escola ficaria ameaçado)	Os exames de licenciatura enfatizam mais a retenção de informações factuais do que de conceitos.
	Limitar oportunidades de desenvolvimento do corpo docente em novas metodologias de ensino e avaliação	**Limitar/proteger os esforços de ensino do corpo docente; evitar rebeliões do corpo docente** (Os professores se rebelarão se tiverem de ampliar seu ensino, bem como seus estilos de ensino e avaliação)	A excelência pedagógica não é uma alta prioridade entre os professores; suas responsabilidades clínicas e de pesquisa têm precedência sobre seu papel de professor.

FIGURA 4-8

Continuação

1 **Compromissos coletivos**	2 **Fazer/não fazer** ***O que o currículo não está (ou está) fazendo atualmente que impede que esse compromisso seja completamente realizado?***	3 **Compromissos concomitantes ocultos coletivos** ***(O que tememos caso façamos algo diferente disso?, e então...)*** ***"Estamos também empenhados em..."***	4 **Grandes pressupostos** ***"Presumimos que"***
Integração	Permitir a pouca comunicação e colaboração do corpo docente em torno do planejamento educacional	**Limitar as exigências institucionais sobre a atividade de ensino dos professores** (O reconhecimento e a integração de múltiplas disciplinas aumentarão indevida e intoleravelmente a carga de trabalho dos professores)	A responsabilidade dos professores de ensinar não vai além da apresentação de material específico da disciplina.
	Permitir uma apresentação compartimentada do conteúdo de aprendizagem, no qual as disciplinas individualmente competem pelo controle de ensinar seus próprios conceitos, geralmente além do nível que seria apropriado para os estudantes		Os estudantes aprendem melhor quando os tópicos são apresentados separadamente como disciplinas baseadas em departamentos; eles são incapazes de lidar com informações simultâneas de disciplinas díspares.
	Não ofertar um ensino mais interdisciplinar e avaliar os estudantes com base em suas capacidades de reconhecer e aplicar conceitos biomédicos generalizáveis	**Evitar que os estudantes fiquem confusos** (A desorganização inerente a um método de ensino integrado confundirá os estudantes e comprometerá a aprendizagem)	
		Assegurar a acurácia daquilo que é ensinado; preservar o terreno dos "especialistas" (Surgirão informações equivocadas e mal-entendidos se se permitir que "não especialistas" ensinem matérias de outras disciplinas.)	Os membros do corpo docente não podem lecionar fora da sua área de especialização em nível adequado para estudantes de medicina; eles não têm tempo nem interesse de atualizar seus conhecimentos em outras áreas.

FIGURA 4-8

Continuação

1 **Compromissos coletivos**	2 **Fazer/não fazer** ***O que o currículo não está (ou está) fazendo atualmente que impede que esse compromisso seja completamente realizado?***	3 **Compromissos concomitantes ocultos coletivos** ***(O que tememos caso façamos algo diferente disso?, e então...)*** ***"Estamos também empenhados em..."***	4 **Grandes pressupostos** ***"Presumimos que"***
Tópicos subatendidos	Não desenvolver um currículo para inserção de cada um desses tópicos na hora devida Não integrar material desses tópicos nos cursos existentes, quando aplicável Não criar foros adicionais para expandir esses temas na medida da necessidade	**Proteger o terreno curricular para que tenha somente matérias "principais"** (Expandir a cobertura dos tópicos subatendidos resultaria em reduções radicais do tempo atualmente alocado para matérias principais) **Retenção pelos especialistas do ensino das disciplinas específicas** (O ensino e a avaliação nessas áreas iriam muito além do nível de especialização dos atuais professores)	O atual currículo principal não pode ser reduzido para acomodar novas disciplinas e temas. As competências gerais do corpo docente nos tópicos subatendidos não podem ser aumentadas em grau suficiente para atender às necessidades curriculares dos estudantes de medicina.

Eles agruparam os grandes pressupostos em quatro áreas amplas para ver como sua imunidade coletiva estava protegendo a instituição de uma série de supostas inadequações:

- Supostas limitações de nossos estudantes
- Supostas limitações dos professores
- Supostas limitações dos departamentos
- Supostas limitações da nossa instituição

Então, eles começaram a elaborar e fazer uma série de testes em cada uma dessas categorias, tendo em mente que o principal propósito do teste não era "melhorar", mas sim "obter informações", especialmente informações relativas à validade dos seus pressupostos (ver Figura 4-9).

Conforme indicado pela Figura 4-9, esses testes constituíram um conjunto de projetos-piloto, os quais os reformadores reconhecem que, para alguns, poderiam parecer um lento caminho rumo à mudança. Disseram eles que sua abordagem cautelosa "contrasta acentuadamente com transformações mais dramáticas tentadas em reformas de outras escolas". Todavia, acreditavam que ela "possibilitaria a coleta de dados para apoiar ou derrubar a legitimidade dos grandes pressupostos e permitir ajustes ao longo do caminho na infraestrutura educacional e administrativa da instituição para dar suporte às reformas na medida em que se expandissem para o currículo".[10]

Assim, quais foram os resultados dessa tática de ir devagar para depois ir rápido – e durar?

- Para grande surpresa dos negativistas, mais de 80 professores interdisciplinares de 17 departamentos (incluindo seis professores titulares e quatro reitores) se prontificaram a participar e ser treinados em ensino de discussão e avaliação de desempenho no primeiro ano. Os esforços dos professores envolvidos, bem como suas habilidades pedagógicas recém-adquiridas, foram avaliados pelos colegas e documentados em cartas dirigidas aos titulares de seus departamentos para assegurar o adequado reconhecimento no processo de promoção. E os projetos de reforma foram recebidos com entusiasmo e animação pelos estudantes.
- A experiência positiva dos projetos-piloto pôs seriamente em questão a validade de vários pressupostos institucionais. Professores e estudantes (foram empregadas avaliações pelos colegas e autoavaliações) puderam aplicar critérios de desempenho na avaliação das competências profissionais, beneficiar-se do método de aprendizado ativo em equipe e aproveitar a oportunidade de integrar e aplicar conceitos de uma variedade de cursos e residências administrativas. Os professores participantes endossaram vigorosamente futuras expansões dos projetos-piloto e defenderam maior desenvolvimento dos professores no treinamento de ensino e de avaliação dentro desse contexto.
- Os projetos-piloto testaram com eficácia a validade dos grandes pressupostos institucionais e mitigaram temores e pressentimentos infundados

FIGURA 4-9

Testando a validade dos grandes pressupostos coletivos

Grandes pressupostos institucionais consolidados	Estratégia para testar os grandes pressupostos
LIMITAÇÕES DOS ESTUDANTES Nossos estudantes não conseguem lidar com – e aprender em níveis ideais em – um ambiente de aprendizagem multidisciplinar e menos estruturado, o qual exige a autoavaliação e o aprendizado autodirigido. A aquisição de informações factuais principais por nossos estudantes ficará comprometida com a introdução de novos métodos de ensino e avaliação, novos materiais e maior ênfase nas competências profissionais no currículo. Nossos estudantes se sentirão ameaçados com a avaliação de desempenho.	Reduzir modestamente as horas de contato do currículo tradicional (eliminar duplicidades e melhorar a coordenação entre cursos principais/residências administrativas) para acomodar o tempo necessário para o curso-piloto de discussão de casos e o tempo de pesquisa independente dos estudantes. Desenvolver objetivos de aprendizado amplos e expectativas de desempenho para aprendizagem pelos estudantes/ensino pelos professores, a serem enfatizados em projetos-piloto de reforma curricular. Monitorar o desempenho dos estudantes no currículo tradicional e nos exames de licenciatura à medida que mudanças-piloto são introduzidas. Acompanhar e administrar a frustração dos estudantes com as mudanças curriculares à medida que ela surgir. Trabalhar estreitamente com os professores que estiverem lecionando concomitantemente o curso-piloto de discussão de casos para avaliar seu impacto sobre o curso regular deles ou sobre as residências administrativas.
LIMITAÇÕES DO CORPO DOCENTE Os professores não estão interessados em – nem são capazes de – usar novos métodos de ensino, utilizar critérios de avaliação de desempenho confiáveis, fornecer feedback de apoio aos estudantes ou aprender com novas disciplinas. Nossos professores não podem ser liberados de suas obrigações para montar grupos de discussão pequenos e interdisciplinares, participar de programas de desenvolvimento de professores ou ajudar a coordenar o currículo.	Desenvolver critérios de desempenho em comportamento profissional apropriados para os vários níveis; treinar os professores em sua aplicação; testar sua confiabilidade e validade. Recrutar e treinar cofacilitadores para o curso de discussões interdisciplinares; compatibilizar a experiência e a especialização dos cofacilitadores para expandir as perspectivas dos grupos de discussão. Incorporar na discussão de casos conceitos essenciais oriundos de disciplinas relevantes para o treinamento dos facilitadores, a fim de atualizar os professores em áreas alheias à sua especialização. Solicitar observações e avaliações dos professores e estudantes que estejam participando de projetos-piloto, reconhecendo que o "prazer" de ensinar e aprender é um parâmetro aceitável a ser incluído. Reconhecer publicamente os professores e departamentos que estejam apoiando os projetos-piloto de reforma curricular.

FIGURA 4-9

Continuação

Grandes pressupostos institucionais consolidados	Estratégia para testar os grandes pressupostos
LIMITAÇÕES DOS DEPARTAMENTOS Os departamentos estão preocupados demais com os objetivos de aprendizado específicos de suas disciplinas para dar sua contribuição aos objetivos educacionais gerais. Os orçamentos dos departamentos não poderão sustentar esforços de professores em projetos interdisciplinares se suas atividades remuneradoras ficarem prejudicadas. Os titulares dos departamentos protestarão contra a centralização de recursos para educação.	Reitor/presidente do corpo docente devem garantir o apoio dos professores titulares nos projetos de reforma curricular. Desenvolver planos educacionais por departamento que delineiem mais claramente sua contribuição para os objetivos gerais de treinamento, bem como seus objetivos de aprendizado específicos da disciplina, relativos aos estudantes. Aumentar o reconhecimento, pelo diretor do departamento, das oportunidades proporcionadas pelos projetos interdisciplinares longitudinais no sentido de maior ampliação dos conceitos de suas disciplinas em todo o currículo. Garantir o apoio da escola de medicina para iniciativas interdisciplinares. Reconhecer publicamente as contribuições dos departamentos para novos projetos.
LIMITAÇÕES DE NOSSA INSTITUIÇÃO Recursos e mecanismos institucionais para reconhecer e recompensar esforços de ensino por parte dos professores não estão disponíveis para dar suporte a projetos interdisciplinares que requeiram maior planejamento e participação de professores. A administração não consegue redirecionar poder e recursos dos departamentos de forma substantiva para dar suporte a objetivos educacionais mais amplos.	Desenvolver critérios de relato de atividades de ensino que reconheçam o esforço de coordenação e planejamento, bem como a participação de professores em projetos-piloto interdisciplinares. Assegurar que o esforço de ensino (incluindo treinamento de professores, facilitação de grupos e tempo de avaliação de estudantes) seja plenamente reconhecido no processo de promoção. Desenvolver um sistema para a avaliação de ensino pelos colegas. Documentar os esforços e o desempenho de ensino dos professores; informar os diretores de departamento bem como o diretor de assuntos acadêmicos. Solicitar apoio institucional parcial para líderes do corpo docente que estejam dirigindo a implementação de projetos-piloto de reforma curricular.

antes de implementar as mudanças desejadas. Em muitas situações, eles efetivamente negaram a legitimidade das crescentes preocupações que poderiam acabar limitando o efeito das mudanças ora tentadas. Facções persistentemente dissidentes tendiam a ser isoladas pelos colegas porque suas objeções eram mais baseadas em opiniões preexistentes do que em dados novos.[11]

À medida que começaram a superar coletivamente essa imunidade à mudança, as ações dos professores migraram de testar seus grandes pressupostos para efetuar a mudança duradoura:

> Depois do primeiro ano de projetos-piloto, os professores em geral votaram pela redução do tempo curricular de cursos e residências administrativas tradicionais para promover um aprendizado mais independente pelos estudantes. O tempo alocado e os requisitos do curso interdisciplinar longitudinal foram ampliados ao longo dos três primeiros anos e a experiência clínica acompanhada por mentor foi estendida até o segundo ano. Quando os projetos-piloto se tornaram componentes formais do currículo, vários projetos adicionais foram iniciados para integrar material no programa de treinamento pré-clínico, coordenar o ensino de habilidades clínicas e desenvolver uma experiência clínica de ambulatório no terceiro ano. Todas essas atividades curriculares contam agora com o apoio de um novo vice-reitor executivo de educação médica, cuja filosofia educacional encontra eco nos objetivos dos professores no que se refere ao futuro da instituição.[12]

Bowe e seus colegas concluem que o uso do processo de imunidade à mudança

> teve significativo impacto sobre a cultura educacional da instituição e sobre a aceitação geral de métodos educacionais alternativos. Esses dois fatores deram sustentação às reformas originais e promoveram avanços adicionais, iniciados pelos professores, no ensino interdisciplinar, no aprendizado ativo e na integração no sentido de se manter em compasso com os compromissos-guia educacionais [da coluna 1]. Talvez o mais importante tenha sido que o caráter solidário da determinação dos professores principais provou ser especialmente fundamental à medida que a liderança administrativa passava por sucessivas mudanças, uma situação considerada como fator de altíssimo risco de fracasso em reformas curriculares.[13]

A maior parte dessas histórias de sucesso coletivo contaram com o grande auxílio do fato de que os principais participantes haviam também diagnosticado – e estavam trabalhando para superar – suas imunidades *individuais* à mudança. Como esse trabalho é efetivamente? Nos capítulos a seguir, examinamos em detalhe o processo de superação de imunidades de dois indivíduos, ambos experimentando as agonias de um desafio pessoal que, achamos, ecoará em muitos dos leitores. Depois nos voltamos para aquilo que pode ser o mais poderoso método para se superar imunidades: assumir diversos desafios de mudança individual simultaneamente, no contexto dos irretocáveis esforços de um grupo no sentido de melhorar seu desempenho. Quando você terminar esta parte do livro, esperamos que terá uma resposta afirmativa à pergunta que denuncia um dos grandes pressupostos mais restritivos da nossa cultura: Há alguma evidência nova que deveria me levar a repensar minha crença básica de que as pessoas "são o que são" e que, quando chegam à casa de seus 30 ou 40 anos, *elas não podem mudar realmente*?

[5]

DAVID NÃO DELEGA

Vencendo a imunidade à mudança individual

COMO QUALQUER GESTOR EXPERIENTE NOS DIRÁ, ser um delegador eficaz é crucial para usar apropriadamente o tempo, as habilidades e o conhecimento de todos. A boa delegação dá a todos maior chance de crescimento, além do que a qualidade do trabalho refletirá os muitos talentos inseridos em sua produção ao longo do caminho. Sem ela, os talentos de hoje são subaproveitados e os de amanhã permanecem subdesenvolvidos, e algumas pessoas – em especial aquelas que não são boas delegadoras – acabam sendo muito solicitadas e ficam estafadas. Uma rápida olhada na literatura de administração nos daria a impressão de que tudo que uma pessoa precisa para desenvolver a capacidade de dividir efetivamente o trabalho é um bom mapa e um espírito realizador e confiante.

Muitos guias práticos, tais como o *How to Delegate*, de Robert Heller, e *Starting to Manage: The Essential Skills*, de Gerard Blair, oferecem excelentes conselhos – isso no caso de aprender a delegar consistir num desafio técnico para você. Desconfiamos, porém, que, para a maioria das pessoas, trata-se de um desafio mais adaptativo ou de desenvolvimento, do tipo que descrevemos no Capítulo 2.[1]

Isso certamente se aplicava a David, um dos talentos em ascensão numa empresa de engenharia global que estivera tentando, sem sucesso, delegar desde sua recente promoção a uma alta posição gerencial. Olhemos mais de perto a experiência de David em sua nova função, especialmente em sua experiência com delegação.

IMUNIDADE DE DAVID PARA DELEGAR

Com trinta e poucos anos, David fora promovido a gerente geral seis meses antes de o conhecermos, reportando-se diretamente ao CEO da companhia. De modo geral, as coisas estavam indo bem: ele estava entusiasmado com seu trabalho e todas as pessoas da empresa o respeitavam e estavam satisfeitas em tê-lo na nova função. Não obstante, pela primeira vez em sua carreira, ele se sentia oprimido pelo trabalho. Ele não tinha dificuldade em apontar um objetivo de melhoria que satisfizesse todos os nossos critérios, inclusive que era "muito importante" para ele fazer progressos nesse objetivo.

Sua primeira menção ao descrever seu objetivo foi "concentrar-se melhor em algumas áreas críticas", algo em que ele estivera explicitamente trabalhando nos últimos meses por meio de um método de gerenciamento de tempo. Ele verificava progressos, mas ainda assim se sentia perdido e sabia que uma melhor delegação era parte da solução. Ele foi bastante específico com relação ao que desejava fazer diferente, inclusive melhorar, no sentido de deixar claro para os outros os resultados que desejava alcançar, aceitando as diferentes formas de trabalhar de todos, questionando seus processos de pensamento e lógica e, finalmente, assumindo uma postura de apoio no caso de pequenas falhas como oportunidades de aprendizado. Estava claro que não era a primeira vez que David havia pensado na questão de como delegar.

Escolhemos David como um de nossos casos em parte porque o objetivo por ele identificado é uma versão dos objetivos mais comumente encontrados. Quer alguém diga que deseja melhorar na questão de "tornar terceiros responsáveis por algo", "liderar dos bastidores", "'empoderar' terceiros", "passar de 'herói dentro do campo' para 'treinador nas laterais'" ou "deixar mais pessoas liderarem", o fio condutor de todas essas aspirações tem a ver com a delegação.

Mas, conforme revelam as entradas de David na Figura 5-1, delegar nem sempre é fácil. Ele não teve problemas em identificar as maneiras como agia de forma inconsistente com a consecução de seu propósito de se concentrar melhor em algumas áreas críticas. Ele listou os três comportamentos seguintes:

- Deixo que novas oportunidades me distraiam, aumentando a lista.
- Aceito mais tarefas e sacrifico áreas não relacionadas com o trabalho (sono, família, hobbies).
- Não balanceio sistematicamente os compromissos de tempo no que se refere a coisas classificadas como importantes e urgentes.

Seu comportamento contrário a seu objetivo de delegar era claro: "Não peço às pessoas para me ajudar."

Tendo feito um bom trabalho no preenchimento da coluna 2, identificando as atitudes que trabalhavam *contra* seu compromisso da coluna 1, agora ele se achava pronto para considerar *a favor do que* todos aqueles comportamentos trabalhavam. Ele conseguia enxergar facilmente como aqueles mesmos comportamentos eram muito eficazes no que se referia a seus compromissos ocultos (ver sua coluna 3, incluindo seus medos). Adicionar novas oportunidades à sua lista, aceitar mais tarefas e não pedir ajuda às pessoas eram maneiras hábeis de garantir que se manteria "independente", "capaz de qualquer coisa" e "desprendido". Era claro o quanto o outro lado lhe custaria; isto é, se ele não agisse assim, teria de pagar um preço, como ser dependente dos outros e se sentir egoísta.

Com base em seus grandes pressupostos, é possível ver que ele presumia que estes lhe custariam muito – ele perderia o autorrespeito, se tornaria superficial e trivial (exatamente o que não apreciava nos outros) e perderia seu valor.

A Figura 5-1 é o primeiro mapa de David. Como costuma acontecer quando se relê um primeiro esboço dias depois, ocorreu-lhe um novo pensamento: ele percebeu que seus três compromissos ocultos eram, todos, expressões do que considerava um trabalhador "verdadeiro", não apenas alguém que investe seu tempo e integra as "despesas indiretas". Ele acrescentou a seu mapa o seguinte: "(Minha preocupação é abandonar meus valores com relação àquilo que significa ser um trabalhador.) Meu compromisso é permanecer leal às minhas raízes operárias." Este se revelou um insight crucial, porque, se olharmos até mesmo sua primeira versão do mapa, verificamos que, por trás de suas palavras, há uma visão, ainda não reconhecida, do ato de "delegar" como "fazer os outros realizarem seu trabalho". Com essa definição de delegação, como ela poderia não parecer sinônimo de preguiça ou egoísmo? A descoberta da origem dessa definição mostrou-se fundamental para o futuro aprendizado maior de David.

FIGURA 5-1

Primeiro mapa da imunidade de David

Compromisso	Fazer/não fazer	Compromissos concomitantes ocultos	Grandes pressupostos
Concentrar-se melhor em algumas áreas fundamentais: • Delegar • Esclarecer resultados desejados • Aceitar abordagens diferentes • Tolerar pequenas falhas como algo que faz parte do aprendizado • Questionar o processo de pensamento e a lógica	Deixo que novas oportunidades me distraiam, aumentando minha lista. Aceito mais tarefas e sacrifico coisas não relacionadas com o trabalho. Não faço o sistemático balanceamento do empenho de tempo com prioridades urgentes e importantes. Não peço ajuda às pessoas.	(Tenho medo de perder uma boa oportunidade. Ficar para trás.) Estou comprometido em ser independente e capaz de qualquer coisa. (Tenho medo de decepcionar minha equipe. Quando me coloco em primeiro lugar, sinto-me culpado e egoísta.) Estou comprometido em ser desprendido. (Não gosto de deixar coisas por fazer – é mais difícil deixar algo de lado do que apenas fazê-lo.) Estou comprometido em sempre encontrar um jeito de fazer as coisas.	Se eu depender dos outros e não conseguir fazer as coisas bem, perderei meu autorrespeito. Se eu me colocar em primeiro lugar, ficarei igual ao que não me agrada nos outros – superficial e trivial. Se eu não encontrar um jeito de fazer as coisas, perderei meu valor.

Ao examinar os pressupostos de sua coluna 4 à luz desse "ah-ah" de descoberta da lealdade às suas raízes operárias, David percebeu que havia incluído suas crenças quanto a ser um trabalhador eficaz numa forte teoria tácita – teoria essa que, sem dúvida, ele havia absorvido das pessoas que admirava em sua família e em sua comunidade – daquilo que constituía um bom líder. Primeiro, vinha a distinção que ele via entre trabalhadores operários e trabalhadores de colarinho-branco: resumindo, operários sujam as mãos (nos sentidos literal e figurado), enquanto trabalhadores de colarinho-branco são fontes ocas e dispensáveis de despesas indiretas que tendem a (injustificadamente) dar uma de superior. Ele viu que, inserida nessa distinção, estava a aparente crença de que o trabalho de "mão na massa" é mais importante e valioso que o pensamento. Ele adicionou um pressuposto à sua quarta coluna: "Se eu não agregar valor diretamente, fazendo trabalhos que envolvem as entranhas do negócio, não serei um colaborador, mas sim uma despesa indireta."

O resumo de sua declaração de grandes pressupostos era o seguinte: "Acredito que liderar sem *fazer* é 'despesa indireta' e não tem valor. Eu estaria negando minhas raízes se não fizesse o trabalho em si. Eu seria egoísta, preguiçoso e mimado, e perderia o autorrespeito." É compreensível – dado esse sistema de crenças – por que David se comporta assim, e observe que a maneira como ele se sente em relação a si mesmo está no cerne de sua luta para ser melhor delegador. O comportamento de seu sistema imune o protege com sucesso de se sentir egoísta, preguiçoso ou mimado; ele o protege da apostasia de desertar para o "outro lado" e de se tornar tudo aquilo que ele e seus pares abominam; ele lhe possibilita sentir-se uma pessoa trabalhadora e dotada de respeito próprio que faz o que deve fazer e pode olhar diretamente nos olhos de qualquer operário, ainda que esteja numa posição diferente.

Seu desafio é adaptativo porque *implica claramente sua identidade*. Tornar-se um delegador melhor não se refere principalmente a (como outros poderiam achar) aprender um novo conjunto de habilidades ou técnicas para atribuir tarefas a outros. Como você pode imaginar, é por isso que seria impossível ele fazer progressos aconselhando-se com especialistas em delegação. Dicas práticas não abordam a essência da razão pela qual David, um novo líder excepcionalmente brilhante e motivado, não consegue delegar.

Ao prosseguir em sua auto-observação, David (e nós) se dá conta do quanto o não delegar é fundamental para sua autoimagem e autoestima. Ele percebe que obtém enormes benefícios de se sentir "importante e valoroso ao executar as tarefas pessoalmente. Isso me conecta com as pessoas. Estou fazendo um trabalho ótimo. E me faz bem me sentir um astro". Ele também enxerga que obtém muita coisa da maneira como os *outros* o veem quando ele é o "fazedor": "Eles me veem como um bom resolvedor de problemas. Com isso, ganho o respeito deles."

Essas são adições ricas a seus compromissos da coluna 3 de proteger o que ele quer ser – ou seja, importante, valoroso e um astro, talvez especialmente aos olhos do seu grupo principal de referência, os trabalhadores do chão da fábrica com os quais se identifica mais fortemente.

Agora temos um quadro mais completo do "problema" de David (o tipo de problema que é também uma oportunidade de desenvolvimento): no momento, ele está preso entre ver a necessidade de delegar e não conseguir fazê-lo porque isso significaria abandonar aspectos de sua identidade e muitos dos elementos que o fazem sentir-se bem consigo. Sua estrutura mental para entender quem ele é – seus valores, suas crenças e suas preferências (o que ele gosta e não gosta) – não se coaduna com ser um delegador. Essa estrutura cria uma escolha forçada e impossível: para resolver esse problema, ou ele desiste do desejo de delegar ou desiste da lealdade às suas raízes.

Outra solução – essa mais *adaptativa* – seria criar uma estrutura mental maior, relativa a *quem ele é*, que *incluísse* a delegação; isto é, realizar uma mudança desenvolvimental que torne a delegação compatível com sua autodefinição. Essa estrutura mais inclusiva indaga: "É possível David respeitar-se e se sentir bem consigo, ser leal às suas raízes *e* ser um bom delegador?" Embora David nos diga de início, por meio de seu mapa, que isso *não* é absolutamente possível, em menos de um ano sua forma de liderar e suas próprias palavras acabaram respondendo a essa pergunta com um retumbante "sim!".

DAVID SUPERA SUA IMUNIDADE

Antes de nos voltarmos para *como* David tornou-se melhor delegador, concentremo-nos primeiro em quais foram suas mudanças. Usando as próprias palavras de David, seu sucesso pode ser resumido como tendo passado de "'oficial' [trabalhador que exerce um ofício] para 'arquiteto' e 'desenvolvedor'". Essa mudança representa uma nova maneira de trabalhar com sua equipe, da qual ser um delegador bem-sucedido acaba sendo apenas um dos elementos. Como "arquiteto", David passa agora a maior parte do tempo construindo a empresa, tendo redefinido o trabalho "certo" como o ato de se concentrar na estratégia, nas pessoas e nos recursos.

Isso teve profundas implicações na maneira de trabalhar com sua equipe. Sua forma de interagir mudou para assegurar que haja interações abertas e honestas e senso de coautoria do trabalho em cada nível correspondente. Agora ele dedica considerável parte do tempo se comunicando com a equipe e a orientando, o que faz de modo a possibilitar que todos "entendam *o que* estão fazendo e *por que* estão fazendo para que possam tomar decisões que mantenham a todos na direção certa". Ele faz questão da comunicação aberta "para que as pessoas sejam honestas comigo em relação a como as coisas estão realmente caminhando, de modo que eu possa 'saber' sem ter de fazer tudo sozinho". A delegação está inserida em seu modo de trabalhar, induzida por perguntas como: "Quais são as pessoas mais certas para esse trabalho e o que precisam que eu faça?" Ele descobriu como aceitar diferentes abordagens sem abrir mão de seus padrões de excelência.

As consequências dessas formas diferentes de trabalhar foram enormes: "Questionar o processo de pensamento das pessoas e manter-se aberto às suas pressões foi uma atitude que possibilitou a todos a produção de resultados de qualidade." Os próprios membros de sua equipe também se tornaram melhores delegadores. Além disso, ele observou: "As pessoas individualmente são capazes de tomar decisões de qualidade e condizentes com o rumo estabelecido e de gerar ideias para seguir em frente... E o melhor de tudo é que as pessoas estão me procurando para expressar suas ideias de como poderíamos continuar seguindo em frente, mas por caminhos diferentes. Isso tem sido muito gratificante, muito mais gratificante do que eu próprio fazer as tarefas."

Enquanto a postura de "oficial" levou David a se concentrar unicamente no próprio desempenho, a postura de "arquiteto" significou atentar ao desenvolvimento das outras pessoas e à sua capacidade de cumprir a missão da empresa. Essa não foi uma transição fácil para ele. À medida que melhorava sua aptidão de construir capacidades em outras pessoas, ele disse: "Adoro o fato de poder obter mais da minha equipe, mas a coisa vem quase como um choque – quando a gente dá às pessoas a chance de brilhar, elas fazem melhor as coisas. De modo que meu pressuposto de que eu faria melhor não está correto." Essa declaração revela a mudança central no desenvolvimento de David: ele não está mais sujeito a seu comportamento anterior de ser um astro para se sentir bem consigo, tendo desenvolvido um novo jeito de brilhar, um jeito que permite que outras pessoas brilhem. Essa se tornou uma parte nova de sua identidade e de sua satisfação.

Agora ele pode brilhar fazendo o que chama de "trabalho certo". Fundamental para sua transformação foi a redefinição daquilo que realmente *é* seu trabalho. Enquanto continuasse a ver aquilo que poderia delegar como essencialmente "dele", a delegação sempre lhe pareceria o ato de fazer os outros fazerem o trabalho que era dele – ato eticamente indefensável (até vergonhoso), suscitando o inevitável espectro do egoísmo, da preguiça, de ser um "engravatado" inútil e, sobretudo, de violar uma profunda relação com seus pares trabalhadores. Visto dessa forma, o ato de delegar só poderia ser um exercício de traição da classe, de se deixar seduzir e cometer a heresia de achar que se distanciar dos meios diretos de produção é uma evolução desejável.

No entanto, hoje, ao refletir sobre aonde o trabalho de reversão das imunidades o fez chegar, ele não tem mais sensação alguma de que o trabalho que dá aos outros para fazer seja uma forma de fugir da responsabilidade de ele próprio fazê-lo. O trabalho que ele delega aos outros passou agora a ser o trabalho deles, não dele – e seu próprio trabalho é o de ajudá-los a se desenvolver no processo de assumir novos objetivos e desafios. "Sinto-me importante e valoroso ao despender meu tempo descobrindo maneiras de ajudar meu pessoal a ser mais eficaz. Estou mais atento às realizações do meu pessoal."

O autorrespeito ainda é essencial para ele, mas agora ele tem um entendimento diferente daquilo que respeita em si próprio, porque redefiniu a forma desejada de liderar. Agora ele sente o autorrespeito por ser um líder que é capaz de conduzir o trabalho e otimizar os recursos, as pessoas e as finanças para a realização das tarefas. Diz ele: "Tenho uma prática de liderança mais clara e mais gratificante, na qual vejo que não preciso *fazer* para saber o que está acontecendo, mas que preciso, sim, *saber* o que está acontecendo para poder dirigir o trabalho" (nossa ênfase). "É por isso que hoje acredito que o maior impacto isolado não provém de executar os detalhes", explica, "mas sim de pensar e planejar muito e, ao mesmo tempo, ter um quadro real do que está acontecendo e encontrar a melhor maneira de usar todos os meus recursos".

Essa última sentença retrata a reformulação que David fez de seus grandes pressupostos originais, de que ele tinha de ser capaz de fazer tudo sozinho para não perder o autorrespeito, a ligação com suas raízes e o sentimento de valor próprio. Ele descobriu que pode agregar valor pela maneira *diferente* de fazer o trabalho. Seu pressuposto revisado é o seguinte: "Não é que eu precise fazer o trabalho, mas preciso conhecê-lo. Preciso entender como as partes do quadro maior do trabalho se encaixam para que ele seja feito com eficiência. Talvez não se refira sequer a ter o preparo para fazer o trabalho, mas sim a dispor das informações detalhadas."

Os recém-conquistados autorrespeito e senso de valor agregado de David provêm de uma mentalidade mais complexa. Ele não abandonou suas raízes nem o valor que elas atribuem ao ato de fazer as coisas, de ser capaz de qualquer coisa e de ser desprendido, mas reescreveu esses temas de valores centrais na forma de uma história maior e mais ampla que lhe permita ser, ao mesmo tempo, um bom delegador *e* um bom líder. Na história original "escrita para ele", seu entendimento da palavra "líder" era "colarinho-branco", "mão de obra indireta", "inútil", "alguém que não põe a mão na massa" e "folgado". Já a palavra "operário" [ou, traduzindo do termo original, "colarinho-azul"] estava ligada a todas as coisas boas, incluindo sua origem familiar, ser um "fazedor" e ser importante e valoroso. Lá no fundo, por mais sofisticado e inteligente que fosse, ele ainda se atinha à construção desse conjunto de ideias na base do preto e branco, de "uma coisa ou outra". Ou, para colocar em termos um pouco mais rigorosos, essas ideias "atinham-se a ele".

Porém, durante o processo de superar sua imunidade, David vai muito além de meramente melhorar na questão da delegação. Ele pega a caneta e vai gradualmente reescrevendo a autonarrativa que anteriormente "o havia escrito". Ele refaz sua mentalidade, passando o etos familiar do "colarinho-azul", da condição de algo que o prende (isto é, ao qual ele está sujeito), para algo que pode manter (isto é, ele não o perde, mas o muda para a condição de um "objeto" de sua atenção, o que o coloca na posição de descobrir uma nova maneira de se relacionar com ele). Os mundos do líder e do fazedor mudam da condição de "uma coisa ou outra" para a de "e também" em sua mente.

Observe que o sucesso de David superou suas aspirações iniciais. Sim, David aprendeu a delegar e até mesmo a ter prazer em delegar. Mas talvez seu maior aprendizado tenha sido a mudança do relacionamento com seus pares de origem sem violar seu amor e sua lealdade para com os membros de sua família e seus heróis operários que, inevitavelmente, serviram de modelo para o que significava um bom dia de trabalho. É isso que costuma acontecer quando uma pessoa vence seu sistema imune: acaba compreendendo o que estava além do seu alcance. Aquilo que é efetivamente realizado vai além do "objetivo de melhoria", que, como um cavalo de troia, tenta inicialmente tirá-lo da fortaleza de seus hábitos mentais estabelecidos.

Na última vez em que conversamos com David, ele acabara de ser informado pelo chefe de que seus planos para um projeto novo e especialmente ambicioso haviam sido aprovados e que ele receberia todo o dinheiro solicitado. Um de seus comentários finais para nós foi: "Estamos a toda!" E acrescentou: "Isso depois de muito pensamento e planejamento da minha parte."

FERRAMENTAS E MOMENTOS DECISIVOS DO TRABALHO DE DAVID RELATIVO À SUA IMUNIDADE

Como David conseguiu fazer uma mudança dessa magnitude? Destacaremos agora alguns dos momentos decisivos mais críticos dos meses que trabalhamos com ele. O ponto de partida dessa mudança profunda foi, muito provavelmente, a assunção de uma nova função de liderança. Essa posição trouxe exigências mais desafiadoras do que aquelas que ele enfrentara no passado e, muito rapidamente, David viu que não conseguiria dar conta de sua carga de trabalho à maneira usual de executor e coach. A partir de então, a própria visão de David era que os passos mais importantes que deu foram entender sua imunidade à mudança ("Esse foi o maior dos passos") e agir em função desse entendimento, ao dizer às pessoas o que ele pessoalmente queria mudar. Com relação ao último, ele diz: "Assim que comecei a explicar às pessoas as coisas que eu precisava trabalhar, dei a elas a permissão de interceder e me dizer quando viam que eu não estava delegando como devia. Pedi a elas para me falar quando eu estivesse fazendo algo que elas achavam que podiam fazer melhor."

Para aumentar o entendimento de seu objetivo por parte das pessoas, David usou duas ferramentas de subversão de imunidades (o Capítulo 10 contém um resumo de todas as ferramentas). Ele começou preenchendo o que denominamos *continuum* do progresso, conforme mostrado na Figura 5-2.

Esse exercício começa com o compromisso da coluna 1 e depois com a elaboração de uma lista dos primeiros passos específicos que a pessoa planeja dar no sentido de sua consecução. Depois, ele estabelece os tipos de indicadores que demonstrariam os progressos significativos e, por fim, o completo êxito. Observe que os "primeiros passos" de David concentram-se inteiramente no relacionamento com os membros de sua equipe (a comunicação com eles, o planejamento de atividades que aumentariam a probabilidade de eles o ajudarem e o envolvimento deles no sucesso de David e de si próprios).

Passadas algumas semanas, David usou outra ferramenta, a pesquisa de subversão de imunidades, a qual enviou a todos os membros de sua equipe. Como faz a maioria das pessoas que usam a pesquisa, ele identificou um pequeno grupo de "testemunhas" (em geral, de seis a oito) no início de seu trabalho. Essas "testemunhas" são tipicamente pessoas de dentro e de fora de sua vida profissional, as

FIGURA 5-2

***Continuum* do progresso de David**

Compromisso	Primeiros passos	Progressos significativos	Sucesso
Quero melhorar no sentido de aumentar o número de tarefas que delego às pessoas para que eu tenha menos coisas a fazer diretamente.	Fazer uma reunião com minha equipe e informá-la do comportamento que estou tentando mudar e por que e como pretendo fazê-lo. Fazer a dramatização por meio de alguns exemplos, integrando-os nos tipos de tarefas ou responsabilidades que deveriam caber a cada um e como eles gostariam que isso acontecesse. Priorizar os itens por facilidade, importância e capacidade e depois começar a executá-los. Em reuniões mensais com a equipe, rever como me saí e como eles se saíram. Fazer os devidos ajustes em nosso plano. Após seis meses, fazer uma revisão para avaliar os efeitos de longo prazo no meu desempenho e na minha atuação como líder *versus* nossas expectativas.	Os membros de minha equipe notariam a mudança no trabalho que faço pessoalmente e a mudança na carga de trabalho deles. Provavelmente, eles teriam de dotar seu pessoal de mais poder, delegando o nível seguinte de trabalho, de modo que pudessem absorver aquilo que lhes estou passando. Creio que eles se sentiriam mais importantes e merecedores de confiança. Os membros da minha equipe veriam minha contribuição para um maior planejamento de longo prazo, o que os tornaria mais confiantes no sentido de que temos um rumo e estamos cuidando para permanecer no curso.	Eu seria capaz de identificar claramente as tarefas que devo fazer pessoalmente e aquelas que devo delegar, a quem e como. Os membros da minha equipe se sentiriam tão confortáveis em assumir responsabilidades maiores que o trabalho começaria a ir diretamente para eles, dessa forma me liberando até da necessidade de delegá-lo. Eu teria prontamente disponível a qualquer momento a situação do mercado, do nosso plano de ataque e do nosso desempenho em nível de mercado.

quais estariam em posição de notar eventuais mudanças reais relacionadas com seu objetivo de melhoria. As pesquisas são curtas, simples e anônimas. (Você pode ver a pesquisa de David na Figura 5-3.)

O coachee, ou seja, a pessoa objeto do trabalho de coaching, recebe um agregado anonimizado e misturado das classificações e dos comentários dos respondentes em duas ocasiões – depois da primeira pesquisa, no início do trabalho, e novamente meses mais tarde, depois de uma pesquisa de acompanhamento e como parte do final do trabalho. As respostas da pesquisa fornecem uma espécie de métrica externa da mudança – uma forma de medir seu progresso rumo à

FIGURA 5-3

Formulário de pesquisa de David

Pesquisa de linha de base de David

A área que David escolheu para trabalhar foi "ser um delegador melhor". É claro que há aspectos em que o envolvimento direto de David na execução do trabalho pode ser um ponto forte real, mas ele deseja reduzir os aspectos em que esse envolvimento possa ser problemático.

Essa é uma pesquisa confidencial. Você foi escolhido(a) por David para ser um dos respondentes. Ele espera que você responda o mais francamente possível. É óbvio que a autoavaliação atual de David nas seguintes perguntas é bastante fraca.

As respostas não serão identificadas por respondente. David receberá um perfil anônimo dos resultados de seis a oito pesquisas como esta. Em nome de David, agradecemos pela contribuição de seu pensamento e dos cerca de 15 minutos de seu tempo – agora e novamente daqui a uns seis meses.

1. A área que David escolheu para trabalhar foi a de ser um delegador melhor. Como você classificaria a delegação de David no que se refere *a você*?

   1 2 3 4 5 6 7 8 9 10

   1 = Péssima 10 = Ótima

2. De sua perspectiva, como classificaria a delegação de David no que se refere *aos outros*?

   1 2 3 4 5 6 7 8 9 10

   1 = Péssima 10 = Ótima

3. Comentários: Por gentileza, dedique um minuto a detalhar esses instantâneos. Por exemplo, qualquer pensamento e/ou exemplos que lhe ocorram para explicar sua opinião serão de grande ajuda.

4. Com relação a esse aspecto específico do modo de operar de David, *quão importante você acha que seria para ele conseguir um avanço significativo*?

   1 2 3 4 5 6 7 8 9 10

   1 = Não é importante 10 = Importantíssimo/valioso

5. Por que você pensa assim? Em que aspectos isso importa/não importa? (Sabemos que as respostas a essas perguntas requerem algum tempo, mas elas serão de extrema ajuda para David e seu coach.) Quanto mais específico você puder ser, melhor.

MUITO OBRIGADO por seu tempo e seus pensamentos!

consecução de seu objetivo de melhoria. A primeira pesquisa serve também de checagem da realidade quanto a se você identificou o melhor ou o mais valioso objetivo para si próprio. A segunda pesquisa serve também de defesa contra o autoengano.

Em níveis mais subliminares, as pesquisas criam um "público" interno e externo de seu progresso. Ao compartilhar seu compromisso com a mudança e saber que outros tecerão comentários relativos a seu progresso, aumenta a probabilidade de você se ater a seu programa pessoal. No nível organizacional, as pesquisas sinalizam por todo o sistema que os altos líderes estão trabalhando seus problemas. Com base em nossa experiência, os respondentes das pesquisas costumam ficar curiosos com o processo e interessados em participar pessoalmente ou em realizar um processo semelhante em suas equipes. Temos ficado sistematicamente impressionados com a disposição das pessoas, em uma grande variedade de organizações, no sentido de oferecer feedback rico e bem pensado.

Como acontece às vezes, a primeira pesquisa de David só saiu quando ele já iniciara o processo de superar suas imunidades; com isso, ele viu que alguns de seus esforços iniciais, inclusive aqueles contidos na coluna de "primeiros passos", estavam tendo resultados e que devia continuar trabalhando em suas novas estratégias. Teve também um importante insight: "Vejo que fiz progressos na aceitação de diferentes abordagens. E quando penso naquilo que tenho feito de diferente com meu pessoal, duas dessas coisas diferentes são mencionadas na pesquisa: o ato de dividir com eles meu ponto de partida e meu ponto final e o ato de me assegurar de lhes dar o contexto. Acho que parte da razão de meus problemas no passado foi que não compartilhei a questão do contexto. Em retrospectiva, vejo que quando não dava ótimas orientações, eu podia parecer inteligente! Acho que eu gostava do respeito que advinha do fato de ser um resolvedor de problemas!"

Costumamos dizer que a tecnologia de imunidade à mudança nos possibilita vencer pontos cegos, nos ajuda a ver formas, até então invisíveis, pelas quais estamos nos sabotando. Aqui, David vê que podia estar "manipulando as cartas" ao, deliberadamente (ainda que de forma inconsciente), preparar as pessoas de forma inadequada e assim preparar o terreno para sua heroica intervenção. Ele não podia nos dar melhor exemplo do que significa passar compromissos da terceira coluna da condição de sujeito para a de objeto. Quando os compromissos da terceira coluna estão em plena operação, são como ladrões internos que agem em total liberdade, roubando o compromisso da primeira coluna a seu bel-prazer. Quando se tornam visíveis, passamos à posição de detê-los, de fazer cessar sua ação, como David fez quando literalmente parou de preparar seu pessoal para o fracasso e começou a prepará-lo para o sucesso.

Ao fazer um balanço de seu progresso seis semanas depois de iniciado o processo de superar suas imunidades, ele disse:

> Meu grande pressuposto inicial se baseava em alguns pensamentos – um deles era que, se eu não agregasse valor diretamente, estaria deixando de dar uma contribuição real para minha equipe – essencialmente, tornando-me pura "despesa de mão de obra indireta". Inserida nisso estava a sensação de que eu precisava me dispor a – e ser capaz de – fazer praticamente qualquer trabalho que pudesse surgir em minha equipe, o que era algo relacionado com uma visão de liderança que dizia que eu precisava estar

> verdadeiramente com a mão na massa para que pudesse ser um bom líder. O resultado desse grande pressuposto era uma delegação deficiente e por vezes uma comunicação deficiente quando eu chegava a delegar. Fiz muitas coisas para mudar meu comportamento – e, ao ver meu *continuum* de progresso, me sinto bem, no sentido de ter realmente feito as coisas contidas naquela lista, estando agora entre o primeiro passo e o "progresso significativo" na maioria das áreas. Acho que isso ficou refletido na pesquisa – com resultados maiores que o esperado, pelo fato de as pessoas terem visto a mudança. Estou delegando melhor – melhor mais no sentido de qualidade do que de quantidade, e continuo me concentrando na identificação de mais elementos do meu trabalho cotidiano que possam ser delegados a outros.

Agora, David estava bem encaminhado no sentido de entender melhor os limites de sua mentalidade atual, o que incluía descobrir aspectos dela que ele não respeitava. Depois de uma tarefa voltada a se concentrar naquilo que ele *sentia* quando delegava, o relato de David continha ambiguidades. Disse ele:

> É uma coisa meio ambígua. Talvez eu mesmo faça as coisas para ter a sensação boa de ser um astro. O que vejo hoje é uma "desgraça dupla" – ilusão número 1: o único jeito é eu próprio fazer; número 2: farei melhor que os outros. Na verdade, os outros estão fazendo a coisa melhor do que eu faria! Estou fazendo um trabalho excelente, mas eles aparecem com algo que é ainda melhor! Amor e ódio: amor, que posso obter mais da minha equipe, mas que é uma espécie de golpe. Quando você dá às pessoas a chance de brilhar, elas fazem a coisa melhor. De modo que meu pressuposto de que eu faria melhor não é correto.

David também descobriu buracos em sua filosofia de liderança, os quais nunca havia observado. Com relação a isso, ele percebeu que:

> Minha filosofia de liderança reza que eu deveria estar apto a fazer qualquer coisa que peço às pessoas individualmente ou à equipe para fazer. No entanto, se for para eu efetivamente seguir outros aspectos de minha filosofia de liderança – que eu deveria estar selecionando/contratando pessoas com potencial e dando suporte a seu desenvolvimento –, eu não estaria agregando valor ao ser igual a eles! Se seleciono pessoas que se tornam as melhores, tenho de estar disposto a vê-las me superarem. Eu não *deveria* ser capaz de fazer tudo o que elas conseguem fazer!

Por outro lado, ele estava muito entusiasmado com aquilo que estava aprendendo com relação a ser um delegador melhor. Uma de suas primeiras grandes sacadas foi descobrir que estivera limitando a própria eficácia ao usar uma forma de delegar baseada nos próprios pontos fortes, não no ponto forte da outra pessoa. David perguntou a todas as 36 pessoas de sua equipe como achavam que levariam a cabo seu trabalho contando com pontos fortes ou suas forças: "Se eu lhe desse uma atribuição, quais as cinco coisas que você desejaria saber?" Eis o que aconteceu quando ele fez isso:

> A resposta foi enorme. Todos identificaram necessidades diferentes. Susan, notável com clientes, tem força "contextual" – quando ela consegue enxergar tudo o que está fazendo dentro de um contexto, faz um trabalho ótimo. Ela precisa saber como ele será usado etc., precisa saber o "porquê". Eu estava delegando "10 telefonemas até amanhã" e ela não estava conseguindo. E eu me perguntava se ela era preguiçosa. Agora ela faz 10 telefonemas até as 15h!

Encomendas de David para viagem?

> A primeira montanha [a vencer] era minha disposição de delegar. Agora vejo a montanha seguinte, que é: "A delegação tem impacto real?" O impacto era inconsistente. Vejo agora que isso tinha a ver com o fato de eu ser novato na delegação. Aprendi que preciso me comunicar de uma forma que esteja em consonância com aquilo que a outra pessoa escuta. A delegação bem-sucedida é individualista. Embora eu possa melhorar na questão de delegar, preciso fazê-lo de modo a estar em sintonia com o indivíduo/a equipe.

Generalizando as muitas situações de uma delegação mais efetiva, David começou a alterar sua mentalidade no que se referia àquilo que torna um líder valoroso:

> É quando os limites estão mais confusos que adiciono o maior valor. Quando delegamos, precisamos ter clareza quanto às expectativas. Isso exige que eu saiba qual é a "caixa, ou campo, a preencher", inclusive as limitações. Fiz uma reunião com minha equipe sobre a execução do plano do próximo ano. E há uma forma de fazer a coisa – como, por exemplo, pensar no negócio em termos hipotéticos ou então na base do "eis aqui uma centena de coisas; você decide" – isso os deixa zonzos. Mas quando lhes dei clareza suficiente, eles mandaram bala! Percebo também que, quando delego a mais de uma pessoa, a caixa ou o campo precisam estar especialmente claros, como se fossem em tinta escura ou preta. Consigo ver que meu valor provém mais do fato de orientar do que de propriamente delegar.

DA DELEGAÇÃO À LIDERANÇA: NOVOS COMPORTAMENTOS E UMA NOVA MENTALIDADE

Como consequência de seus sucessos ao dar às pessoas um senso maior de copropriedade do trabalho, David vê agora que "existe um ponto em que elas me procuram e perguntam 'o que você quer que façamos?'. Não de uma maneira autocrática, mas no sentido de obter uma decisão relativa ao rumo a seguir. Vejo isso como um fator ainda mais diferenciador de meu papel como líder". Indagado sobre as implicações de seu papel de líder, ele tem clareza de que há três atividades "certas" para ele:

- Atrair e desenvolver talentos – para que possamos realizar os objetivos em grande estilo. Se eu fosse atropelado por um ônibus, deveria haver duas pessoas em condição de assumir. Caso contrário, eu não estaria fazendo bem meu trabalho.
- Fornecer o rumo.
- Lutar pelos recursos.

David vem lutando para conseguir superar esses três desafios de liderança, além do de delegar. Lembra-se do compromisso de sua coluna 1 (Figura 5-2), no sentido de se concentrar mais em algumas coisas fundamentais? Agora ele está, de fato, conseguindo fazer isso. Observe que os novos comportamentos não esperam até a completa transformação da mente. A antiga pergunta "As mudanças mentais levam a mudanças de comportamento ou será que as mudanças de comportamento levam a mudanças mentais?" é, segundo nossa opinião, uma pergunta mal construída. A relação é muito mais dialética. O processo de imunidade à mudança cria justamente o tipo de comportamento que viria a prejudicar positivamente a mentalidade atual. O comportamento de David, que lhe está trazendo bons resultados sob a perspectiva da melhoria de desempenho, está também informando um processo de retrabalho gradual de sua mente, processo esse que criará uma nova definição do "ser um bom trabalhador" ao lutar com modelos internalizados e lealdades profundamente enraizadas. Isso leva tempo, e não é fácil. Perguntado sobre qual a sensação quando se envolve nas atividades que agora vê como comportamentos de liderança apropriados, David fala honestamente sobre o conflito interno que isso cria: "Intelectualmente, sei que são as coisas absolutamente certas para eu trabalhar. Mas a sensação não é realmente intensa. Não é suficientemente *pessoal*. Tenho uma sensação de *separação*. Lá no fundo, ainda sinto que preciso puxar a carroça. É algo profundamente enraizado."

Nosso objetivo com David nas semanas seguintes era criar o máximo possível de oportunidades para ele ver se conseguiria se sentir completamente bem em relação às suas três novas categorias de comportamento de liderança. Sua nova atribuição consistia em prestar atenção ao que acontecia lá no fundo quando ele assumisse esses três comportamentos de liderança. Também lhe pedimos que revisse sua agenda (atual e dos últimos seis meses) usando as três atividades "certas" como filtro e que circulasse tudo o que não se encaixasse nessa definição. Com isso, ele poderia responder a perguntas como: "Qual é a proporção de tempo 'certo' e de tempo 'errado'? Qual foi a trajetória ao longo do tempo? Os comportamentos 'errados' têm algum tema específico? A que propósito esses comportamentos serviriam? O que obtenho com eles?"

Fazer a atividade da agenda revelou-se outro momento decisivo para David. Para começar, ele concluiu que 75% do tempo eram dedicados a essas três áreas e se sentiu bem em despender tanto tempo com questões de estratégia e de pessoal. Eis aqui suas anotações sobre o mix de atividades que descobriu:

- Estratégia/planejamento empresarial – 25%, porém cerca da metade foi dedicada a "coordenar pontos de vista" – em essência, não realmente concentrado em resolver problemas, mas sim em obter a concordância de uma série de pessoas diferentes.
- Pessoal – 25%. Passei bastante tempo trabalhando com todos os membros do meu grupo em reuniões individuais voltadas a seus planos pessoais de desenvolvimento. Também incluído aqui está o planejamento de equipe – examinando os pontos fortes da nossa equipe e dos indivíduos envolvidos, e alocando recursos (pessoas) em nosso plano de negócios. Sinto-me realmente bem de serem essas as coisas certas em que trabalhar.
- Tarefas – 25%. Incluídos aqui estão meu tempo de trabalho individual/análise, bem como tarefas específicas que me foram atribuídas, como fazer esboços de apresentações para nossa conferência de liderança ou me reunir com grupos de clientes – fazendo trabalho de vendas etc. No geral, um conteúdo bastante rico – que se tornou extremamente mais focado nos últimos seis meses, na medida em que passei a delegar uma parte maior do trabalho de execução.
- Tempo perdido – 25%. Ainda faço tarefas que outros poderiam fazer melhor ou apenas fazer e me liberar para me dedicar mais às áreas prioritárias citadas. Às vezes, me desvio do foco por uma ideia estimulante que não fazia parte de nosso plano e acabo perdendo tempo – ou seja, embora eu possa ter apreciado essa atividade, o provável é que jamais usaríamos ou tiraríamos proveito dessa ideia ou conceito. Outra perda de tempo é o retrabalho – consertar as coisas que eu ou alguém da minha equipe esqueceu, fez errado etc. Comecei a fazer uma lista desses itens e trabalharei nela no sentido de identificar as causas subjacentes, da mesma forma que fazemos com relação à qualidade dos produtos.

Igualmente importante, David conseguiu trabalhar em seus pressupostos mais profundos, distanciar-se deles e observar suas mudanças de comportamento e sua recém-emergente mentalidade para ver e sentir melhor seu valor agregado, inclusive o de estar mais conectado com as pessoas:

> Comecei a ver que muito daquilo que enquadrei nas áreas de planejamento e estratégia era, na verdade, trabalho de comunicação – obter o acordo das pessoas. Isso foi uma surpresa – o tempo que leva. Não temos um mecanismo para comunicar amplamente o rumo da mudança. Fiz questão de me reunir com as pessoas individualmente para ver quais eram seus objetivos. Estou me aproximando das pessoas de maneira mais informal. Acho que isso tem enorme valor. É um meio de me relacionar

com meu pessoal. Trabalho com minha assistente de modo a, deliberadamente, lhe dar tempo de se relacionar com a família – ver como vão as coisas. Sim, continuam sendo negócios, mas também é pessoal. Uma das coisas principais em que estou trabalhando é a comunicação aberta – para que as pessoas sejam honestas comigo em relação a como as coisas estão indo realmente. Uma delas é o convencimento: preciso que você confie em mim nesse aspecto, e a outra é a confiança mútua, contar com confiança suficiente por parte das pessoas para que me digam o que está acontecendo.

Foi nesse momento que David redefiniu seu valor como líder. Veja como sua mais desenvolvida "autoria de si próprio" o leva a dar apoio à autodeterminação de seu pessoal:

> Se na cabeça de todos os membros da minha equipe não estiver claro o que estão fazendo e por que, eles não conseguirão tomar decisões que nos mantenham na direção certa. De modo que, ao despender esse tempo antes... estou agregando mais valor do que quando eu fazia tudo sozinho. De formas positivas, ouço as pessoas dizerem que estão satisfeitas em saber o que está acontecendo. Tenho dito a elas: você precisa fazer aquela visita, tomar aquela decisão, não pedir permissão e depois me dizer que fez isso tudo e aí examinamos o assunto. Ouço coisas como: "Sei por que você está tentando conseguir isso, faz sentido. É ótimo que você nos deixe tomar decisões sozinhos. No passado, só ficávamos esperando ouvir as decisões." E o melhor de tudo é que as pessoas estão começando a me procurar para expressar suas ideias de como poderíamos continuar seguindo em frente, mas por caminhos diferentes. Isso tem sido muito gratificante, muito mais gratificante do que eu próprio fazer as tarefas.

De novo, David responde à pergunta "Como você se sente ao fazer o trabalho 'certo'?", mas dessa vez diz: "Sinto como se aquele balão [de pressupostos] tivesse estourado. É como olhar um quadro. Você para na frente dele e tenta vê-lo realmente. Quando consegue, bum, pronto!, e foi isso o que aconteceu comigo." David saiu do próprio quadro. Ele consegue *olhá-lo,* em vez de meramente representar seu papel *dentro* dele.

A história de David nos faz lembrar que sistemas imunes podem ser construídos para nos salvar de muitas formas de perigos pessoais, incluindo o perigo de danificar a lembrança de nossos entes queridos. Ao vencer o desafio de delegar de forma adaptativa, ele nos mostra que talvez precisemos ir além das "composições" que herdamos, sem eliminar seus elementos que nos são caros. Compor a própria mentalidade nunca é um assunto exangue e meramente cognitivo, e David nos mostra que, de início, pode transmitir a sensação de colocar em risco os laços de fidelidade e lealdade que formam os ligamentos de nossa alma.

Porém, observe que sua jornada não o afasta de suas raízes, mas sim lhe possibilita estabelecer uma relação ainda mais forte com elas. Ele passa da condição de cativo de suas raízes para a de aprender a guardá-las com carinho e incorporá-las em sua mente em evolução. Ele passa da condição de ver a liderança como a inevitável participação no "trabalho fingido" do "inimigo" (e de ver o líder como uma despesa indireta enfiada num terno vazio) para a condição de ver a liderança como uma oportunidade de manifestar respeito aos operários que seus antepassados mereciam. Afinal, a queixa mais frequente do operário de linha é "Ninguém me escuta". Ou seja, ao mesmo tempo, uma reclamação relativa a valor inexplorado, na perspectiva daqueles que estão mais próximos do trabalho, e uma forma de expressão triste ou irritada de se sentir desconsiderado. Mas David não é mais um líder comum. David escuta.

[6]

CATHY NÃO CONSEGUE SE CONTROLAR

Vencendo a imunidade à mudança individual

CATHY ADORA SEU TRABALHO. Ela é uma profissional de marketing talentosa, energizante e muito bem-sucedida, e trabalha em uma das principais indústrias farmacêuticas do mundo. Também tende a ser impaciente e estressada – ou, como ela própria costuma às vezes se autodenominar, intensa e apaixonada – quando surgem problemas ou obstáculos. Seus colegas acham que ela é uma tremenda vantagem para a equipe, mas também desejariam que o preço a pagar pela vantagem não fosse tão alto. Seu chefe acha que ela tem tudo para se tornar uma estrela, mas acredita que primeiro ela tem de conseguir melhorar na questão do "autocontrole".

O desafio de mudança de Cathy encontra-se também amplamente representado, como o de David, entre os milhares de homens e mulheres cujos raios X da imunidade já pudemos ver. Embora o objetivo seja manifestado – "lidar melhor com minhas emoções", "ser mais transparente", "não levar tanto as coisas para o lado pessoal", "conseguir mais perspectiva", "administrar melhor minhas paixões e meu entusiasmo", "não ter reações exageradas", "conseguir um equilíbrio melhor entre meu lado emocional e meu lado intelectual", "melhorar na questão de manter uma distância emocional mais profissional" ou "não deixar minhas emoções tão à flor da pele" –, a questão maior tem a ver com o autocontrole e a autorregulação [ou autodomínio] emocional.

Cathy trabalhou em suas mudanças pessoais no contexto de uma intervenção de equipe, a qual descreveremos no próximo capítulo. Como veremos, lidar com o desafio de uma mudança individual própria no contexto dos esforços de melhoria por parte de um grupo é algo que oferece grande fonte de motivação e de apoio para a bem-sucedida consecução do trabalho. Mas comecemos por saber como Cathy percebeu que ela própria criava e se mantinha cativa de altos níveis de estresse em sua vida profissional.

A IMUNIDADE DE CATHY À ADMINISTRAÇÃO DE SUAS EMOÇÕES

O primeiro esboço de Cathy de seu compromisso da coluna 1 dizia o seguinte: "Ao surgirem problemas num projeto ou com uma pessoa, comprometo-me a conter minha irritação com aquela situação. Depois, tentarei lidar diretamente com o problema e não deixar minha irritação passar para outras interações com outras pessoas ou para outros projetos. Isso me ajudará a administrar melhor meu estado emocional e meu bem-estar, o que contribuirá também para o equilíbrio da equipe."

Esse era um problema importante para ela, especialmente desde que descobrira que, mesmo quando sua irritação não estava visível aos outros, ela se sentia oprimida com frequência e estressada a maior parte do tempo. Ela sabia que sua irritação estava tendo um custo, tanto fisicamente (ela se sentia cansada e abatida) quanto mentalmente (ela não conseguia pensar com clareza). Ela temia acabar com estafa e se preocupava com o preço pessoal que teria de pagar. E se preocupava com a possibilidade de que sua estafa puxasse o desempenho da equipe para baixo, justamente quando eles estavam desenvolvendo uma estratégia de marketing que tinha muita coisa em jogo para o lançamento de um produto que envolvia vários milhões de dólares.

Como o trabalho de Cathy relativo à sua imunidade à mudança estava sendo feito no contexto do desenvolvimento da equipe, um critério adicional para o compromisso da coluna 1 era que ele estivesse claramente vinculado ao objetivo coletivo de melhoria da equipe, que era melhorar a qualidade dos relacionamentos entre os membros. Cathy imaginava que sua tendência a reações exageradas periódicas era também um problema para seus colegas, mas queria saber se os outros também viam assim e, se assim fosse, se concordariam que esse era o objetivo de melhoria mais importante para ela "atacar".

Como David, Cathy aproveitou nossa ferramenta de pesquisa no ciclo de coaching de subversão de imunidades. (O ciclo completo é explicado no Capítulo 10.) Como Cathy estava trabalhando em suas mudanças dentro da equipe, pediu a seus colegas para serem seus respondentes, e todos concordaram. Dessa forma, seria possível obter uma checagem da realidade quanto a se identificara o objetivo mais valioso e relevante para si própria no que se referia às necessidades da equipe, e poderia obter também uma base da atual avaliação que as pessoas faziam dela com relação a esse objetivo.

Os resultados certamente confirmaram a autoavaliação de Cathy, embora exaltassem também os aspectos positivos de sua energia emocional. Vejamos o que disseram:

> "De modo geral, Cathy administra bem essas situações, embora muitas vezes fica evidente que a situação mexeu com ela e, quando isso ocorre, parece que a coisa deixa o humor e a *persona* dela alterados por algum tempo – e não de forma positiva. Suas razões para se comportar de forma apaixonada/irritada/preocupada nessas situações costumam ser justificadas; no entanto, como suas reações são manifestas e visíveis e, por vezes, aparentemente descontroladas, esse traço torna-se perceptível a seus colegas."

"Os membros da equipe se sentiriam mais confortáveis nas discussões e nos debates de negócios com Cathy se soubessem que ela não reagiria de forma emocional nem levaria essas emoções para outros trabalhos; os membros da equipe se concentrariam mais *no que* do que *no como* ela estivesse dizendo e pensando; os membros da equipe e os colegas fora da equipe a reconheceriam como uma das mais experientes/capazes profissionais de marketing, sem dúvida alguma. Acho também que o potencial de desenvolvimento de Cathy aumentaria. De novo, quero reiterar que as emoções e reações positivas de Cathy precisam ser mantidas, uma vez que isso faz parte de sua personalidade diferenciada e de suas valiosas contribuições para nossa equipe."

"Acho que isso é particularmente importante. A Cathy trabalha muito e seus resultados são sempre de alta qualidade. A experiência mostra que ela tem provado sua capacidade na consecução de projetos. Embora as pessoas reconheçam quando ela assume o trabalho dos outros, quando faz isso, acaba não se ajudando nem desenvolvendo os outros nos projetos que lidera. Portanto, acho que ela deveria continuar a comunicar com clareza aos outros suas necessidades ou expectativas nos projetos sob sua liderança e a ser franca em seus sentimentos com relação àquilo que recebe em resposta a seus pedidos. Isso leva tempo no curto prazo, mas poupará tempo no longo prazo."

"Cathy é apaixonada por seu trabalho, e sua equipe e eu achamos que é importante observar que essa é uma qualidade altamente positiva. Essa sua qualidade traz senso de alegria e motivação para o grupo e pode influenciar positivamente outras pessoas com quem ela interaja fora da equipe. De modo que acho que é realmente importante que, ao trabalhar no sentido de administrar melhor suas reações emocionais, ela se concentre nas situações em que suas reações emocionais têm impacto negativo sobre ela própria ou seus colegas. Quando suas emoções têm impacto positivo, acho que ela deve manter isso vivo porque é um de seus maiores ativos."

Cathy apreciou (e concordou com) a visão dos colegas de que sua área-alvo de crescimento era também um de seus pontos fortes, e ouviu (e concordou com) exemplos adicionais de como ela não era tão acessível quanto queria ser. Ela concluiu que um útil resumo de seu objetivo de melhoria seria "administrar melhor meu estado emocional e a expressão de minhas emoções". A Figura 6-1 mostra seu mapa da imunidade completo.

Não sabemos quanto a você, mas nós ficamos meio exaustos só de ler o mapa de Cathy. Parece que ela é capaz de se colocar 150% em *tudo* o que faz!

Para entender o que faz do objetivo de Cathy um objetivo adaptativo, analisemos seu mapa. Começamos pela coluna 2 e vemos aquilo que ela faz e não faz que trabalha contra o objetivo de sua coluna 1 de administrar seu estado emocional. Podemos agrupar a lista de sua coluna 2 em temas: um deles se refere a ser "emocional" (que ela sente profundamente e reage rápida e intensamente sem primeiro se dar conta de como está se sentindo); outro se refere a assumir

FIGURA 6-1

Mapa da imunidade de Cathy

1 **Compromisso**	2 **Fazer/não fazer**	3 **Compromissos concomitantes ocultos**	4 **Grandes pressupostos**
Estou comprometida em administrar melhor meu estado emocional e a expressão de minhas emoções, incluindo o seguinte: Quando surgirem problemas num projeto ou com uma pessoa, estou comprometida em conter minha irritação com aquela situação. Depois tentarei lidar com o problema diretamente e não permitir que minha irritação passe para interações com outras pessoas ou para outros projetos. Isso me ajudará a administrar melhor meu próprio estado emocional e meu bem-estar, o que contribuirá também para o equilíbrio da equipe.	Permito-me sentir todas as emoções. Reajo emocionalmente (intensa e rapidamente). Não me pergunto... como estou me sentindo? Só me dou conta de que estou passando minhas emoções anteriores para a situação seguinte quando elas ficam manifestas. Não peço ajuda. Não digo não. Faço tudo o que vejo que precisa ser feito. Eu me pressiono a fazer tudo isso com 110% de qualidade. Não diferencio o crítico/essencial daquilo que é menos crítico. Deixo-me operar em marcha acelerada (com frequência e por longos períodos).	Estou comprometida em dar o melhor em tudo, a qualquer custo – qualquer coisa abaixo disso seria decepcionar a mim mesma e minha equipe. Estou comprometida em ser vista como a pessoa a ser procurada, a colega de equipe com a qual as pessoas podem contar para fazer as coisas e fazê-las do jeito certo – ainda que isso seja irreal e tenha um alto custo para mim pessoalmente, o que acabará me dando uma estafa e puxando para baixo o desempenho da equipe. Estou comprometida em não mostrar minhas cartas ou em ter uma discussão com um terceiro que pode ser difícil (no meu caso, dizer "não" ou ter de pedir ajuda ou ter de dizer "Não posso fazer isso" etc.). Todos esses compromissos ocultos, combinados com uma intensa paixão no sentido de entregar o produto final perfeito, podem me colocar num estado de grande pressão. Esse estado pode ser controlado até que cobre seu preço de mim em termos físicos (fico abatida e cansada) e mentais (não consigo processar mais nada – meu desempenho fica afetado) e eu expresse minha estafa emocional.	Se eu decepcionasse minha equipe, prejudicaria a visão que eles têm de mim como boa colega de equipe e como alguém com quem podem contar. Se eu me deixasse abater, sentiria como se não estivesse dando tanto quanto deveria. Pressuponho que um bom membro de equipe – ou seja, todos – contribui com seus 110%. Pressuponho que todos os membros da minha equipe tenham o mesmo padrão. Pressuponho que meu eu melhor contribui com 150%. Pressuponho que, para mim, vale mais a pena o risco de ter uma estafa do que de deixar de contribuir com meus 110%. Se eu deixasse de ser a pessoa a quem os outros procuram, me arriscaria a perder minha posição na equipe. Pressuponho que minha posição na equipe depende de eu ser uma pessoa popular, a quem os outros procuram. Dizer "não" uma vez a um membro da equipe está abaixo do meu padrão. Pressuponho que devo ser capaz de controlar meu estado emocional, quaisquer que sejam as circunstâncias, mesmo quando eu estiver num estado de grande agitação.

demais (ela não pede ajuda, não diz não, faz tudo o que acha que deve fazer); e um terceiro se refere a seus padrões (tudo o que ela faz é de alta qualidade, seja importante ou não). Seu último item, "Deixo-me operar em marcha acelerada (com frequência e por longos períodos)", bate com os dois últimos temas. Agora, afaste-se da lista e se pergunte se consegue ver como esses itens trabalham contra a capacidade dela de administrar seu estado emocional e a expressão de suas emoções. Se isso ainda não estiver claro, releia os compromissos ocultos da coluna 3 de Cathy, pois lá ela deixa explicitamente clara essa conexão.

Uma característica de boa declaração da coluna 3 é a da autoproteção. Cathy declara que está comprometida em jamais decepcionar a si própria ou sua equipe, custe o que custar, ainda que signifique ficar estafada. Nunca decepcionar ninguém significa, para ela, dar seu melhor em tudo, ser a pessoa a quem os outros recorrem e não fazer nada que possa sugerir o contrário (por exemplo, dizer não). Alguns de vocês podem estar se perguntando como é possível definir isso como autoproteção, uma vez que o ato de Cathy estar pondo em risco sua saúde e seu desempenho parece, ao contrário, ser autoproteção *insuficiente*.

Não há dúvida de que ela poderia cuidar-se melhor. Mas o tipo de autoproteção que estamos procurando aqui não se refere a cuidar-se, e sim a proteger e defender o eu que queremos que os outros vejam ou a forma que queremos nos ver, mesmo que esse eu tenha um alto custo. Cathy deixa bem claro na última sentença da coluna 3 o que esse custo é para ela. Ela faz um ótimo trabalho ao reunir seus vários compromissos ocultos para mostrar como eles, coletivamente, levam a suas explosões. Ao mesmo tempo, mostra o quadro perfeito de um sistema imune – como ela está comprometida em administrar melhor seu estado emocional *e* sempre corresponder a padrões de perfeição que garantem que ela acabará entrando num estado emocional de agitação e pressão.

Um bom item da coluna 3 mostra também como os comportamentos da coluna 2 realizam produtivamente alguma forma de autoproteção (e, ao mesmo tempo, trabalham contra o compromisso inicial). Os compromissos da coluna 3 de Cathy parecem explicar bem os temas de assumir coisas demais e insistir em altos padrões, embora esteja menos claro como explicam o primeiro tema de ser emocional. (Seu coach explorou essa questão com ela, perguntando-se se ela temia que pudesse, inadvertidamente, perder sua "vantagem" ou talento em ser produtiva e bem-sucedida no trabalho se fosse menos emocional, ou se ela se preocupava com a possibilidade de "abandonar" a si própria ou alguém que lhe fosse próximo. Mas, de início, Cathy não conseguiu identificar medo algum, acreditando que aquela parte de sua coluna 2 era explicada melhor por sua forte preferência pessoal por estrutura e ação decisiva, especialmente em atribuições desafiadoras.) De modo geral, Cathy sentia que sua coluna 3 era muito poderosa.

Vejamos agora seus grandes pressupostos da coluna 4 para explorar o modelo mental que mantém seu sistema imune intacto. Você notará que alguns desses pressupostos resultam da fórmula, "Se (o oposto da coluna 3), então______", enquanto outros são pressupostos diretos. Dois dos últimos parecem especialmente importantes para entender o que torna seu desafio adaptativo: seu pressuposto relativo a padrões de esforço, especialmente que *uma boa Cathy "entrega" 150%* (superior ao padrão de qualquer outra pessoa) e que *vale mais a pena o risco de ter uma estafa do que dar menos de 110%*. Não é difícil imaginar como uma crença nesse nível de esforço pessoal leva a um estresse elevadíssimo (ainda que autoimposto), o qual aumenta a probabilidade de ficar emocionalmente sobrecarregada. Tudo envolve alto risco quando as expectativas de desempenho são tão elevadas.

Entender que o objetivo de Cathy de administrar melhor suas emoções é adaptativo (não técnico) traz implicações no sentido de ajudá-la a ter êxito. Métodos que se concentram unicamente na redução do estresse, tais como exercícios físicos, técnicas de respiração ou ioga, provavelmente não mudarão Cathy. Nossa previsão é que, também nessas atividades, ela se envolveria 150%! Para se desenvolver, ela precisa rever suas crenças e seus pressupostos limitadores. Ao assumir um desafio adaptativo, é impossível saber exatamente quais aspectos da própria mente mudarão e em que medida. Mas o mapa da quarta coluna de Cathy mostra que o território que ela precisa explorar está ligado justamente aos padrões impostos a si mesma ou aos riscos que corre ao se pautar por esses padrões.

UM IMPRESSIONANTE RELATO DE PROGRESSO

E o que aconteceu com Cathy? Avançaremos seis meses e lhe mostraremos o que ela foi capaz de realizar. Veja o que os membros de sua equipe disseram em sua segunda rodada de pesquisas relativas ao progresso de Cathy em seu objetivo:

> "Ela atingiu um novo patamar na administração de suas emoções que está muito claro para mim e, acredito, para seus outros colegas de equipe. Isso ficou demonstrado em muitas situações, embora um dos melhores exemplos tenha ocorrido durante sua excelente gestão do projeto RollOut em circunstâncias dificílimas, a maioria das quais estava fora de seu controle devido a fatores do plano operacional. Com pouquíssimas exceções, ela administrou muito bem suas emoções, sempre pronta a adotar o plano B, o plano C etc. – o que fosse necessário, em função das circunstâncias. Pude, pessoalmente, vê-la trabalhando em seu compromisso durante esse período. Era algo patente, e o esforço dela era louvável. Quando precisou externar suas emoções, ela escolheu o ambiente certo – em interações individuais com seus colegas mais próximos. Outro bom exemplo da ótima administração das emoções em sua nova função de capitã do projeto RollOut: nessa situação, ela vê muita coisa acontecendo e isso, decididamente, desperta suas emoções, e ela tem administrado isso muitíssimo bem, mantendo-se calma e usando uma eficaz 'abordagem de colocar perguntas e esperar' para ajudar a gerenciar situações difíceis, em vez de extravasar seus pensamentos. Isso ajudou a melhorar a impressão do grupo em relação a Cathy e, ao mesmo tempo, levou a resultados eficazes no trabalho, os quais são muito importantes para a equipe."
>
> "Cathy demonstra claro desenvolvimento nessa área. O comportamento negativo dos outros ainda a incomoda, mas ela é capaz de deixar pas-

sar e, ainda assim, ser produtiva e positiva. Ela foi capaz de liderar um excelente projeto, apesar da ausência de um dos membros da equipe em várias reuniões de planejamento. Até mesmo seu feedback com relação a esse membro, embora tenha sido bem específica em relação a como ele a deixara na mão em diversas ocasiões, estava repleto de menções positivas daquilo que fazia bem, demonstrando sua capacidade de 'compartimentalizar' suas emoções."

"Cathy e eu passamos por uma situação estressante. Sua visão do projeto RollOut era clara; todavia, os componentes que ela desejava eram, às vezes, verdadeiros alvos móveis – tanto em termos do desejo expressado por ela como da minha interpretação daquilo que foi expressado. Essa situação seria ideal para o surgimento de conflito, dado o prazo inadiável. No entanto, Cathy e eu conseguimos manter nossa compostura e falar francamente sobre a situação e trabalhar em prol do alinhamento. O resultado foi uma oficina que abordou a visão de Cathy e aumentou ainda mais nosso respeito mútuo."

E qual é a perspectiva da própria Cathy? Ela se viu capaz de fazer mudanças que vão muito além dos objetivos específicos que os respondentes de sua pesquisa foram solicitados a abordar. Sim, ela se viu fazendo grandes progressos na questão do autocontrole: "Não me sinto tão esgotada emocionalmente, mesmo durante a pior das semanas." Estou mais alerta àquilo que me leva a ficar explosiva e consigo interromper o processo assim que ele tem início. Mas, além disso, ela sente uma transformação na perspectiva geral de si mesma e do mundo: "Não vivo mais naquele estado de medo. Tirei um peso enorme de cima de mim."

FERRAMENTAS E MOMENTOS DECISIVOS DO TRABALHO DE CATHY RELATIVO À SUA IMUNIDADE

Agora, recuemos para explorar como exatamente Cathy conseguiu fazer essas mudanças. Depois que seus colegas confirmaram que ela escolhera certo o objetivo de melhoria, ela começou a desenvolver seu *continuum* de progresso (ver Figura 6-2) com base em quais seriam seus primeiros passos e seus indicadores de sucesso. (Na verdade, ela não concluiu esse exercício. Ele foi interrompido pelo que ela chamou de "evento de Houston", sobre o qual logo você saberá mais.)

Cathy deu um de seus primeiros passos contando seu compromisso aos colegas e lhes dando permissão explícita para informá-la quando achassem que estava reagindo muito emocionalmente a eles ou a outras pessoas. Ela não poderia ter previsto que, durante aquela semana, daria aos colegas todas as informações possíveis que pudessem necessitar para lhe dar o "sinal" de que estava explodindo, e muito.

O evento de Houston

Inadvertidamente, Cathy testou seus grandes pressupostos de uma forma completamente diferente do seguro e modesto primeiro experimento que aconselhamos as pessoas a desenvolver. Ao contrário, o evento de Houston serviu como um teste completo e radical dos pressupostos de Cathy. Ela e seus colegas tinham de apresentar sua proposta de marketing em Houston, para um grupo de altos decisores. Mesmo que todos os materiais tivessem sido desenvolvidos completamente, a reunião teria sido estressante; isso porque esse mesmo público rejeitara totalmente a proposta anterior da equipe, apresentada seis meses antes. Porém, uma semana antes da apresentação, os materiais ainda não estavam prontos e ocorreram vários imprevistos, aumentando a pressão antes da data-limite, que se aproximava. Nas vésperas da data da reunião, Cathy estava em Houston e trabalhou ininterruptamente por dois dias consecutivos, tirando rápidas sonecas e fazendo pausas curtíssimas para concluir a apresentação.

FIGURA 6-2

***Continuum* do progresso de Cathy**

Compromisso	Primeiros passos	Progressos significativos	Sucesso
Estou comprometida em administrar melhor meu estado emocional e a expressão das minhas emoções: Quando surgirem problemas em um projeto ou com uma pessoa, estou comprometida em conter minhas emoções relativas àquela situação. Tentarei, então, lidar diretamente com o problema, não permitindo que ele passe para minhas interações com outras pessoas ou para outros projetos. Isso me ajudará a administrar melhor meu estado emocional, o que contribuirá também para o bom equilíbrio da equipe.	Compartilharei meu compromisso e meu mapa com os outros membros da equipe. Espero que isso os ajude a me entender melhor. Pedirei a eles para me dar uma espécie de sinal que eu possa ouvir e usar. Prestarei atenção a como chego até a explosão, esmiuçando passo a passo o que me leva a chegar a esse ponto. Quando entender melhor o percurso até esse meu estado explosivo, direi às pessoas como elas podem me ajudar a interromper o ciclo. Procurarei explicitamente o feedback [dos colegas] sobre meu estado emocional. Desenvolverei um repertório de "mantras" para testar.		Estou mais atenta ao momento em que entro na rota de explosão e consigo interromper o ciclo. Tenho um poderoso conjunto de formas de interromper o ciclo, usando mecanismos físicos (por exemplo, respirar profundamente, bolinhas antiestresse), emocionais (por exemplo, mantra) e cognitivos (por exemplo, quais são as coisas que posso fazer para me sentir mais calma?). Quando me sinto emocionalmente agitada, faço uma pausa interna e externa para refletir antes de agir. Quando as pessoas que sabem do meu compromisso estiverem presentes, usarão um código ou sinal para indicar que entrei na rota da explosão. Serei capaz de receber o sinal e de voltar a usar os mecanismos que me são eficazes.

Finalmente, tudo estava pronto. Na manhã do dia da apresentação da proposta, enquanto ela e sua equipe davam os retoques finais na apresentação, Cathy desmaiou. Nos minutos levados para acordá-la, alguém chamou uma ambulância. No caminho do hospital, Cathy protestou, dizendo que não precisava ir. Embora, depois, ela não se lembrasse de nada disso, a pessoa que a acompanhava na ambulância disse que ela ficava repetindo: "Vamos nos atrasar para a reunião."

Todavia, ela se lembrava de ter pensado coisas que, em análise retrospectiva, via como provas do extraordinário domínio que seus grandes pressupostos tinham sobre ela. Eis seu relato: "Eu ficava pensando que devia estar lá, fazendo a apresentação. Ao não conseguir entregar tudo aquilo que tínhamos criado, senti que estava decepcionando meus colegas de equipe de uma maneira muito profunda. É difícil acreditar que aquele valor pudesse ser tão forte, em vista de tudo o que estava acontecendo, ser internada e tudo o mais! Parecia que eu estava perdendo tudo. Senti que, se não conseguisse ir àquela reunião, eu não teria mais nada."

E acrescentou: "Mesmo que, depois, as pessoas tenham me enviado e-mails, eu me sentia péssima por elas terem de gastar tempo com aquilo. Eu não queria ir para a emergência, e todos, especialmente a Teresa, que acabou conduzindo a reunião, tiveram de lidar com as repercussões."

Um colega próximo tentou desafiá-la: "Se fosse outra pessoa que dissesse isso, sei que você ia pensar, 'mas que conversa doida'. E que você sabe que não faz sentido para você." O que deixou em suspenso essa linha de pensamento, ao menos momentaneamente, foi quando essa mesma pessoa perguntou a ela: "Do que você tem medo?" Fazendo uma pausa antes de responder, Cathy disse: "Tenho medo de falhar e depois o Chet [o chefe de Cathy] se arrepender da decisão de me colocar na equipe e mais ainda de me pôr como líder." Ao relembrar isso depois, Cathy disse: "Naturalmente que, no plano do pensamento, eu sabia que isso não fazia sentido. Mas é um negócio profundo, algo como se eu não fosse capaz, que eu fosse ficar exposta. Mas o que estou pensando é que sei que sou competente. Acredito que o Chet me valoriza e que vê minha capacidade."

Neste ponto, diríamos que Cathy está relatando a auto-observação de seus grandes pressupostos operando de forma desenfreada e ainda fazendo hora extra. Ela consegue ver claramente, e falar, que seus grandes pressupostos *a têm* sob seu controle, mesmo quando seu corpo envia informações claras de que ela está se exaurindo. Mas, quando Cathy estava colocando seu coach a par desses traumáticos eventos, sua observação se voltara para um teste de seus grandes pressupostos. Como assim?

Primeiro, ela efetivamente fez – embora, com certeza, não de propósito – exatamente aquilo que seus grandes pressupostos lhe diziam que não deveria fazer *jamais*, ou seja, menos de 110%. E, sob sua perspectiva, o fato de não ter podido apresentar a proposta naquele dia significava que decepcionara sua equipe, outro comportamento proibido de acordo com sua mente. É claro que essas ações não são, em si, um teste. Isso só ocorre quando a pessoa atenta também para *aquilo que decorre* dessas ações e *o que as consequências sugerem quanto à validade desses pressupostos*.

O que ocorreu foi o seguinte: a apresentação correu otimamente bem, a proposta foi aceita e Cathy soube, ao se informar com os membros de sua equipe e um dos altos executivos, que a estrutura que ela criara para a proposta foi fator-chave na decisão de aceitá-la. (Cathy teve alta do hospital dois dias depois, após receber tratamento para seu estado de exaustão.) Semanas depois, ela concluiu que não precisava estar presente à apresentação, que a equipe trabalhara em conjunto no desenvolvimento da proposta com base na estrutura concebida por ela e que eles podiam passar a lógica e os méritos da ideia tão bem quanto ela. Cathy concluiu que não falhara com sua equipe. Ela obteve um claro feedback dos membros de sua equipe no sentido de que continuava a ser uma colaboradora de primeira ordem, e isso ficou ainda mais claro quando, depois, seu chefe a colocou como líder de outro projeto importante. Talvez o mais importante é que ela dispunha de dados concretos no sentido de que estava se prejudicando ao assumir coisas demais e convictamente concluiu que *não* compensava o risco de ter uma estafa.

Embora nenhum teste isolado costume ser suficiente para subverter a imunidade à mudança de uma pessoa, essa experiência teve profundo efeito sobre Cathy porque lhe possibilitou ver outras peças do quebra-cabeça que também a mantinham presa em sua imunidade. Embora seus pensamentos anteriores quanto ao histórico de seus grandes pressupostos não tivessem gerado nada de muito revelador, agora Cathy tivera um insight que a fez chorar quando tentou responder se havia algo que seu chefe pudesse ter dito que tivesse comunicado de forma convincente o grande respeito que ele tinha por seu trabalho. Ao perceber que não havia nada que alguém pudesse ter dito, ela espontaneamente se reportou a como, 10 anos antes, ficara arrasada com a recusa de admissão à faculdade de medicina.

O compromisso mais oculto de Cathy

Naquele momento, Cathy percebeu quão profundamente havia sido atingida por aquele golpe:

> Quando eu era pequena, nunca me empenhei muito, ao contrário do meu irmão, que sempre se empenhou. Mesmo no ensino médio, eu conseguia notas medianas sem esforço algum. Não havia nada que realmente me interessasse, e não adiantava a intervenção dos meus pais. Então comecei gradualmente a me esforçar quando percebi que queria fazer medicina. Escolhi essa faculdade porque eles tinham um programa de admissão preferencial à faculdade de medicina. E fiz cursos que supostamente não poderiam ser feitos lá; fiz estágios e dediquei essencialmente quatro a seis anos da minha vida ao objetivo de entrar na faculdade de medicina. Trabalhei como uma moura. As pessoas me diziam: "Não sei por que você se preocupa tanto". Candidatei-me à faculdade que mais tinha a ver comigo. E então fui recusada – para espanto de todos, inclusive o meu próprio. Isso foi tão traumático para mim – tudo aquilo de que eu abrira mão no colégio [preparatório da faculdade] – que nunca consegui digerir.

Poucas semanas depois, Cathy pensou no poder de "desenterrar" o que chama do "negócio da faculdade de medicina":

> Eu havia enterrado aquilo por 10 anos, e é como se alguém tivesse morrido e ninguém admitisse. O ato de falar em voz alta me possibilitou lidar com aquilo – por mais doloroso, constrangedor, horrível, humilhante e difícil fosse para mim. Porque, na época, não achei que fosse tão importante, nada do outro mundo. Mas só de contar isso para alguém, uma parte de mim morreu... Não era que me tivessem roubado o sonho, mas sim que investi tanto de mim mesma num objetivo que não consegui atingir. É a questão do constrangimento. É o tanto que arrisquei, não a coisa em si. E todo mundo sabe – os familiares, amigos, colegas de escola, todo mundo sabia que eu estava ralando e dando o máximo... e é como se todos perguntassem "O que há de errado com você?". É como se tudo recaísse sobre mim.

O que Cathy tirou da experiência de recusa foi o ato de duvidar de si própria. Até essa sua traumática internação, Cathy não se havia dado conta do medo que carregava, de quanto ele a sobrecarregava e de como esse medo a mantinha num "modo" em que tinha de provar continuamente seu valor para os outros e para si mesma. Segundo suas palavras: "Eu tinha medo de perder o que amo." O segundo e poderoso "ah-ah" de Cathy, que veio depois de perceber o que lhe custara a antiga recusa, foi que ela presumira que a forma de provar seu valor era dizer "sim" o tempo todo e, assim, tornar-se indispensável para os outros.

Como costuma acontecer, o que vimos também no caso de David, a exploração de nossas imunidades nos leva a nosso cerne desenvolvimental. Parece que o controle de Cathy sobre seu platô de "autoria do eu" era relativamente tênue. Em vez de se sentir livre para aplicar suas capacidades na autodireção e na inventividade onde pudesse, agora estava claro que ela estivera usando esses talentos para evitar sentir-se novamente vulnerável aos veredictos arrasadores de outras pessoas – isto é, resguardar-se de voltar para a mente socializada. Sua necessidade de ser perfeita, sua recusa em pedir ajuda, sua vigilância no sentido de "não se expor" são, todos, fatores que sugerem um esforço altamente determinado – um compromisso oculto – de que os outros a vejam, e ela se veja, como alguém de valor, *apesar de seu antigo e profundo fracasso*. Subverter sua imunidade significa reconstruir essa autoavaliação básica.

O desenrolar das consequências do evento de Houston possibilitou-lhe ver que seu valor real e diferenciado não estava tanto no que fazia, mas no que pensava, inclusive no tocante às questões, a problemas específicos e às oportunidades. Essa nova visão de si mesma como alguém que tinha muito a trazer para a equipe tornou-se a nova proposição que ela explorou antes mesmo de retornar ao trabalho, após a internação. Primeiro, Cathy testou essa ideia internamente, tentando conciliar seu eu pré-Houston com esse novo eu, e, nesse processo, começou a ver a parte positiva de não ter sido aceita pela faculdade de medicina:

> Houve um motivo para isso [não conseguir entrar na faculdade de medicina] acontecer, e hoje acho que ainda bem que aconteceu, porque aquelas experiências não teriam sido boas para mim – é por isso que sou quem eu sou e é bom me ter em sua equipe. Agora vejo que tenho uma base de conhecimento científico que a maioria das pessoas não tem ou não se lembra mais. Eu nunca havia percebido como o fato de ter memória fotográfica contribuía tanto para minha maneira de trabalhar e de operar.

Mesmo nas semanas em que trabalhou a partir de casa, em jornada reduzida, Cathy conseguiu enxergar mais de seu novo eu. Na verdade, sua participação, em regime de meio período, num projeto possibilitou-lhe julgar melhor o que estava trazendo para o trabalho da equipe. Em vez de operar no modo cotidiano da execução, Cathy só participou durante o ciclo de feedback. Tendo lido o material antecipadamente, diz ela, "tive a visão clara daquilo que precisava fazer". Durante a reunião telefônica, Cathy expressou suas opiniões e a resposta imediata foi: "Uau!, isso é ótimo, tem razão." Quando retornou ao trabalho, Cathy foi solicitada a comandar o projeto.

Cathy descreve como se sentiu ao retornar: "Foi uma sensação de clareza. Quando voltei, vi claramente o que precisava fazer e como o faria. Meu lugar é aqui, e agora vejo coisas que nunca havia notado antes."

É exatamente isso o que queremos dizer quando dizemos que o ato de desvendar as próprias imunidades permite às pessoas acessar mais de seu potencial. A "energia" liberada da tarefa de não ter mais de se consumir ao ter de se dividir em duas direções opostas acaba se manifestando não apenas em termos comportamentais (isto é, a capacidade de trabalhar mais e por mais tempo) e emocionais (isto é, sentindo-se mais livre e menos sobrecarregado, exausto e limitado), mas também em termos intelectuais: quando nos desenvolvemos, ficamos capazes de usar nossa inteligência de modo que a maioria das pessoas chamaria de "mais inteligente". Da mesma maneira que o excesso de ansiedade prejudica o desempenho momentâneo (estudos revelam, por exemplo, que candidatos muito ansiosos parecem perder pontos de QI em comparação com o desempenho demonstrado quando não estão ansiosos), a ansiedade *crônica* exige que direcionemos nossa inteligência para nossa própria autoproteção. Quando não temos de usar tanto nossa genialidade em nossa autopreservação, ou sobrevivência, ficamos mais livres para ver o mundo que está além do nosso próprio umbigo. Às vezes, a experiência que se tem é como conseguir dissipar um nevoeiro, um nevoeiro dentro do qual sequer sabíamos que estávamos. Como diz Cathy: "Quando operamos num estado de medo, como eu estava operando, mas não sabia, não é um estado produtivo. Emocionalmente falando, é exaustivo. Agora estou totalmente liberta de me sentir assim."

Sua clareza quanto ao que fazer aparece, por exemplo, quando ela conversa com um colega de cargo mais alto sobre "oito projetos criativos que acho que deveríamos examinar. E expliquei por que essa pessoa deveria me incluir num projeto que estava em curso". E, por dentro, ela se sente confiante naquilo que traz para seu meio. E compara o hoje e o ontem: "No passado, eu teria compartilhado essas ideias criativas, porém com laivos de insegurança; mas agora enxergo meu conhecimento, minha perspectiva que provém de conhecer as informações e de vê-las de forma diferente das de outros profissionais de marketing. É essa diferença que traz valor, não o que faço." Cathy diz que, agora, entende também o comentário que seu chefe fez há muito tempo e que a deixou confusa: "Certa vez, o Chet me perguntou: 'Por que você não consegue ser mais confiante?' Na época, achei um comentário estranho, porque sempre as pessoas achavam que eu era petulante. E nunca tive medo de externar minha opinião. Mas agora entendo o que ele queria dizer." Petulância não é o mesmo que confiança, da mesma forma que "fazer hora extra" para manter a autogovernança não é o mesmo que habitar com segurança o platô da "autoria de si próprio".

Mas ainda havia um dado importante a ser coletado – se o evento de Houston afetaria negativamente a iminente avaliação de Cathy. O resultado foi inequívoco. Não houve qualquer efeito negativo; ademais, a avaliação positiva do chefe de Cathy incluía comentários relativos a seu valor, dizendo: "Seu valor não está ligado àquilo que você faz, mas sim a seus insights especiais. Seu valor é você. É como você está presente naquilo que faz."

Façamos uma pausa aqui, aproximadamente dois meses depois de Cathy ser internada por exaustão, para, primeiro, fazer um resumo e, depois, ver onde ela se encontra no processo de desvendar sua imunidade. Primeiro, o evento e suas consequências consumiram Cathy: sua mentalidade fora desafiada de forma importante, sua forma típica de operar no trabalho havia sido rompida, ela relembrou fortemente seu passado enterrado e começou a esquecê-lo de maneira produtiva, e se pôs no caminho de usar sua recém-encontrada energia e autoconfiança para priorizar e se concentrar na estratégia e no planejamento. Quanto aos grandes pressupostos que havia testado, ela concluiu que nenhum deles era válido. Indagada sobre quais resultados de suas várias observações e testes (planejados e não planejados) correspondiam a seus pressupostos, ela revela vários aspectos. Observe quão menos vigilante ela está quanto ao que os outros pensam dela e como está mais atenta à própria governança interna:

> Hoje, minha definição de "decepcionar" é diferente. Antes, ela tinha a ver com "fazer", e agora tem a ver com "ser" – como se antes eu não exprimisse ou dividisse meus insights. Agora se trata de ter os insights. Eu decepcionaria a mim mesma se não tivesse mais os insights ou se não acreditasse que eles tinham valor.
>
> Outro de meus grandes pressupostos iniciais era "Presumo que um bom membro de equipe – para quem quer que seja – dá 110%." Ainda acredito nisso. O que mudou é que essa porcentagem deixou de se referir à execução das tarefas e à garantia de que tudo esteja perfeito. A perfeição não se refere mais às atividades, mas sim a cada conceito, intenção, propósito e pensamento relativo a ela.
>
> Outro pressuposto inicial era "Presumo que meu melhor 'eu' entrega 150%". Ainda acredito nisso. O que mudou foi apenas sua definição. Ainda que se refira a três minutos, é no sentido de que determinei a energia e o

tempo necessários e apropriados. É o montante de tempo e de qualidade de pensamento que leva à excelência.

Meu maior pressuposto era "Presumo que valha mais a pena o risco de me estafar do que de conseguir [ou entregar] apenas 110%". Agora, isso não é mais verdade.

Até aqui, o processo de Cathy foi mais dramático e intenso que o da maioria das pessoas (certamente você não vai querer ser internado para subverter uma imunidade!). Sua mente mudou com muita rapidez, o que talvez seja um lado positivo de seu incidente em Houston. Eis sua visão: "Ainda bem que essa internação ocorreu; do contrário, eu não teria tido de ouvir a mim mesma." Mas se o teste de seus grandes pressupostos não lhe tivesse sido lançado de forma tão dramática, nossa opinião é que ela certamente, ainda que de forma mais lenta, teria chegado às mesmas percepções pelo processo mais metódico e menos dramático da condução de sucessivas séries de experimentos graduais, como já vimos muita gente fazer.

COLOCANDO SEUS NOVOS INSIGHTS PARA TRABALHAR

Talvez porque Cathy tenha desvendado seu sistema imune tão abruptamente, alguns se preocuparam com sua capacidade de se ater às novas percepções quando retornasse ao escritório. Ela sabia que, embora tivesse mudado muitos de seus grandes pressupostos, teria muitas oportunidades de "perder as estribeiras" emocionalmente (várias pessoas ainda a tiravam do sério, e o projeto que estava liderando teria as exigências de prazo e os pontos de pressão usuais, só para mencionar dois fatores). Ela também sabia que precisava traduzir para a ação suas definições revisadas do que era decepcionar, agregar valor e ser perfeita, o que significava mudar seu modo de interagir com as pessoas, bem como explorar novas formas de lidar com o tempo, sua agenda e seus compromissos. Ainda havia espaço para melhoria no compromisso de sua coluna 1.

Antes de retornar ao trabalho, Cathy desenvolveu uma nova programação que incluía limites rígidos em seu horário de trabalho, especialmente no final de tarde e início de noite, e tempo para se exercitar. Trabalhando nos comportamentos de sua coluna 2 original, que a levavam a assumir muitas tarefas, Cathy refletiu no que acreditava que poderia fazer diferente agora, como, por exemplo, a quem poderia pedir ajuda e o que poderia deixar de lado. Ela mantinha bilhetes colados em sua mesa e no computador com a seguinte questão: "Qual é a importância disso?", para lembrá-la de que seu senso, não examinado, de que tudo era urgente contribuía para seu estado excessivamente emocional. Ela voltou também para seu *continuum* de progresso e começou a pôr em prática todos os seus primeiros passos.

A redução do estresse geral exigia que ela continuasse a se sentir confiante na qualidade de seu trabalho. Ela prosseguiu em seu processo de subversão de imunidades introduzindo seus novos comportamentos *e depois se perguntando o que estava aprendendo no que se referia à sua nova mentalidade como consequên-*

cia daquilo que acontecia quando agia de maneira diferente. Por exemplo, Cathy precisava testar se podia diminuir sua agenda e, ainda assim, continuar a se sentir agregando valor. Isso a levou a se monitorar para ver se estava usando o tempo como pretendia e a se perguntar qual estava sendo sua contribuição. Passadas várias semanas, sua avaliação foi a seguinte: "Tenho me saído muito bem com a questão de minha agenda e meu horário de saída. Consegui adaptar meus processos. E continuo confiante em minha contribuição."

Com o tempo, ela foi observando novas formas de agregar valor. Por exemplo, sua equipe de marketing estava recebendo informações desencontradas de várias fontes quanto ao que podia e não podia dizer e, como chefe do projeto RollOut, Cathy precisava administrar esse impasse cada vez mais hostil e profundo entre os grupos da parte médica e da parte jurídica. Desenvolver uma mensagem de marketing é tarefa complexa, não apenas porque é necessário estar centrada no consumidor, mas também porque exige conciliar essas diferenças entre os grupos e obter os endossos necessários do pessoal fora do marketing. E, além dos variados pontos de vista, as personalidades costumam atrapalhar a tomada de uma boa ou oportuna decisão.

Para alívio de todos, Cathy efetivamente administrou o impasse. Ela percebeu que o processo teria continuado empacado se não fosse sua capacidade de facilitar a conversa: "Vejo que tive de usar milhões de vezes minhas habilidades de negociação para conseguir isso. Precisei levar todos os participantes certos para a mesa e depois criar um processo para que eles conversassem efetivamente, inclusive usando minha capacidade de diagnosticar o que estava impedindo as pessoas de entrar em acordo com relação à mensagem."

Ao reconhecer seu papel na eliminação desse obstáculo, Cathy vê como essa poderia ter sido uma daquelas situações que, no passado, a teriam feito perder o controle. Desde o início, os ânimos estavam acirrados, e havia muito em jogo. Especialmente para a equipe de Cathy, havia muitíssimo em jogo, porque as mensagens de marketing são transmitidas para a força de vendas somente algumas vezes por ano, em datas programadas. Perder um desses eventos era algo impensável. Para Cathy, era o cenário da tempestade perfeita, em que ela poderia ter ficado furiosa com uma pessoa, deixar aquilo resvalar para suas interações com outras e também entrar em marcha acelerada para garantir que o trabalho fosse realizado. Mas ela não fez nada disso, o que foi especialmente notável, porque Cathy e sua equipe na verdade *não* conseguiram entregar o produto em tempo – o que, em seu estado de mente anterior, poderia muito bem ter precipitado outra explosão.

Indagada sobre o que lhe possibilitou manter-se calma em meio a condições estressantes e de grande incerteza, Cathy explicou que ficava se perguntando sobre o que tinha controle e tomava suas decisões com base nisso. Duas das muitas microdecisões que Cathy tomou dão um senso de sua recém-descoberta capacidade de pensar e agir em função daquilo que podia controlar. O primeiro exemplo é com sua equipe e ocorreu depois que eles finalmente receberam a aprovação de uma mensagem geral e depois tiveram de produzir os detalhes: "Eu me assegurei de não perder de vista aquilo que eu considerava certo. Depois de ouvir a última versão, disse para mim mesma: 'Isso está uma droga.' Chamei todo mundo e falei: 'Quero examinar todas as informações. Depois quero que cada um de nós pare e pense tranquilamente a respeito para ver se acha que [a mensagem] conta uma história convincente.' Todos acharam o mesmo: 'Está uma droga.' Chegamos coletivamente à história que temos hoje."

Um segundo exemplo refere-se a como ela administrou seu tempo e seus prazos de forma diferente. Aqui, ela relembra sua reação a um e-mail que havia recebido:

> Eu estava dizendo a mim mesma: "Esse cara está dizendo que precisamos transformar tudo isso numa apresentação para amanhã, e agora são 21h." Então comecei a escrever uma resposta mordaz. Mas parei e me perguntei: "O que está sob o meu controle nessa situação?" Naquele exato instante, pensei comigo mesma: "Provavelmente ele não sabe o que está acontecendo." Então expliquei: "Ainda não tenho uma mensagem ou um material visual aprovado, e não o terei antes da próxima sexta-feira. Sei que deveria ter isso pronto. Você poderia me dar uma nova data?" Ele respondeu bastante favoravelmente.

A essa altura, podemos passar melhor o novo senso de controle de Cathy por meio de suas respostas a um exercício final de subversão de imunidades, no qual ela cristaliza o aprendizado recém-adquirido, as situações mais propensas a lançá-la de volta em sua velha imunidade e os meios para se libertar, caso isso acontecesse:

> De modo geral, estou mais consciente de mim mesma e me controlando melhor. Estou mais alerta àquilo que me leva a ficar nervosa e explosiva e mais consciente de quando entro nessa rota. Eis o que faço para interromper o ciclo antes mesmo de ele começar ou assim que começa e antes de eu ficar excessivamente emocional.
>
> - Uso meu mantra "Estou calma".
> - Uso bolinhas antiestresse.
> - Quando me sinto emocionalmente agitada, faço uma pausa interna e externa para refletir antes de agir.
> - Quando estou numa situação em que alguém diz algo que me deixa agitada, digo para mim mesma: "Seja respeitosa e calma. Não é o fim do mundo. Você está no controle dessa situação. Você pode ouvir respeitosamente e depois discordar educadamente."
> - Quando sinto que algo está errado, me pergunto: "Sou eu? Ou é algo no ambiente?"
> - Quando tenho consciência de que estou ficando estressada, me pergunto: "O que está e não está sob controle nesta situação?" E então examino minhas alternativas com base naquilo sobre o que tenho controle.
> - Eu me pergunto: "Isso é tão importante a ponto de eu ser internada?"
> - Faço mais escolhas com relação àquilo que posso e não posso fazer com o tempo.

- Quando tiver um cronograma, direi à pessoa que acho que não conseguirei cumpri-lo até a data-limite ou então direi aquilo que acho que conseguirei ou não conseguirei fazer até aquela data. Ou então perguntarei se há flexibilidade de tempo, considerando aquilo que me cabe fazer e outros compromissos que concordei em assumir.
- Direi a mim mesma: "É isso que posso e não posso fazer na consecução dessa prioridade."
- Próximo das datas-limite, eu me pergunto: "O que terei de deixar de lado para cumprir esse prazo?"
- Faço um processo de checagem com relação à minha agenda. Eu me obrigo a sair em determinado horário na maior parte dos dias e mantenho essa promessa comigo mesma. Quando há reuniões seguidas, eu me pergunto: "É importante que eu participe de todas elas?"
- Quando quebrar minha regra de sair até determinado horário, ligarei para meu chefe e direi que não vou trabalhar no dia seguinte. Ele concordou com isso.
- Eu me pergunto: "Isso é tão importante a ponto de eu prejudicar minha saúde?"
- Presto atenção ao valor que estou agregando e àquilo que estou contribuindo. (E continuo a ver meu valor, independentemente do produto.)
- Presto atenção a meus sentimentos de confiança que surgiram por meio desse processo (livrar-me do medo me ajudou a ver o valor que estou agregando).

Cathy revela outro tipo de controle e escolha quando explica o que lhe possibilitou fazer essas mudanças. Veja como não foram mudanças que lhe aconteceram por acaso, mas sim mudanças arquitetadas por ela própria:

> O mais importante é que percebi que meus grandes pressupostos originais provinham de eu operar com base numa sensação de medo. Eu temia que algo que eu amasse fosse tirado de mim e sentia como se precisasse ficar sempre provando a todos que eu era boa naquela área para que eles não a tirassem de mim. Também foi importante o meu "ah-ah", minha percepção de como o fato de não ter sido aceita na faculdade de medicina me manteve preocupada e com medo esses anos todos. Percebi que acreditava que não ter entrado em medicina era um reflexo de mim mesma, que havia algo errado comigo. E nunca eu havia externado essa crença; eu continuava "fazendo" as coisas de modo a me assegurar de que nunca mais aquilo voltaria a acontecer comigo. Foi um enorme alívio tirar aquele peso de cima de mim. Emocionalmente, é exaustivo carregar algo assim. Agora estou liberta desse sentimento.
>
> Continuo a ver meu valor, independente do produto, e essa foi a maior surpresa. Provei para mim mesma que meu valor é mais do que marketing. Toda essa experiência me ajudou a ver que, na verdade, sou muito boa

naquilo que faço, e não é só por causa daquilo que faço, mas por eu ser quem sou e pelas perspectivas diferenciadas que trago para o trabalho. E reconheci que os outros também veem isso em mim.

O evento de Houston foi o elemento catalisador que me levou a entender isso. O sucesso da Teresa na apresentação foi um teste, no sentido de que eu não preciso "fazer" e uma confirmação do meu valor como pessoa dotada das habilidades, do conhecimento e das visões que tenho. A Teresa teve êxito porque eu estruturei a coisa toda e por eu ter redigido os objetivos com tanta clareza. Meu valor diferenciado estava no processo de planejamento. Essa confiança recém-descoberta representou um enorme impulso para minha mudança.

Sou muito científica – só acredito se tiver provas. Foi um experimento forçado – o sucesso da Teresa – o fato de meus objetivos e minha visão poderem ser realizados sem eu própria ter de "fazer"!

NOVAS FORMAS DE ENTENDER A SITUAÇÃO

Queríamos que você conhecesse Cathy e David (no Capítulo 5), não porque achemos que eles são exceções notáveis, mas porque pensamos que não há limite no número de pessoas, em qualquer organização, que têm potencial para fazer mudanças de semelhante magnitude. Esperamos que você veja as histórias deles como uma espécie de "prova pela existência" no caso de ceticismo quanto à sua possibilidade e a de seus colegas de conseguir realizar mudanças reais. Ao longo dos últimos anos, testemunhamos muitas histórias de "Cathys" e "Davids" aqui nos Estados Unidos e longe de nossas fronteiras, com igual frequência num setor e em outro, e com homens e mulheres no início, no meio e nos anos mais maduros de sua carreira. Ao mesmo tempo, queremos reenfatizar que essas mudanças não ocorrem automaticamente. Os ambientes de aprendizagem precisam apresentar boa compatibilidade com a natureza desenvolvimental desses objetivos. Tendemos a nos decepcionar (e desiludir) quando esperamos que nossos métodos e recursos de aprendizado convencionais – que costumam aplicar-se apenas a desafios técnicos – deem suporte a mudanças verdadeiramente adaptativas.

As histórias de ambos, Cathy e David, sugerem que qualquer investimento maior no fornecimento desse suporte tende a render ótimos dividendos, considerando que o realizado por ambos supera em muito suas aspirações iniciais. Uma marca da mudança adaptativa é que aquilo que se alcança supera aquilo que se tinha como limite. Dizemos que "bons problemas nos resolvem": eles fazem nascer – ou fortalecem nossa crença em – um platô desenvolvimental completamente novo, um novo paradigma do "eu". Cristóvão Colombo só estava procurando resolver um problema de navegação, mas sua descoberta acabou levando a uma reimaginação do mundo.

Cathy queria aprender a administrar melhor suas emoções. Naturalmente, ela conseguiu, e, nesse processo, aprendeu a ser também uma delegadora melhor, deixando que os outros assumissem uma parcela maior do trabalho. Mas suas novas capacidades são mais do que uma mera lista maior de atributos empresariais superiores. A tecnologia de imunidade à mudança possibilita o desenvolvimento de um "eu" mais complexo, o qual, conforme descrevemos no Capítulo 1, é sempre uma questão de ser capaz de *olhar para algo* em oposição a *enxergar através de algo*, que era só o que conseguíamos antes. Superamos uma espécie de ponto cego ao conseguir guardar uma distância, ou perspectiva, e entender aquilo do que, antes, estávamos cativos.

Cathy foi ajudada a se desenvolver mais plenamente em seu eu autoral. Ao que parece, ela já tinha um padrão pessoal bem desenvolvido (embora muito rígido). Está claro, ao que parece, que ela construiu uma estrutura ou um filtro pessoal com o qual organizar sua experiência. Mas, no decorrer de seu trabalho de imunidade à mudança, percebeu que fundamentara seu autossistema na crença básica de que ela era defeituosa. Embora não tenha chegado à sua quarta coluna, este é claramente seu maior grande pressuposto: "Tenho algum defeito, e preciso fazer a autoria de mim mesma como faço – preciso controlar meu mundo da maneira que faço – para me proteger, a fim de evitar que o mundo descubra esse defeito e me tire aquilo que me é precioso."

A mudança de Cathy foi imensa ("Tirei um peso enorme de cima de mim", "Não vivo mais com medo", a capacidade de "ver coisas [no meu trabalho] que antes eu não teria enxergado" e "ver a floresta, e não apenas as árvores") exatamente porque ela foi capaz de fazer essa mudança de sujeito para objeto, modificar sua maneira básica de saber e conhecer. Agora, ela está escrevendo, ou sendo autora, de um "eu" mais espaçoso, menos defensivo, mais aberto, um "eu" baseado num senso mais firme de valor intrínseco que a liberta de variadas formas em seu trabalho e fora dele. Quando não se tem de *fazer tudo* para estabelecer o próprio valor, é possível começar realmente a delegar, a pedir ajuda e a deixar que os outros brilhem. Quando você não precisa manter-se em contínua vigilância pessoal – para se assegurar de que o mundo não descubra seu vergonhoso segredo –, é aí que pode esquadrinhar o mundo para descobrir possibilidades mais promissoras e trazer uma profunda tranquilidade para sua vida, uma tranquilidade até então desconhecida.

[7]

O CASO DA NASCENT PHARMACEUTICALS

Vencendo imunidades individuais para ajudar no sucesso da equipe

NO CAPÍTULO 4, VIMOS COMO VENCER imunidades coletivas e, nos Capítulos 5 e 6, como vencer imunidades individuais. No início do Capítulo 6, mencionamos que o desafio de mudança individual de Cathy surgiu como parte de uma iniciativa de grupo com toda a sua equipe de marketing. Ao dar uma olhada mais completa nessa empreitada coletiva, podemos examinar um plano isolado que talvez seja a forma mais eficiente de entregar resultados em duas frentes ao mesmo tempo – facilitar a mudança adaptativa individual no contexto do desejo de todo um grupo de melhorar seu desempenho coletivo.

O chefe de Cathy, Chet, foi escolhido para liderar uma recém-fundida equipe sênior de marketing de uma das principais empresas farmacêuticas do mundo – nós a chamaremos de Nascent Pharmaceuticals. Chet sabia que precisava unir rapidamente a equipe para ter sucesso em seu mandato, que continha muita coisa em jogo, depois do fracasso da equipe anterior. A tarefa era produzir um plano de marketing claro e convincente para uma nova droga que figurava com destaque na agenda de crescimento estratégico da Nascent.

O vigoroso histórico de Chet como gestor energizante e participativo levou seus chefes a encarregá-lo dessa atividade. Como Cathy, ele e os outros estavam determinados a ser bem-sucedidos nessa empreitada. Mas, quando os conhecemos, eles não pareciam "a melhor das apostas", embora individualmente talentosos e experientes.

Metade das pessoas trabalhava já há bastante tempo no grupo de Chet, mas as demais provinham de um grupo com métodos de trabalho muito diferentes – embora nenhuma delas tivesse, até então, percebido a extensão das diferenças. Chet era altamente participativo e diretivo, e o outro subgrupo estava acostumado com o estilo carismático e não interventivo de sua antiga líder, a qual não fazia parte da fusão – uma mulher que também era muito respeitada dentro da organização.

Os dois subgrupos traziam valiosas qualidades para a equipe. Ainda assim, parecia haver um fosso entre as duas facções. Como eles trabalhariam juntos?

Chet reconhecia que, como ocorre na maioria das fusões, esta seria difícil – muito embora houvesse um total de apenas oito pessoas na nova equipe. Mas o tempo era curto e o programa de marketing era crítico para a missão da Nascent. Ele decidiu oferecer à equipe a oportunidade de escolher um facilitador externo para ajudá-los a se integrar.

Foi aí que entramos, como um dos grupos que Chet convidou para delinear um processo de formação de equipe para exame deles.[1] Primeiro, passamos algum tempo com Chet para entender suas intenções e seus desejos e, depois, nos reunimos com a equipe inteira para discutir as informações obtidas de Chet e oferecer uma proposta de como poderíamos trabalhar com eles.

Descrevemos um programa intensivo baseado na equipe, o qual nos ajudaria a vencer suas imunidades individuais e coletivas à mudança e no qual cada processo serviria de base de informação para o outro. Ao longo de um período de seis meses, nós nos reuniríamos com toda a equipe num workshop de dois dias, seguido de mais duas sessões de dois dias inteiros, com coaching individual nos intervalos. No decorrer do trabalho, customizaríamos nossas atividades de modo a abordar as questões e os desafios que fossem surgindo. Propusemos tirar "retratos" qualitativos e quantitativos no estilo antes e depois para caracterizar suas atuais interações e medir seu progresso ao final de seis meses, e, três meses depois, voltar a entrevistar cada membro da equipe para verificar as experiências que estavam tendo e o impacto geral do programa. Apesar do significativo empenho de tempo e energia que essas atividades exigiriam, eles decidiram que valeria o esforço – ou o investimento, como o chamaram – se realmente conseguissem aprender a trabalhar melhor juntos como indivíduos e como equipe. Então concordamos em prosseguir.

O AUTORRETRATO INICIAL DO GRUPO

Começamos com uma rodada de entrevistas individuais e pesquisas com todos os membros da equipe, que confirmaram que havia uma séria falta de confiança mútua.[2] Com base no palpite de Chet quanto à razão disso, os comentários específicos das pessoas sugeriam que a equipe se dividira em duas facções baseadas na composição de sua equipe anterior e que havia uma boa integração e confiança dentro de cada facção, mas pouca confiança entre ambas. O termo *apunhalar pelas costas*, frequentemente evocado, capta o nível de desconfiança de algumas pessoas.

Quase todos concordavam que Chet comunicava a visão e os objetivos com clareza e que era estratégico, prático e cheio de energia, até mesmo que demonstrava grande elã no sentido de fazer o produto ter sucesso. Chet estava certo também em suspeitar que alguns membros da equipe – aqueles que haviam trabalhado com a outra líder – estavam tendo mais dificuldade do que os outros. Os comentários mais desafiadores vieram desses novos membros da equipe, que caracterizaram o estilo de Chet como microgerencial. Eles achavam que ele "dava instruções demais" e "frequentemente buscava um nível muito elevado de detalhamento". Eles também sentiam que ele não estava prestando atenção suficiente ao moral da equipe, ao reconhecimento e a outros elementos humanos do trabalho em equipe. Havia grande consenso, mesmo entre aqueles que já trabalhavam com Chet, no sentido de que ele precisava reajustar o equilíbrio entre vida profissional e pessoal (leia-se "conseguir ao menos *algum* equilíbrio"), uma vez que o ritmo que imprimia ao trabalho deles era intenso demais.

Além disso, no lado positivo, as pessoas de ambas as facções concordavam que havia forte ética no trabalho, dedicação ao produto e muito talento, conhecimento especializado e uma valiosa diversidade nos conjuntos de habilidades individuais. Mas, incluídas nessas forças, as pessoas identificaram duas áreas adicionais que requeriam desenvolvimento, as quais estavam atrapalhando muito a construção do nível necessário de confiança: "estilos de trabalho diferentes" e "comunicação". Com relação aos estilos de trabalho, o comentário de uma pessoa expressou o que quase todos da equipe sentiam: "As diferenças nos métodos de trabalho não são entendidas nem apreciadas."

Todos do grupo reconheciam que, no cerne de toda equipe de alto desempenho, está a capacidade de se comunicar efetivamente. Eles sabiam que sem isso, a equipe não passaria de um conjunto de indivíduos cada um buscando o próprio objetivo. Quando a comunicação dentro de uma equipe não flui devidamente, não é de surpreender que alguém, em geral o líder, dê o sinal de alerta. Equipes com experiências de comunicação bem-sucedida costumam ser capazes de cuidar sozinhas desses problemas assim que são detectados. Outras vezes, porém, especialmente quando a equipe é nova e está tendo dificuldades, como era o caso daquela, a assessoria externa pode ajudar – e eles reconheciam também isso.

As necessidades da equipe no que se referia à comunicação cobriam um amplo espectro, conforme sugerem as seguintes afirmações:

> "Sinto como se estivesse falando com as paredes."
>
> "Em grande parte do tempo, não sei o que comunicar a quem e em que nível."
>
> "Leio os e-mails de alguns dos membros da equipe e não consigo saber o que eles querem – estão doidos? Ou acham que sou empregado deles?"

A maioria descreveu a comunicação como indireta, em que as pessoas não estavam expressando seus pensamentos, ideias e sentimentos diretamente umas às outras, mas sim para o Chet e por meio do Chet. Ademais, quando havia comunicação direta, vinha na forma de um feedback caracterizado por atribuições e pressupostos, em vez de informações específicas.

Os três principais pontos fortes da comunicação da equipe? Não havia consenso nesse aspecto, embora todos apontassem ao menos um ponto forte. Eis alguns exemplos:

> "A equipe está trabalhando na melhoria da comunicação."
>
> "O uso de todos os meios disponíveis para se comunicar; por exemplo, e-mail, correio de voz, reuniões."

"Capacidade de se apresentar em público."

"Compartilhamento de informações."

Era, porém, consenso que a equipe tinha duas importantes vantagens que se mostravam relevantes para a melhoria da comunicação: "dedicação ao sucesso do produto e da equipe" e "disposição de trabalhar nos problemas". Qual era a maior barreira à melhoria da comunicação, segundo a opinião de todos? A resposta não surpreendeu: "falta de confiança mútua".

Façamos uma pausa em nossa descrição. Embora estejamos apresentando um quadro da equipe, incluímos também dados sobre como os indivíduos dentro do coletivo veem determinado indivíduo, seu líder de equipe. Com isso, *não* queremos sugerir que Chet seja *a causa* dos males da equipe. Nosso pressuposto de trabalho é que a equipe é um conjunto de indivíduos e que cada um, à sua maneira, contribui para os desafios atuais (e nem tanto de forma aditiva, mas sim de forma dinâmica e sistêmica).

Por exemplo, todos os membros da equipe (inclusive aqueles que já trabalhavam com Chet e até o próprio Chet) descreviam Chet como instrucional e frequentemente detalhista. Todavia, as pessoas interpretavam esses comportamentos de forma muito diferente e, em consequência, tinham sentimentos e reações diferentes. Os "antigos", ainda que não completamente satisfeitos, aceitavam bem o estilo de liderança de Chet. Eles viam sua característica "instrucional" como algo que os ajudava a crescer e a criar uma cultura de melhoria contínua. Eles viam seus pedidos de detalhes como um sinal de seu cuidado e envolvimento no sucesso do produto. Mas não era absolutamente assim que os "novatos" enxergavam. Achamos que eles tinham dificuldade com o estilo de liderança de Chet (foi isso que apontaram como sua área de desenvolvimento) porque "liam" as ações dele como declarações de como ele os via.

É fácil imaginar como a interpretação que eles faziam do estilo de liderança de Chet contribuía para a falta de confiança. Imagine uma conversa interna: "Lá vem ele de novo, me dizendo o que fazer. Ele deve achar que não sei o que estou fazendo. Ele não confia que eu seja capaz de fazer meu trabalho. E essa coisa de ficar sempre pedindo os detalhes é mais uma prova de que ele não confia que eu possa ter um bom desempenho. Se não fosse isso, por que precisaria microgerenciar?"

Essas reações compreensivelmente diferentes ilustram a força do entendimento individual e como as percepções criam a própria realidade. Chet não é *o* problema.

Ele é parte do problema? Sim. E como líder, é quem dá o tom da equipe e de sua cultura. Dito isso, presumimos que todos os demais *também* sejam parte da equação. Em consonância com essa visão, incluímos em nossa entrevista a seguinte pergunta aberta: "Qual é sua contribuição, se houver, para as dificuldades de comunicação que a equipe enfrenta hoje?" Essa pergunta foi a precursora do lançamento do exercício de melhoria da quarta coluna a que cada um foi submetido.

Os membros do grupo nos deixaram impressionados com sua capacidade e disposição de identificar sua participação individual nos padrões de comunicação e níveis de confiança abaixo do ideal:

"Eu deveria melhorar no sentido de não tirar conclusões precipitadas. Não dediquei tempo a conhecer outros membros da equipe."

"Contribuo para essa cultura defensiva sendo indireto com várias pessoas da equipe. Interpreto a atitude defensiva das pessoas como arrogância e desrespeito."

"Eu poderia pensar com mais cuidado nas decisões que tomo e que afetam outras pessoas; por exemplo, me perguntar 'como essa decisão afetará os outros?'"

"Preciso me desenvolver na maneira de transmitir informações, isto é, perceber de que maneira devo passar a informação a determinada pessoa. Sou uma pessoa direta e falo o que penso, e pode ser difícil aceitar esse comportamento."

"Não paro para dar ou receber feedback. Minha intensidade pode afastar as pessoas."

"Quando recebo e-mails que me deixam irritado ou com raiva, às vezes reajo da mesma forma. Preciso ser menos reativo."

Além de cada pessoa identificar ao menos uma forma sua de contribuir para o problema, as pessoas teceram comentários sobre comportamentos e atitudes que, imaginamos, *atrapalhariam* a boa comunicação. Se essas autoavaliações são precisas, essa é outra questão (a qual abordamos mais tarde, durante o processo), mas as respostas das pessoas revelaram a disposição de se considerar parte daquilo que seria necessário mudar. Um bom sinal para o trabalho de imunidade à mudança.

Os resultados da pesquisa quantitativa confirmaram exatamente aquilo que as pessoas nos disseram nas entrevistas. Em suma, a equipe era mais forte nos itens "empresariais" (visão e rumo, foco estratégico, objetivos) e precisava melhorar no lado *soft* do trabalho. Seus três principais objetivos de aprendizado eram construir uma base de confiança, comunicar-se melhor (inclusive respeitando os estilos de trabalho uns dos outros) e melhorar o aprendizado em equipe. Finalmente, a equipe trouxe ativos notáveis para o trabalho de melhoria, incluindo a consciência que cada um tinha da própria contribuição para os desafios que a equipe enfrentava, uma forte ética do trabalho, a dedicação ao produto, além de muito talento, conhecimento especializado e uma valiosa diversidade nos conjuntos de habilidades individuais.

Com esse retrato do "antes" gravado na mente, passamos para o primeiro workshop com a participação de toda a equipe.

O PRIMEIRO WORKSHOP: DANDO INÍCIO AO PROCESSO

Como a reunião inicial de dois dias de duração estabeleceu o tom e lançou as bases para o projeto, vamos descrevê-la em detalhes. Consideraremos também o trabalho individual de imunidade à mudança e por que fizemos certas escolhas. Descreveremos, de forma resumida, as outras duas sessões de um dia de duração pelo fato de elas terem se seguido tão naturalmente à primeira reunião da equipe e a nosso trabalho com as pessoas individualmente.

Os resultados explícitos que pretendíamos conseguir na primeira sessão eram: desenvolver um objetivo de melhoria comum a toda a equipe, com base nos dados das pesquisas e entrevistas; desenvolver objetivos de melhoria individuais que estivessem estreitamente relacionados com o objetivo da equipe; e estipular datas para o coaching individual e para as outras duas reuniões que faríamos com toda a equipe. Ao longo dessa primeira sessão, também queríamos desenvolver um modelo da boa comunicação, especialmente da capacidade de ouvir, e propiciar um contexto seguro para as pessoas assumirem alguns riscos e se conhecerem. Tínhamos até a esperança de que elas pudessem dar algumas boas risadas juntas.

Primeiro, apresentamos todos os dados apenas ao Chet, uma vez que incluíam comentários negativos com relação a seu estilo de liderança. Com o consentimento dele, apresentamos, então, um resumo dos dados das entrevistas e pesquisas para a equipe inteira. O primeiro resultado da discussão de todos os membros foi o consenso de que sua prioridade número 1 era melhorar a comunicação dentro da equipe. Eles concordaram que as duas principais áreas de melhoria da comunicação eram *comunicar-se uns com os outros de forma clara e direta* (as pessoas concordavam que precisavam falar diretamente umas com as outras e não com e/ou através do Chet) e criar *um ambiente de apoio e confiança mútua*. A equipe chegou a um consenso quanto ao que todos precisavam fazer para aumentar a confiança:

- Aceitar que a outra pessoa tem boa intenção
- Aceitar estilos de trabalho diferentes
- Acreditar uns nos outros
- Deixar de se sentir "pisando em ovos"
- Interpretar os questionamentos como algo positivo, não como desafio

Eles identificaram responsabilidades específicas para remetentes/emissores e destinatários/recebedores de informações:

- Responsabilidades do remetente/emissor: ser aberto, direto, sincero, oportuno, motivador e não presumidor.
- Responsabilidades do destinatário/recebedor: presumir as boas intenções do remetente/emissor, ouvir atenta e completamente, fazer perguntas no sentido de esclarecimento (especialmente relativas ao "tom") e manter-se aberto a aprender.
- Responsabilidades de remetentes/emissores e destinatários/recebedores: ser autoconsciente. Que impressões causo nos outros? Conhecer meus pontos fortes e fracos e perguntar (de forma verbal e não verbal) como estou prejudicando a comunicação.

Em seguida, decidiram que seria útil tornar sua discussão mais concreta, criando um quadro compartilhado daquilo que consideravam uma comunicação eficaz e quais eram seus propósitos. Isso levou a um segundo resultado, um quadro real, com o aprendizado e a produtividade da equipe como o propósito principal, conforme mostra a Figura 7-1.

FIGURA 7-1

Quadro da comunicação eficaz da equipe de marketing de produtos farmacêuticos

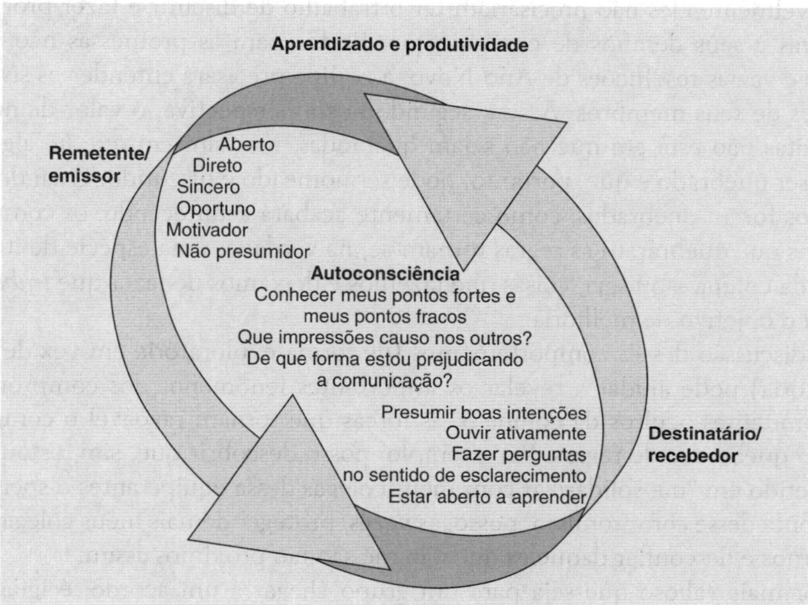

Depois de o grupo ter criado esse quadro, fizemos uma "checagem de consenso", um processo rápido que possibilita saber o grau de concordância. Aqui, queríamos saber duas coisas: As pessoas consideravam o quadro apropriado para seus propósitos? ("Quanto você acha que o aprendizado e a produtividade da equipe aumentariam se os membros conseguissem se comunicar assim?"); e se elas estavam individualmente dispostas a endossá-lo como um mapa de como se comunicar com os membros da equipe e esperar que os outros se comunicassem com elas. A resposta positiva à nossa primeira pergunta foi seguida da pergunta relativa ao grau de empenho ou compromisso pessoal com o quadro (baixo, médio ou alto). Todos se mostraram altamente comprometidos.

Esses dois consensos prepararam o terreno para o trabalho coletivo e individual que iniciaríamos com a equipe. Embora não houvesse nada de tão novo no quadro em si – de fato, ele representa muitas práticas comuns da boa comunicação –, foi muito animador o surgimento de um quadro comum a toda a equipe e sua concordância com ele. Com isso, a equipe deu seu primeiro passo rumo a um acordo explícito entre os membros quanto às suas expectativas mútuas no tocante a como e por que se comunicar. Isso criou um ponto de referência ou uma norma comum a todos daquilo que se considerava produtivo, bem como um foco para o aprendizado da equipe.

Naturalmente, do nosso ponto de vista, esses acordos, por mais importantes que sejam, estão mais próximos de compromissos de primeira coluna do que de princípios reais de operação. Isto é, achávamos que o grupo ou muitos de seus membros teriam dificuldade em efetivamente manter esses acordos. Se não houvesse um compromisso oculto esperando para frustrar essas boas intenções, provavelmente eles não precisariam ter o trabalho de discutir e fazer promessas relativas a seus desafios de comunicação. Se for para as promessas não serem meras e vazias resoluções de Ano-Novo, a equipe precisará entender os sistemas imunes de seus membros. Assim, segundo nossa perspectiva, o valor de normas explícitas não está em que não sejam quebradas, mas sim em que *há* algo que pode ser quebrado e que, portanto, pode ser nomeado e discutido. Quando esses acordos forem quebrados, como certamente acabará acontecendo, os comportamentos que quebraram as regras tornam-se, na verdade, uma espécie de item da segunda coluna – ou seja, coisas que fazemos e deixamos de fazer que *trabalham contra* o objetivo de melhoria.

A discussão desses comportamentos (de forma exploratória em vez de recriminatória) pode ajudar a revelar os importantes fenômenos dos compromissos concomitantes ocultos da coluna 3, as forças que tornam razoável o comportamento quebrador de regras. Por exemplo, posso descobrir que, sim, estou comprometido em "me solidarizar com meus colegas dessa equipe antes dispersa", e, por conta desse compromisso, posso, às vezes, proteger demais meus colegas mais próximos e desconfiar daqueles que não me são tão próximos assim.

Por mais valioso que seja para um grupo chegar a um acordo, é igualmente importante, segundo nosso ponto de vista, ter em mente que cada indivíduo enfrentará o próprio desafio na questão de manter esse acordo. Uma habilidade que uma pessoa já domine pode ser algo fácil para outra pessoa desenvolver, mas ser um desafio adaptativo para uma terceira pessoa. Por isso, nosso propósito era convidar todos os membros da equipe a identificar seu mais desafiador objetivo de mudança pessoal com relação ao compromisso de conseguir uma comunicação eficaz assumido pela equipe.

Para tanto, pedimos a cada pessoa que olhasse para si mesma em relação ao quadro de comunicação ideal da equipe e se perguntasse o que precisava e queria melhorar para se comunicar melhor com a equipe. Isso, você agora reconhecerá, é uma versão de nossa deixa padrão para ajudar as pessoas a gerar um objetivo de melhoria individual da coluna 1. O que difere aqui é que fizemos a pergunta no contexto da aspiração da equipe de se tornar mais eficaz em sua comunicação. Deixamos que as pessoas respondessem tranquilamente e sozinhas a essa pergunta, registrando suas respostas na coluna de "aquecimento" de uma planilha de quatro colunas.

A partir desse ponto, conduzimos a conversa de forma muito semelhante ao que fazemos em todo exercício de imunidade à mudança, com algumas diferenças importantes. Como de hábito, começamos por preparar o terreno para o exercício, enfatizando a confidencialidade, solicitando a cada pessoa que escolhesse um parceiro com o qual não tivesse relação de supervisão e explicando os papéis de interlocutor e de ouvinte. Depois lhes pedimos para formar os pares e compartilhar os itens de sua coluna 1 com os respectivos parceiros.[3] Observando os pares, ouvimos as pessoas falando com bastante liberdade. Julgando que estivessem prontas, pedimos a cada uma que compartilhasse com todo o grupo o primeiro esboço de seu compromisso da coluna 1. Dessa forma, os membros do grupo teriam a oportunidade de ouvir diretamente o que cada um via como sua responsabilidade pessoal na melhoria da comunicação da equipe.

Apostamos ainda mais alto (de novo, tendo antes considerado a relação custo-benefício), invocando a regra do "toc-toc, quem bate?" para comentar os objetivos de melhoria uns dos outros. Nessa regra, a pessoa que "bate" para oferecer feedback deve fazê-lo com um espírito de questionamento, não de certeza, e a pessoa a cuja porta estão batendo deve sentir-se completamente livre para dizer "Não, obrigado, você não pode entrar". Afinal, ao redor da mesa, estavam justamente as pessoas com as quais cada um estava procurando se comunicar melhor – e quem melhor para fornecer subsídios com relação aos objetivos de melhoria de cada um? Uma pergunta-guia para todos era a seguinte: "Se seu/sua colega conseguisse fazer progressos no objetivo específico que ele/ela identificou hoje, você acha que isso iria melhorar significativamente a comunicação da equipe e aumentar o aprendizado e a produtividade da equipe?"

Essa sessão de trabalho acabou se revelando muito animada e produtiva. Entre provocações e risos, as pessoas deram sugestões genuínas umas às outras. Chet foi o primeiro a se prontificar e, com isso, serviu de modelo para a abertura ao feedback direto das pessoas e do valor da transparência. Nem todos ofereceram subsídios ou fizeram perguntas aos outros, mas todos receberam subsídios e todos os demais ouviram as sugestões bem como as respostas do recebedor. O nível de diálogo na equipe havia sido o mais honesto até então, incluindo, por exemplo, a manifestação de reconhecimento por parte de uma pessoa com relação à escolha de objetivo de Chet.

Vejamos os vários compromissos de coluna 1 que surgiram naquele dia. Na vez de cada pessoa, seu objetivo foi escrito num pedaço grande de papel de jornal e revisto de acordo com os subsídios que ela aceitara. Para lhe dar uma ideia da conversa, do nível de autoexposição e do grau de envolvimento da equipe, veja a seguir os exemplos dos objetivos revisados de duas pessoas.

Uma delas, Anton, começou com o seguinte objetivo:

> Entender e mudar meu modo de interagir que leva os outros a me ver como uma pessoa arrogante e fechada ao feedback alheio.

Uma pessoa quis entender melhor por que Anton escolhera aquele objetivo e perguntou o que ele esperava que seria diferente se conseguisse mudar suas interações. Depois de responder e ouvir os comentários de algumas outras pessoas, Anton mudou seu objetivo:

> Ser um colaborador de equipe mais eficaz. Isso inclui (1) assumir responsabilidade por aquilo que contribuo para as percepções equivocadas (isto é, como os outros me veem e como vejo os outros) e trabalhar proativamente no sentido de mudá-las; (2) buscar, descobrir seu valor e aplicar o feedback que eu receber (isso envolverá eu ter de lidar com minha própria sensibilidade em relação a feedback negativo).

Outra pessoa, Neil, começou com o seguinte objetivo:

> Estou comprometido em ouvir verdadeiramente e usar os insights e experiências de meus colegas, especialmente na área de marketing. Estou comprometido em abandonar o modelo mental que criei com base em minha experiência em vendas.

Depois de receber respostas e sugestões, Neil acabou escolhendo o seguinte objetivo:

> Estou comprometido em me comunicar de forma clara e concisa, ouvir verdadeiramente e fazer as adaptações de comunicação e estilo apropriadas para os destinatários pretendidos. Estou comprometido em usar os insights e experiências de meus colegas, especialmente na área de marketing.

Aqui estão os objetivos de outros dois membros da equipe. O primeiro deles será familiar porque é de Cathy, do Capítulo 6; o segundo é de Chet:

> Quando surgirem problemas em um projeto ou com uma pessoa, estou comprometida em conter minhas emoções relativas àquela situação. Tentarei, então, lidar diretamente com o problema, não permitindo que meus sentimentos passem para minhas interações com outras pessoas ou para outros projetos. Isso me ajudará a administrar melhor o meu estado emocional, o que contribuirá também para o bom equilíbrio da equipe.
>
> Estou comprometido em não reagir imediatamente ao pensamento das pessoas, fazendo antes perguntas e ouvindo ativamente. Depois darei meu feedback com tato. Feedback com tato significa usar o que indaguei e ouvi ativamente para responder de forma empática. Ao mesmo tempo, e quando cabível, usarei esses momentos como oportunidades de coaching, por exemplo, ajudando a pessoa a explorar as barreiras que impedem sua ação eficaz.

Assim que as pessoas afirmaram um objetivo de automelhoria ligado ao quadro da melhoria de comunicação da equipe, continuamos o exercício da quarta coluna como fazemos tipicamente, fornecendo orientação e exemplos de cada coluna seguinte e dando às pessoas um tempo para pensar individualmente e depois um tempo para trabalhar em pares. Após concluírem seus mapas, alguém sugeriu que as pessoas compartilhassem seus mapas de imunidade com todo o grupo. Essa não era uma etapa que havíamos planejado, dada a autoavaliação relativa ao baixo nível de confiança existente na equipe.

E por que não? Como você sabe, com base na leitura dos casos anteriores, cada entrada nas colunas torna-se progressivamente mais desconfortável. O ato de compartilhar os objetivos de automelhoria da coluna 1 já havia cruzado o limiar de uma autoexposição maior dentro da equipe e não tínhamos claro o modo de avaliar a prontidão das pessoas para um nível seguinte de intimidade. Além disso, estávamos no final do dia e haveria pouco tempo para tratar de eventuais resultados negativos inesperados. Apresentamos esses pensamentos ao grupo, para discussão, o que levou à decisão coletiva de que cada um decidiria por si, um acordo de que não havia a intenção do grupo de pressionar ninguém no sentido de participar e uma declaração explícita de Chet de que não usaria nada do trabalho do dia em qualquer avaliação formal.

O que aconteceu depois, quase sem pausa, foi que todos optaram por compartilhar seu mapa. Seria de se esperar que, conforme mais pessoas passassem para esse novo nível de abertura, os demais se sentissem pressionados a se abrir também. Isso pode ter acontecido, mas o que aconteceu também foi que, nos comentários finais, as pessoas – inclusive as que estavam entre as últimas a compartilhar seus mapas – disseram ter poucas dúvidas e uma grande certeza de que a equipe teria efetivamente êxito em sua empreitada. As pessoas ficaram comovidas com a honestidade uns dos outros em externar suas lutas e satisfeitas com o fato de que todos estavam levando o trabalho a sério.

Nossa agenda final era rever o caminho a seguir e o cronograma a cumprir, incluindo o coaching individual relativo às imunidades e duas reuniões adicionais com toda a equipe. Intitulamos o trabalho individual como um processo de quatro meses envolvendo aproximadamente 10 sessões por telefone ou pessoalmente, cada uma se seguindo a um exercício estruturado visando a que a pessoa fizesse progressos em seu objetivo da coluna 1. As reuniões de equipe seriam ocasiões para se fazer um balanço do progresso individual e da equipe e tratar das necessidades de aprendizado que fossem surgindo.

Assim, o que realizamos em nossa primeira sessão? A equipe estabeleceu coletivamente seu objetivo prioritário; os membros criaram normas para o grupo; os indivíduos identificaram seus objetivos de melhoria pessoal dentro daquele contexto e entenderam os passos seguintes relativos ao coaching individual. Porém, mais do que isso, as pessoas assumiram riscos ao se revelarem: compartilharam as profundezas cada vez mais reveladoras da quarta coluna de seus mapas da imunidade e disseram coisas que, em entrevistas anteriores conosco, haviam pedido que mantivéssemos em confidencialidade. Elas até riram juntas. Elas conversaram e escutaram umas às outras genuinamente e, com isso, experienciaram um respeito mútuo maior, ingrediente básico para a construção de uma base de confiança.

O que explica a súbita produtividade da equipe? Eis alguns palpites relativos aos vários fatores que podem ter possibilitado esse sucesso:

- A equipe tinha opções no que se referia a trabalhar ou não conosco (lembre-se de que eles haviam entrevistado outros consultores antes de nos escolher).
- A equipe aceitou nosso convite inicial de abordar suas necessidades por meio de um processo duplo de melhoria individual e de equipe (mais uma vez, a equipe não foi solicitada a cumprir uma exigência vinda de cima para baixo, podendo, ao contrário, comprometer-se com um processo de sua escolha, a oportunidade de construir uma base de confiança).
- A avaliação de necessidades (ou o retrato do "antes") seguiu essa estrutura ao indagar da equipe quais eram suas forças e fraquezas e as de seus membros, e qual era sua contribuição pessoal para essas qualidades da equipe; a análise dos dados refletiu essa estrutura (o que reforça a ideia de que cada pessoa é responsável).

- Chet foi um defensor do desenvolvimento da equipe e continuou numa atitude não defensiva e de aprendizado ao examinar os dados das pesquisas da equipe, que incluíam como as pessoas percebiam sua liderança.
- O foco de melhoria da equipe estava ancorado aos resultados empresariais (seus objetivos de melhoria foram determinados com base numa análise de seus pontos fortes e lacunas, no contexto do trabalho que a equipe tinha de fazer).
- Por fim, sabíamos, com base em nossas entrevistas individuais com os membros do grupo, que as pessoas estavam altamente motivadas a ter êxito como equipe. Ninguém estava disposto a se contentar com menos que fazer de seu produto o sucesso que era para ser. Eles sabiam que, se era para a equipe atingir seus objetivos de vendas, todos precisavam se envolver. Eles incorporaram a postura e a realidade de uma verdadeira equipe: "Se um de nós falhar, todos falharemos."

O TRABALHO INTERMEDIÁRIO

Depois dessa sessão, nosso objetivo era capitalizar o *momentum* e o bom estado de ânimo da equipe trabalhando com as pessoas individualmente em seus objetivos de melhoria. Nosso trabalho principal durante os quatro a cinco meses seguintes concentrou-se no coaching para ajudar as pessoas a subverter suas imunidades. Nossa descrição anterior do processo e do progresso de Cathy (ver o Capítulo 6) é representativa do trabalho que fizemos com cada um dos membros da equipe. Esse trabalho incluiu uma pesquisa de linha de base de "testemunhas" (a qual, você deve recordar, pede aos respondentes selecionados que forneçam subsídios apenas relativos ao compromisso da coluna 1 da pessoa; veja a pesquisa de David no Capítulo 5 como amostra), um *continuum* do progresso, a biografia do grande pressuposto, a elaboração e realização de testes do grande pressuposto, a pesquisa de acompanhamento e, finalmente, os pontos de captura e meios de escape. (O "arco de coaching" inteiro, bem como os pontos de captura e meios de escape, são descritos em mais detalhes no Capítulo 10.)

Talvez você se pergunte por que fizemos as pesquisas de linha de base individuais, uma vez que todos já haviam sido convidados a fazer perguntas e dar sugestões uns aos outros com relação a seus objetivos de comunicação no workshop da equipe. Optamos por uma pesquisa por diversas razões:

- Porque o trabalho individual era uma dimensão da intervenção tão rica em termos de tempo que queríamos que os objetivos das pessoas fossem o mais fortes e relevantes possível, além do que sempre havia a possibilidade de que os colegas de equipe não sentissem que podiam falar livremente durante a sessão em grupo.[4]
- A pesquisa forneceria uma avaliação de linha de base do ponto de partida da pessoa, um registro público de seu foco, exemplos descrevendo comportamentos relevantes dos quais a pessoa pudesse não estar consciente e o

pensamento de outras pessoas em relação à importância do progresso nesse objetivo para o sucesso da equipe.

- Como a medição fazia parte da cultura dessa organização, a pesquisa sinalizava que o trabalho de desenvolvimento individual das pessoas era importante, e, em combinação com a pesquisa de acompanhamento, indicava a crença no desenvolvimento das pessoas.

Acreditávamos que essas disposições criariam fontes de motivação adicionais para cada pessoa não desaminar no trabalho ligado às suas imunidades. Os membros da equipe assumiram seu papel de respondentes com seriedade, conforme evidenciado pelo altíssimo índice de resposta e pelos muitos e ricos exemplos e comentários. (Isso aconteceu, embora cada pessoa fosse respondente com relação aos objetivos de todos os outros membros da equipe.) Alguns indivíduos mudaram ligeiramente seus compromissos em virtude dos subsídios recebidos, mas o principal valor foi a confirmação de que estavam trabalhando num objetivo de comunicação de enorme importância.

Nossa principal conclusão dos subsídios da pesquisa relativos a toda a equipe foi que havia uma ampla gama de preferências das pessoas em termos de suas formas de abordagem do trabalho e de suas necessidades mútuas. Em outras palavras, podíamos ver em operação o comentário feito durante nossa coleta inicial de dados de que "as diferenças nos métodos de trabalho não são entendidas e reconhecidas". Por exemplo, lembre-se das interpretações negativas que as pessoas fizeram do estilo de liderança de Chet. Outro exemplo: algumas pessoas claramente buscavam feedback positivo e lamentavam que nunca o haviam recebido, enquanto outras não tinham consciência dessa necessidade e não haviam considerado que a falta de feedback positivo poderia ser interpretada como feedback negativo.

O SEGUNDO WORKSHOP: NOVAS FERRAMENTAS PARA NOVOS DESAFIOS

Pressupomos que os membros da equipe poderiam aumentar o nível de confiança se entendessem melhor seus diferentes estilos de trabalho. Entender as preferências – as próprias, as dos outros membros da equipe e as da equipe como um todo – tornou-se o foco de nossa sessão seguinte, de um dia de duração, com toda a equipe. O que segue é uma breve descrição do trabalho preparatório para aquele workshop, do evento em si e dos pensamentos por trás de ambos.

Escolhemos o levantamento do indicador de tipos Myers-Briggs (MBTI, na abreviatura em inglês) como forma de ajudar a equipe a entender as diferenças.[5] Essa ferramenta, baseada nas ideias do psicólogo Carl Jung, gera um instantâneo das preferências mentais das pessoas, preferências essas que têm implicação nos diferentes estilos de comunicação. É importante saber que o MBTI é uma forma *não crítica ou não sentenciosa* de descrever essas preferências; nenhum conjunto de preferências é superior a outro, e cada tipo de preferência tem seus pontos fortes e suas limitações. Esse quadro não prescritivo torna mais fácil olhar para nós mesmos de forma não defensiva e, o que é igualmente importante, não julgar os outros por suas preferências.

Quando entendemos essas diferenças naturais, fazemos uma interpretação mais generosa de como ocorre a comunicação equivocada (ou seja, a "culpa" não é minha ou de outra pessoa; é resultado de nossas necessidades e valores diferentes). Tomamos consciência de nossos próprios vieses "culturais", por assim dizer, e, portanto, ficamos em posição de assumir a responsabilidade de não impor nossa preferência local. Ao contrário, podemos respeitar a cultura do outro e conjuminar nossas diferenças de acepção ao assumir ativamente a perspectiva da preferência daquela pessoa. Em poucas palavras, o MBTI pode ser usado para aumentar a compreensão de nós mesmos, aumentar nossa capacidade de comunicação (enviada e recebida) e nos informar sobre como adaptar nosso estilo e nos tornarmos mais sensíveis aos estilos de comunicação de nossos colegas de equipe, incluindo suas preferências no que se refere ao modo de processar informações.

Para todos esses fins, solicitamos a cada membro da equipe que respondesse ao perfil MBTI como parte do trabalho preparatório do segundo workshop da equipe.[6] Apresentamos também a escada da inferência (mostrada na Figura 7-2) como outra ferramenta para entender como os mal-entendidos ocorrem entre as pessoas.[7] Em combinação com entender a própria preferência MBTI, a escada da inferência constitui um mecanismo bastante prático para "sair" das próprias preferências e "entrar" noutro modo de ver as coisas. A escada mostra como tendemos a ser automaticamente avaliativos, a criar crenças incorretas e a tirar conclusões não comprovadas dos outros, e depois acabar confirmando facilmente esses pensamentos equivocados ao atentar a – e interpretar – os dados que correspondem a eles.

Usada por conta própria, a escada ajuda a pessoa a retardar o processo para que possa se localizar e se corrigir no sentido de não tirar conclusões tão precipitadas. Usada coletivamente, a escada pode melhorar ainda mais a comunicação. Além do valor de mostrar que o ato de tirar conclusões imprecisas é uma tendência humana natural (em que todos incorremos, ao menos em parte do tempo), a ferramenta oferece normas e sugestões concretas para testar o próprio entendimento e corrigir as interpretações incorretas.

Outro objetivo era que as pessoas ligassem o que estavam aprendendo com relação a suas preferências de estilo ao trabalho relacionado com suas imunidades. A maioria das pessoas, nesse segundo workshop de equipe de um dia de duração, concentrou-se em ajudar os outros a entenderem o próprio tipo, as implicações desses seus tipos de escolha na comunicação e a praticarem seu modo de pensar e de falar de modo que fosse compatível com as preferências de outros tipos. As pessoas também atualizaram as outras com relação a seu trabalho de imunidade, incluindo seu *continuum* do progresso (o qual podia ser revisto com base no trabalho do dia relativo à comunicação das preferências das pessoas). O interesse e a energia permaneceram em níveis elevados o dia todo, apesar da agenda cheia. As pessoas estavam tão entusiasmadas em ouvir os perfis MBTI dos colegas quanto em entender os próprios, demonstrando muito reconhecimento pelo progresso dos outros em seus objetivos da coluna 1.

Para ilustrar, voltemos a Cathy, focalizada no Capítulo 6. Lembra que seu objetivo de melhoria da coluna 1 era "administrar melhor meu estado emocional

FIGURA 7-2

A escada da inferência ilustra nossa tendência a adotar crenças incorretas com base em observações seletivas, premissas falsas e conclusões equivocadas

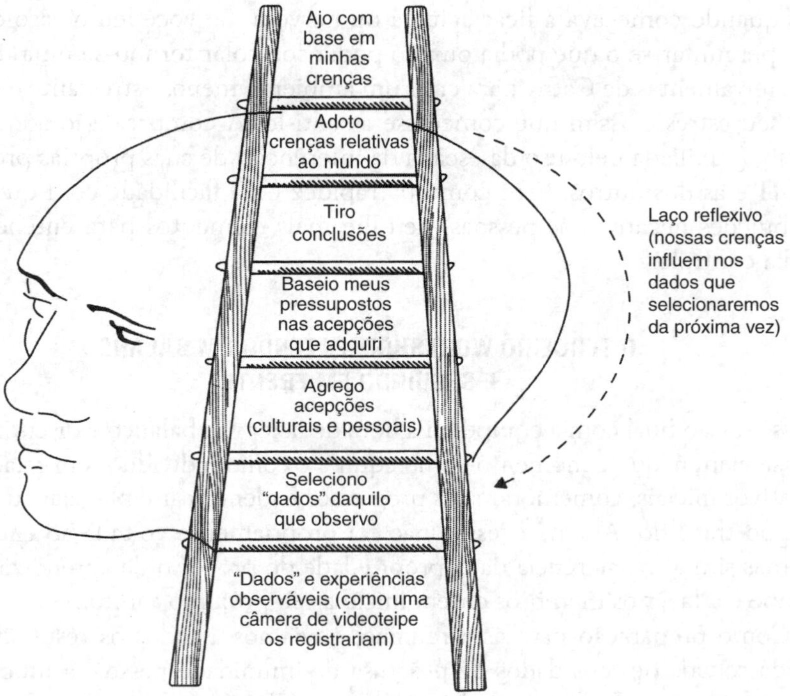

Fonte: R. Ross, "The Ladder of Inference", in P. Senge, A. Kleiner et al., *The Fifth Discipline Fieldbook* (New York: Doubleday, 1994), 243.

e a expressão de minhas emoções: quando surgirem problemas num projeto ou com uma pessoa, estou comprometida em conter minhas emoções com aquela situação. Depois tentarei lidar com o problema diretamente e não permitir que meus sentimentos passem para minhas interações com outras pessoas ou para outros projetos". Assim que entendeu o próprio perfil de preferências MBTI, Cathy rapidamente viu a implicação de que estava propensa a ter uma reação exagerada com pessoas que tivessem preferências diferentes, especialmente na dimensão de "julgamento/percepção" do instrumento. Esse par de preferências – demarcando dois polos de um *continuum* – descreve a orientação da pessoa para o mundo externo e capta a tendência a preferir um estilo de vida mais estruturado e previsível (julgamento) ou um estilo de vida mais flexível e adaptável (percepção).

Como você pode ter concluído da leitura do Capítulo 6, Cathy tinha uma preferência clara e forte pelo "julgamento" que a fazia sentir-se mais confortável e produtiva ao trabalhar de forma planejada e estruturada. Quando viu que o colega de equipe que conseguia tirá-la do sério mais rapidamente e com mais frequência (que ela via como alguém "não confiável" e "que demorava séculos para terminar algo") tinha uma preferência "perceptiva", não tardou que ela dissesse a ele: "Não é para menos que fico tão irritada com você. Sou exatamente seu oposto!" Você pode imaginar como o colega de Cathy recebeu bem esse comentário!

Depois dessa sessão, Cathy continuaria usando essa informação relativa a ambos quando começava a ficar agitada ou nervosa. Se você leu o caso dela, sabe que perguntar-se o que podia ou não podia controlar tornou-se uma das principais ferramentas de Cathy para criar um ambiente menos estressante e interromper seu estresse assim que começasse a senti-lo. A compreensão adquirida por Cathy (auxiliada pelo uso da escada da inferência) de suas próprias preferências MBTI e as dos outros, bem como da rapidez e da facilidade com que conferia atribuições negativas às pessoas, deu-lhe mais elementos para entender o que podia controlar.

O TERCEIRO WORKSHOP: FAZENDO UM BALANÇO E SEGUINDO EM FRENTE

Nossa sessão final com a equipe foi a hora de fazer um balanço e discutir onde todos se viam naquele momento como equipe e como indivíduos em relação a seus objetivos iniciais, comemorar seus progressos e identificar e planejar sua próxima fase do trabalho. Assim, a sessão não foi propriamente voltada ao encerramento, mas sim à transferência da copropriedade do processo de aprendizado para a equipe e a fazer os membros darem início a seu próximo capítulo.

Como preparação para essa reunião, enviamos a todos os resultados da segunda rodada de seus dados de pesquisa de imunidade pessoal à mudança e os discutimos com eles. (Apesar de ter de responder a uma pesquisa para cada um dos membros de sua equipe, novamente todos deram respostas detalhadas e pensadas. Conforme vimos no Capítulo 6, na segunda pesquisa de Cathy, o feedback geral tendeu a ser muito positivo. A pesquisa do "depois", em contraste com a do "antes", refletiu o julgamento por parte dos membros da equipe de que os colegas haviam mudado e, na maioria dos casos, de forma significativa.) Além disso, uma semana antes do workshop, todos responderam à pesquisa de avaliação do "depois" da equipe, pesquisa essa composta de 18 itens e que era o mesmo instrumento que usáramos para avaliar o "antes". Compilamos os dados para elaborar um retrato do progresso e construir um ponto de partida para discutir as implicações do trabalho que estava por vir.

O autorretrato da equipe que surgiu depois de nossos primeiros meses de trabalho foi muito diferente do retrato do "antes". A Figura 7-3 compara as avaliações do antes e do depois nos 18 itens, que aparecem na tabela como títulos de colunas. Os membros da equipe usaram uma escala de cinco pontos para registrar suas impressões do desempenho do grupo em cada um dos itens. Combinamos suas respostas individuais para gerar os perfis do "antes" e "depois" do grupo.

Os resultados iniciais mostraram avaliações abaixo da média (abaixo de 3 numa escala de 1 a 5) em mais da metade dos 18 itens. A comunicação eficaz

FIGURA 7-3

Números de autoavaliações do "antes" e "depois" do desempenho da equipe, numa escala de 1 a 5

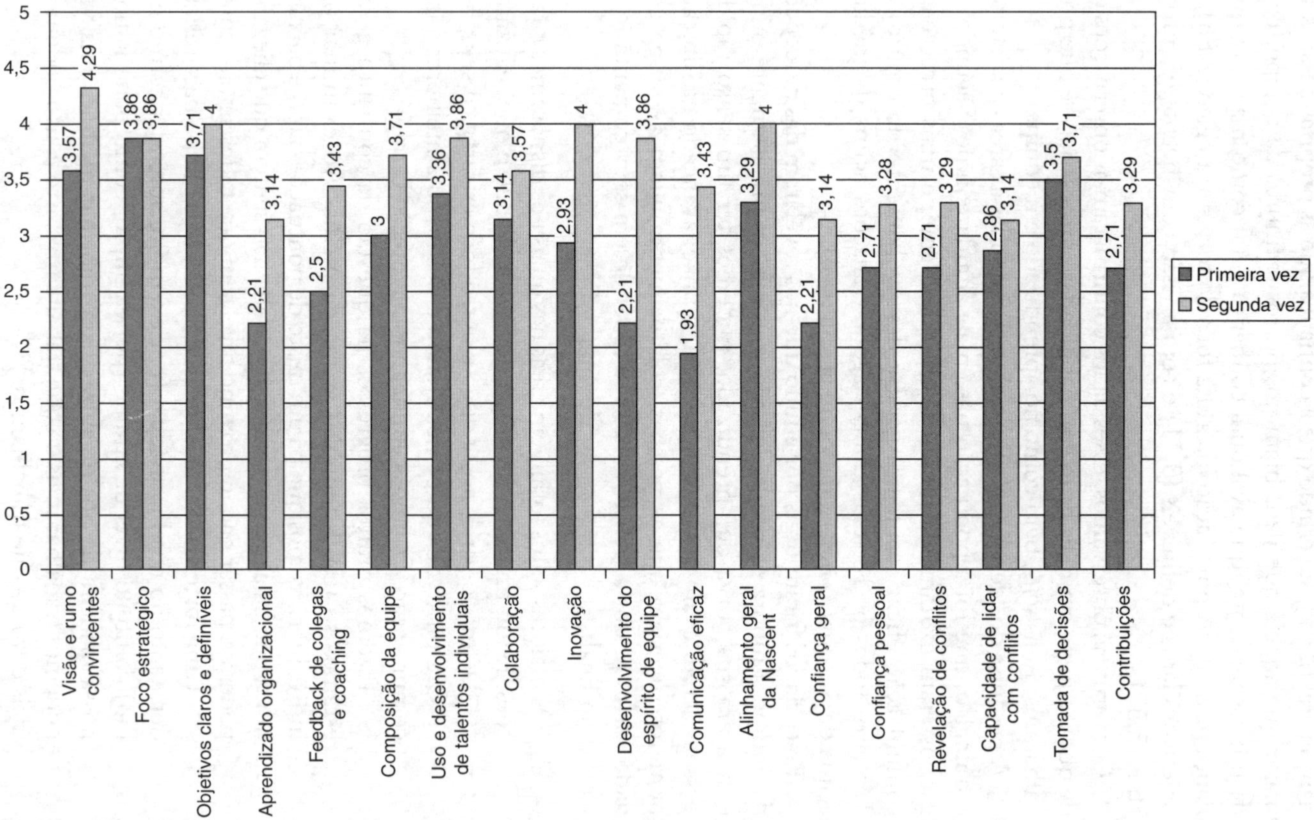

veio em último lugar, com 1,93, seguida da confiança geral, do desenvolvimento do espírito de equipe e do aprendizado organizacional, cuja avaliação estava em 2,21. Embora ainda abaixo da média, a confiança pessoal foi maior que a confiança geral (2,71), sugerindo que a confiança que as próprias pessoas sentiam era maior que aquela que percebiam nos outros membros da equipe (com exceção de um respondente, que avaliou a confiança geral como mais alta que sua confiança pessoal). A pontuação mais alta foi a do foco estratégico (3,86), seguida de objetivos claros e definíveis (3,71) e com a visão convincente e o propósito logo atrás (3,57).

Conforme já observamos, esses dados confirmaram as observações qualitativas de que a equipe era mais forte em "habilidades empresariais" e que precisava trabalhar nos "itens *soft*", bem como no aprendizado em equipe.

A pesquisa do "depois" mostra melhoria em todas as áreas, exceto uma, o foco estratégico, que foi a pontuação base mais alta da equipe. Segundo, os maiores ganhos eram exatamente nas áreas em que a equipe mais precisava melhorar: comunicação eficaz, confiança geral e desenvolvimento do espírito de equipe. Terceiro, todos os 18 itens tinham agora avaliações acima da média (14 itens acima de 3 e quatro itens iguais a ou acima de 4).

Esses dados foram úteis por aquilo que nos revelaram das percepções revistas da equipe. Embora os resultados não mostrassem precisamente onde a equipe estava em sua curva de aprendizado, pudemos ter um senso rápido de se as pessoas acreditavam que a equipe havia, ou não, avançado na direção certa. Os números sugeriam que as pessoas, coletivamente, viam a equipe como tendo dado vários passos à frente, conforme refletido em seus comentários durante o workshop final:

> "Os maiores saltos foram em áreas nas quais nos dispusemos a fazer realizações. Estou muito contente por termos realizado o que realizamos!"
>
> "De modo geral, nossa visão e nosso foco estratégico sempre estiveram lá. O espírito de equipe nos ajudou e nos levou a melhorar a inovação e a comunicação. Estamos caminhando na direção certa."
>
> "Fizemos muitos progressos na questão da confiança geral. E ainda estamos só um pouquinho acima da média. Ao examinar os números individuais, vemos que há um misto de pontuações altas e baixas, o que significa que há algumas pessoas que ainda não sentem que chegamos lá. Não podemos passar para o próximo nível sem que todos sintam confiança."
>
> "Uma forte visão... mas precisamos de mais tempo para refletir e aprender, tanto no nível individual (por exemplo, aprender com o nosso trabalho) como no nível de equipe (por exemplo, como poderíamos esmiuçar nossa maneira de nos organizar para trabalhar melhor, uma vez que não podemos trabalhar mais do que trabalhamos, isto é, não podemos trabalhar mais duro do que trabalhamos?)"

Tendo absorvido esses autorretratos do antes e do depois na manhã do último workshop, a equipe passou a dar corpo às novas exigências de seu trabalho atual e de curto prazo. Seis meses haviam passado desde o estabelecimento do objetivo inicial, e o contexto empresarial havia mudado. Assim que a equipe entrou, concordou em relação às mudanças mais significativas de contexto, os membros discutiram as implicações dessas mudanças no sentido de como precisavam operar de forma diferente. Então identificaram as necessidades de desenvolvimento da equipe em sua próxima fase de trabalho.

Usamos, então, esse quadro atualizado das necessidades de desenvolvimento para ajudar a delinear a rodada seguinte de objetivos de melhoria individuais. Todos os membros da equipe relataram o que mais os deixava satisfeitos com relação ao próprio progresso, dividiram ao menos uma de suas experiências de aprendizado mais significativas, assumiram um compromisso público com relação a seus objetivos pessoais de aprendizado continuado relacionados com as necessidades da equipe e solicitaram o apoio da equipe de que precisavam para prosseguir com seu desenvolvimento individual.

Começaremos com Chet, o líder da equipe:

> "Estou comprometido em criar um ambiente motivador para que possamos realizar aquilo a que nos propusemos. Para mim, isso significa criar um equilíbrio entre o empoderamento das pessoas e o cumprimento de prazos. Isso é um desafio. Quero que vocês entendam o que preciso enfrentar diariamente – devo dizer alguma coisa? Deixar passar? É um equilíbrio delicado. Em termos de criar um ambiente de empoderamento, quero continuar a trabalhar em meu compromisso de ouvir, de perguntar, em vez de fazer presunções. Quero também introduzir a prática continuada de fazer retiros. Estou trabalhando no sentido de fazer elogios na base do tempo real, ainda que o faça por correio eletrônico ou correio de voz. O que preciso de vocês é que fiquem abertos a receber meu feedback direto. Sei que talvez isso requeira mais paciência da parte de vocês, mas peço que ouçam o que digo, sabendo que meu feedback sempre será fundamentado. Se vocês tiverem sugestões quanto a formas de eu dar esse feedback direto que funcionariam melhor para vocês, podem me dizer. Estarei aberto a ouvir."

Agora, veja o que algumas pessoas falaram:

> "Estou comprometido em prosseguir no meu compromisso (de me comunicar mais com base nos estilos dos meus colegas). Quero me concentrar mais no momento atual e ser mais constante em meu tom e minha maneira de me comunicar com meus colegas em todas as situações (individuais ou em grupo). Minha maior dificuldade está nas situações em equipe. Acho que é porque, quando nos vejo andando em círculos, quero dar alguma estrutura. Isso pode passar a impressão de que estou tendo uma atitude autoritária. Minha intenção é ajudar, mas acaba parecendo que quero que as coisas sejam feitas do meu jeito. Eu preferiria fazer perguntas como 'Todos acham que isso funciona?' e deixar a equipe decidir, em vez de eu me impor o tempo todo. Não preciso dirigir tudo. Quando eu entrar na 'zona autoritária', gostaria que parássemos e que vocês me dissessem isso.

Preciso achar um jeito de impedir que a bola de neve desça a montanha e que as pessoas não se sintam mal em me dar o sinal. Não quero destacar ninguém para isso; qualquer um pode me dizer. Se eu entrar nessa zona, será porque não percebi."

"Eu me comunico demais. Dou detalhes demais. E mando e-mails com cópias demais. Preciso parar e pensar a quem enviar e, quando me sentir desconfortável em fazer isso, pedirei a alguém para me ajudar. Se vocês receberem algo de mim que não querem ou de que não precisam, por favor, me digam. E sei que preciso ser mais conciso em minha comunicação, não falar tudo, para que seja possível tirar alguma conclusão! Vocês podem me dar seu feedback – se eu não entender, me falem 'você consegue dizer isso em, no máximo, dez palavras?'."

No final desta parte da sessão, cada pessoa falou e fez um pacto personalizado com a equipe relativo àquilo que precisava. As pessoas entenderam que o propósito desses acordos era dar o passo *seguinte* na obtenção de feedback direto, imediato e relevante uns dos outros. Algumas pessoas já haviam tido essas conversas com membros da equipe, de modo que a ideia não era nova. Mas esta era a forma explícita pela qual estávamos fazendo todos passarem para a próxima fase do trabalho: havíamos percorrido todo o ciclo de estabelecimento de objetivos individuais e coleta de subsídios, e agora era a vez deles de assumir plena responsabilidade por suas agendas individuais e se apoiar mutuamente em seu aprendizado.

Solicitamos também a cada um que identificasse um membro da equipe para ser seu parceiro ou sua parceira no prosseguimento do trabalho. Enviaríamos a cada pessoa um "contrato de aprendizado" pessoal baseado na sessão do dia, sugerindo as utilidades do documento no trabalho como parceiros. Relembramos a todos que cada um tinha ainda uma última sessão de coaching individual a programar e acrescentamos que esse poderia ser o momento para concluir como queriam fazer a transição de trabalhar conosco para trabalhar com seu parceiro ou parceira e com a equipe em geral. E depois as pessoas refletiram na sessão do dia e no projeto como um todo.

Essa foi a última ocasião em que estivemos com a equipe, mas os dados de nossas entrevistas de impacto com as pessoas, realizadas três meses depois, revelaram que a equipe mantivera e ampliara seu progresso.

AS ENTREVISTAS DE ACOMPANHAMENTO

Programamos intencionalmente as reuniões finais de coaching individual e as entrevistas de impacto para ocorrer depois do último workshop com a equipe. As entrevistas se concentraram nas mudanças individuais e da equipe ocorridas em função do processo e foram realizadas três meses depois de o projeto ter sido concluído para sabermos o que havia "empacado". Essas entrevistas foram conduzidas por um terceiro para que as pessoas pudessem falar abertamente. No todo, revelaram significativo progresso nos objetivos de aprendizado da equipe e no objetivo de melhoria individual de cada um de seus membros.

Comentários específicos confirmaram a nova autoimagem melhorada da equipe e trouxeram cores e detalhes para o quadro. Eis umas amostras:

"Esse trabalho acelerou a integração da equipe. Estávamos tão desconectados e tão ocupados que, se não fosse esse processo, não teríamos nos unido. Todo mundo estava disposto a mudar – isso era algo que já existia e este trabalho nos fez chegar lá com uma rapidez incrível. Uma vez dentro do processo, todos sabíamos o que precisávamos fazer."

"Nossas reuniões de grupo foram se tornando cada vez melhores. Era bom ver como as pessoas estavam mudando suas reações e fazendo novos contatos e ligações entre si. Hoje, vejo a discussão aberta de problemas e questões, as pessoas manifestando seus pensamentos umas às outras, enfim, uma real abertura a ajudar uns aos outros, e também as pessoas admitindo seus problemas, como quando um dos membros da equipe reconheceu abertamente que suas faltas às reuniões estavam tendo efeito negativo sobre todos os membros da equipe."

"Agora confio em meus colegas de equipe, somos mais reflexivos, temos um diálogo melhor e desfrutamos de maior credibilidade fora da equipe."

Cada um deles também percebia mudanças importantes em si:

"Mudei em muitos aspectos. Estou muito mais consciente das minhas interações e do efeito que causo nas pessoas. Agora me gerencio melhor e tenho interações melhores. Penso no meu estilo, naquilo que funciona ou não funciona nas diferentes situações. Estou muito mais consciente. Mesmo quando não consigo cumprir meus compromissos, sou capaz de perceber. A parte difícil é a coisa mais profunda, é ter de me olhar de uma forma reflexiva. Sou autocrítica e esse processo me força a me olhar no espelho e ver se estou sendo honesta comigo mesma, ver onde estou e não estou progredindo."

"Tenho consciência de quando estou entrando numa zona de perigo. O negócio maior é a consciência, é o que mais ajuda. Meu compromisso era ser mais aberto às sugestões das pessoas. Por exemplo, havia algumas pessoas que não estavam fazendo sua parte. Fazíamos reuniões semanais e eu costumava ficar tão impaciente e irritado que não as escutava. Agora estou mais aberto às situações e consigo ouvir as pessoas. Houve um membro em especial que foi um desafio para mim e, ao longo desse processo, passei a gostar mais dele – antes, eu não conseguia nem ficar na mesma sala que ele. Com o passar dos meses, enxerguei um lado diferente nele. Às vezes ainda não vem tão preparado como eu gostaria que viesse, mas já fico de guarda para não explodir com ele."

"Não é só a questão da autoconsciência; tem mais a ver com a percepção de como as pessoas podem reagir a algo que pessoalmente considero positivo, e isso é muito importante. Agora penso bem antes de dizer ou fazer algo e estou mais sensível a todo tipo de público. Foi uma pequena mudança, mas foi muito importante; não fui do 0 ao 10, foi mais como ir do 8 ao 10, e esse ganho de 2 pontos foi importante."

O que não deve sugerir que algumas pessoas não estivessem preocupadas em continuar ou manter seu crescimento:

"Tornei-me mais autoconsciente, inclusive no sentido de que eu via as coisas somente através das minhas próprias lentes e agora enxergo os problemas das pessoas com uma transparência que eu não tinha antes. Ainda luto com isso porque é bom ser autoconsciente, mas quando as coisas ficam tensas, entro no piloto automático e volto para meus antigos padrões de comportamento."

"Estou mais autoconsciente de minhas interações com os outros. Agora penso em minha capacidade de relacionamento com as pessoas e uso o conhecimento de meus pontos fracos para ver como se manifestam nos meus projetos cotidianos. Estou tentando mudar, mas é um negócio muito estressante – manter isso como minha prioridade mental continua sendo difícil."

Muitos viram uma clara ligação entre seu desenvolvimento pessoal e o progresso da equipe:

"Eu me sinto muito bem com meu desempenho *e* com minha equipe e com a dinâmica... Ganhei muito em termos profissionais e vi a equipe ganhar muito também. A junção dos dois é que é poderosa – agora vejo como minha responsabilidade ajudar a equipe e não só a mim mesmo; posso sentir isso mais, agora. Esta equipe partiu de um ponto muito difícil. Sempre reconheci isso, mas acho que consegui ficar mais concentrado em ajudar a equipe (e me ajudar também)."

"As pessoas continuam me procurando, mas agora temos conversas mais produtivas. Além disso, elas estão mais confiantes no próprio trabalho; estão se desenvolvendo e mais satisfeitas. Outro dia, uma pessoa me procurou para aconselhamento e minha maneira de lidar com ela foi diferente – mostrei-me mais colaborativo e menos impositivo. Isso obriga as pessoas a pensarem nas próprias soluções. Parei de dar respostas, de modo que agora elas não se fecham mais."

"Estamos tão concentrados em fazer nossas tarefas que não percebemos que metade da batalha de ser eficiente está em trabalhar com as outras pessoas. Nunca tive de examinar meu estilo de trabalhar em equipe. Isso foi interessante porque é óbvio que temos de ser autoconscientes, mas esse processo nos fez parar e cuidar dessa questão específica. Agora sou um comunicador e um gerenciador de pessoas melhor. Tudo isso me ajudou a quebrar o gelo; e me deu um motivo para parar e dizer aos membros da minha equipe: 'É nisso que estou trabalhando.'"

Portanto, você tem agora um quadro completo de nosso trabalho com o grupo e uma ideia dos compromissos assumidos pelos membros desse grupo. Você já sabe, com base na história de Cathy descrita no capítulo anterior, que a equipe produziu um plano importante e bem-sucedido, ao contrário do fracasso da equipe anterior. O trabalho de imunidade à mudança em nível de equipe criou valorosos avanços ao longo do período de seis meses e acreditamos que esses avanços tiveram muita relação com o fato de a equipe ter tido sucesso em sua atribuição empresarial. Mas, afinal, o que fez o processo ser bem-sucedido?

O QUE APRENDEMOS COM RELAÇÃO ÀQUILO QUE FEZ O PROCESSO FUNCIONAR

Nosso ponto de partida é a questão da confiança, uma das principais questões da equipe. Você pode até dizer que a falta de confiança era *a principal* questão, uma vez que impedia que as pessoas se comunicassem efetivamente e aceitassem os diferentes estilos de trabalho umas das outras.

Uma coisa que ajuda é entender (ou ao menos ter uma teoria a respeito de) aquilo que gera confiança. Nosso modelo de trabalho, baseado em pesquisas de confiança em organizações, identifica ao menos quatro elementos.[8]

- Respeito pela importância do papel da outra pessoa na geração de resultados de alta qualidade
- Crença na capacidade (competência) do outro e disposição de cumprir as próprias responsabilidades em sua função formal
- Preocupação com o outro em termos profissionais e pessoais
- Coerência entre aquilo que as pessoas dizem e fazem

Todos esses elementos foram importantes para a equipe da Nascent Pharmaceuticals. Iniciamos com Chet porque, como líder da equipe, ele desempenhou papel crucial na construção de confiança na equipe.

O papel do líder é fundamental.

Nas primeiras semanas do processo de formar sua nova equipe, Chet atentou às necessidades das pessoas relativas à construção de uma equipe e agiu com base nelas, trazendo recursos potenciais e dizendo à equipe para decidir com quem desejavam trabalhar. Esse ato de ouvir é um ato de respeito. Os membros menos satisfeitos da equipe poderiam ver essas ações rápidas e responsivas de Chet como atos de competência de liderança: ele não estava permitindo que sua equipe "afundasse". Ser instado a tomar uma decisão com relação a um consultor poderia aumentar a confiança da equipe em Chet e no processo, uma vez que quem quer que fosse escolhido não seria um agente *dele*. Além disso, o fato de serem os decisores logo de início deu aos membros da equipe senso de coautoria dos resultados.

Chet favoreceu o desenvolvimento da confiança durante a primeira sessão da equipe com sua decisão antecipada de discutir com a equipe a pesquisa e os dados das entrevistas relativos aos pontos fracos de sua liderança e com sua atitude não defensiva de ouvir durante toda a conversação. Ele expressou seu entendimento de que muitos dos membros achavam que ele estava pressionando demais com sua microgestão e dando instruções demais sem qualquer comentário apreciativo. Ele se tornou novamente vulnerável quando compartilhou seu compromisso pessoal de não ter uma reação imediata com as pessoas e procurar saber antes o que elas pensavam e ouvir ativamente, e somente então dar seu feedback ou instruções.

E como isso colaborou para construir uma base de confiança? Em essência, a atitude de Chet de ouvir o feedback da equipe foi mais uma forma de demonstrar respeito e, em sua opção de seguir o feedback das pessoas, estava reconhecendo o valor das ideias delas. Ele também estava "fazendo o que as pessoas julgavam necessário" ao ouvir e entender o ponto de vista delas antes de reagir. Em um nível mais pragmático, o ato de expressar sua intenção de agir com base no feedback específico deles significou também que ele estava disposto a tratar de um dos principais motivos da falta de confiança que imperava na equipe – as diferenças de estilos de trabalho.

Embora a aspiração de longo prazo de todos fosse entender e reconhecer as diferentes formas de abordar o trabalho de todos, inclusive de Chet, esse objetivo tendia mais a ser atingido se, como líder, ele pudesse respeitar as necessidades dos outros. Seu compromisso assumido publicamente tem valor simbólico imediato: como líder, ele se classifica como alguém que precisa apreciar melhor os estilos de trabalho dos outros (e entender que o sucesso da equipe não tem a ver com cada um se acomodar com o próprio estilo). Ademais, as pessoas podiam esperar que Chet viesse a construir sua competência como líder e gestor numa área necessária.

Depois do primeiro workshop, Chet continuou a desenvolver a confiança das pessoas ao continuar procurando corresponder a seu compromisso de ouvir e entender antes de reagir. Isso teve compensações práticas na questão da construção de uma base de confiança. Por exemplo, a atitude mais voltada para a indagação lhe permitiu saber o que as pessoas pensavam, o que aumentou sua crença na capacidade delas e na qualidade de seus pensamentos. Ademais, à medida que ouvia mais o que as pessoas tinham a dizer, abriu-se a elas e às suas ideias e passou a se importar mais com elas como pessoas. As pessoas sentiram o respeito dele para com elas.

Ao longo dos meses desse trabalho, Chet manteve também sua promessa de *jamais usar para fins de avaliação (formal ou informal) aquilo que as pessoas revelassem com relação a seus desafios pessoais de aprendizado* naquele primeiro workshop e depois. A coerência entre aquilo que a pessoa diz e faz não poderia ser mais importante do que o fato de honrar essa promessa específica. (Um quadro oposto mostraria o custo da incoerência: imagine quanto e quão rápido se perderia a confiança se Chet não mantivesse sua palavra nessa garantia que deu.)

Não sabemos se foi difícil para Chet manter sua palavra. Olhando a questão em retrospectiva, ao que parece ele estava apenas sendo coerente com sua crença de que as pessoas poderiam ter, e efetivamente teriam, êxito em seus objetivos individuais se lhes fosse dada a oportunidade, e documentar esse trabalho não acrescentaria valor algum; ao contrário, poderia interferir. De todo modo, ao não se basear nos desafios pessoais de aprendizado das pessoas nas avaliações do trabalho delas, Chet afirmou continuamente os valores compartilhados da equipe relativos ao desenvolvimento pessoal e à segurança profissional.

Embora o papel do líder seja fundamental na construção da confiança, ele não consegue, sozinho, levar a equipe ao sucesso. Isso exige o envolvimento de todos. Identificamos seis elementos adicionais que explicam o desenvolvimento da equipe:

- O objetivo geral da equipe influiu enormemente em seu desenvolvimento.
- As pessoas trabalharam continuamente em objetivos de melhoria compatíveis com o objetivo geral da equipe.
- As pessoas introduziram "negócios pessoais" relevantes nos "negócios" da equipe.
- Havia uma forte motivação e um forte compromisso coletivo para melhorar.
- O aprendizado individual foi potencializado pelo tecido social do grupo.
- A estrutura de aprendizado era adequada às necessidades de aprendizado.

O objetivo geral da equipe influiu enormemente em seu desenvolvimento.

A decisão da equipe de trabalhar em sua comunicação foi muito apropriada, considerando sua formação inicial, especialmente por oferecer motivo para tratar da questão da confiança. O desenvolvimento de um acordo explícito com relação ao que seria uma boa comunicação forneceu, logo de início, à equipe uma experiência de formação de vínculo. Apesar do histórico que incluía episódios em que algumas pessoas se sentiam magoadas ou não reconhecidas, todos gostaram do quadro da comunicação que criaram em conjunto. Como um dos primeiros produtos a que a equipe chegou de forma consensual, esse quadro oferecia um modo seguro e produtivo de as pessoas nomearem as origens de seus sentimentos ruins anteriores, segundo sua percepção.

Igualmente importante foi a equipe ter definido o que era uma comunicação de qualidade para seus membros, dando-lhes maior senso de copropriedade de aonde queriam chegar e como chegar lá. Essa descrição forneceu itens explícitos do que se devia e não se devia fazer, os quais estavam em consonância com o desenvolvimento da confiança interpessoal, e os membros compartilhavam da expectativa de que todos seguiriam essas diretrizes. Lembre-se, por exemplo, das orientações no sentido de ser "aberto, direto, sincero, oportuno, motivador e não presumidor" como emissor da comunicação e de "presumir as boas intenções do emissor, ouvir atenta e completamente, fazer perguntas no sentido de esclarecimento (especialmente relativas ao 'tom') e manter-se aberto a aprender" como recebedor da comunicação. O quadro os lembrava de se manter conscientes de como cada um contribuía pessoalmente para impedir a boa comunicação da equipe, e todos se mostraram dispostos e capazes nesse sentido.

As pessoas trabalharam continuamente em objetivos pessoais de melhoria compatíveis com o objetivo geral da equipe.

Quando perguntamos às pessoas (na entrevista de impacto) se sentiam que trabalhar em seus objetivos de desenvolvimento pessoal era algo que estava ligado às necessidades críticas da equipe, todos responderam que havia uma clara ligação e muitos comentaram como isso foi importante para eles:

> "Cada um de nossos compromissos se referia a tornar a equipe mais forte, a nos preocuparmos mais uns com os outros e com nosso trabalho; meu objetivo afetou a dinâmica geral da equipe, de modo que ambos se alimentavam mutuamente."
>
> "É realmente muito bom identificar as necessidades e os pontos fortes e fracos da equipe em geral; isso só faz ajudar na consecução de seu próprio objetivo e na dinâmica da equipe como um todo. É bom olhar para dentro de nós mesmos – como indivíduos, somamos ou tiramos algo da equipe como um todo e precisamos ter consciência disso."
>
> "No meu modo de ver, as necessidades da equipe provêm dos indivíduos que integram a equipe. Se houver muitos pontos fracos em determinadas áreas, isso vai afetar a equipe. Precisávamos melhorar a comunicação de toda a equipe. As pessoas individualmente precisavam trabalhar nisso. Quando começamos a trabalhar nessa questão, não senti que estivesse 'forçando' meu problema a se encaixar na necessidade da equipe – ambos estavam muito ligados. Acho que essa é a única forma de fazer a coisa. Se uma equipe tem um objetivo, mas não tem a copropriedade individual desse objetivo, não há como atingi-lo."

Pelo fato de que todos estavam trabalhando no sentido de ser mais eficazes em sua comunicação, conseguimos introduzir ferramentas aplicáveis às necessidades individuais de aprendizado de todos em uma das nossas sessões com a equipe inteira. O trabalho das preferências MBTI feito no segundo workshop levou as pessoas a verem os outros (em especial aqueles que as deixavam irritadas) sob uma luz nova e mais generosa. O MBTI, juntamente com a escada da inferência, ajudou as pessoas a entender seu papel na criação de interpretações equivocadas da comunicação dos outros, o que fez todos se sentirem menos donos da verdade e mais bem equipados para aumentar seu repertório interpessoal. Comentários como "Nunca me ocorreu que eu estivesse sendo duro com as pessoas porque elas não faziam o que eu precisava que fizessem" são representativos de como as pessoas aprofundaram o próprio entendimento do papel que pessoalmente desempenhavam no ato de não confiar nos outros. Esse aprendizado individual, por sua vez, serviu ao objetivo da equipe.

As pessoas introduziram "negócios pessoais" relevantes nos "negócios" da equipe.

Os "negócios pessoais" das pessoas estavam estreitamente ligados aos "negócios" em si, de modo que a razão para compartilhá-los era clara, e havia um quadro claro para se definir o que era apropriado. A colocação dos holofotes sobre o "eu" ocorreu no primeiro workshop e continuou durante todas as nossas reuniões com a equipe. Para começar, as pessoas declararam publicamente seus objetivos de melhoria pessoal e, com isso, ficaram mutuamente vulneráveis. Isso possibilitou que elas vissem e fossem vistas pelos colegas de equipe como seres humanos imperfeitos, como elas próprias. Depois, as pessoas compartilharam seus mapas da imunidade inteiros, inclusive seus compromissos ocultos e seus grandes pressupostos, os quais revelaram necessidades ainda mais pessoais, inclusive ligadas à autoproteção.

Isso trouxe benefícios enormes e imediatos para a construção da confiança mútua na equipe, pois seus membros começaram inesperadamente a enxergar os motivos de suas deficiências como comunicadores. Isso não apenas ajudou as pessoas a se sentir menos contrafeitas, mas também as fez ficar menos rígidas e mais solidárias umas com as outras. O compartilhamento da dimensão pessoal desse trabalho fez também aumentar a confiança dentro do grupo com o passar do tempo, na medida em que as pessoas viam os outros usando essas informações privilegiadas de maneira adequada: elas ouviam comentários em que as pessoas notavam ou reconheciam sua maior eficácia e, em contrapartida, não ouviam ninguém abusando daquilo que tinham passado a saber uns dos outros.

Achamos também que o ato de introduzir "negócios pessoais" relevantes nos "negócios" da equipe, testar os grandes pressupostos e subverter as imunidades pessoais levou todos os membros da equipe ao êxito em seus objetivos pessoais de melhoria da comunicação. Cremos que não teríamos visto tanto progresso nas pessoas individualmente ou no grupo se não tivéssemos chegado ao cerne daquilo que impedia cada pessoa de realizar seu próprio objetivo de comunicação. Um ingrediente crucial da introdução adequada do mundo pessoal no mundo profissional é a capacidade de autorreflexão. Cada uma das pessoas da equipe conseguiu olhar-se no espelho e ser honesta com relação ao que via. Tendo lido o Capítulo 6, você sabe qual foi o tipo de trabalho que Cathy fez para subverter a própria imunidade e até chegar a entender como seus próprios compromissos ocultos a colocavam em seu estado de estresse. Agora, imagine cada membro da equipe realizando o mesmo nível de trabalho, tendo oportunidades dentro da equipe para revelar sua própria imunidade aos outros, testar seus grandes pressupostos e ter suas consequentes mudanças reconhecidas e apreciadas. Isso forma um poderosíssimo cadinho para o aprendizado pessoal estreitamente ligado às necessidades empresariais.

Havia uma forte motivação e um forte compromisso coletivo de melhorar.

Isso foi fruto do que dissemos anteriormente, no sentido de que a equipe incorporou a postura do tipo "Se um de nós falhar, todos falharemos". Todos estavam no mesmo barco da necessidade de melhorar e do objetivo de aprendizado específico da equipe. Primeiro, eles sabiam que precisavam melhorar a comunicação e sentiam urgência de cuidar dessa necessidade. Segundo, ao definir o objetivo, todos eram copropr ietários dele. Eles não agiram por uma questão de conformidade; construir uma base de confiança e melhorar a comunicação não era algo que Chet lhes tivesse pedido para fazer ou exigido que fizessem. Ao contrário, eles viam a si próprios como os agentes da mudança. Sozinho, Chet não teria conseguido criar maior coesão na equipe.

O aprendizado individual foi potencializado pelo tecido social do grupo.

O propósito coletivo e a motivação coletiva da equipe proporcionaram as condições fundamentais para os indivíduos perseverarem em seu trabalho. Um padrão previsível e típico do trabalho de mudança é as pessoas começarem com força e depois enfraquecerem, especialmente quando se conseguiu um progresso suficiente para que a nova realidade seja tolerável. "Falta tempo" é o refrão padrão. Em contraste, todos da equipe continuaram a trabalhar tanto nos objetivos da equipe como nos individuais, mesmo no auge das exigências de trabalho e das consequentes pressões de tempo.[9] Olhando retrospectivamente, Chet explica por que acha que as pessoas prosseguiram nesse trabalho:

> O mais importante é que quando você tem a nítida percepção de que todos da sua equipe sentem que precisam de algo, é possível conseguir algo com isso. Quando começamos a trabalhar no desenvolvimento de nosso espírito de equipe, houve um suspiro de alívio. Precisávamos melhorar. Ficamos muito satisfeitos de contar com alguém de fora para nos ajudar nesse processo, mas aí percebemos que era muito trabalho além do nosso outro trabalho em curso. Todo mundo estava ocupado. Foi muito importante a equipe ter conseguido articular a razão pela qual precisava fazer isso e o que queria conseguir com isso para manter a energia viva.

As pessoas podem subverter suas imunidades sem o tecido social de sua equipe de trabalho. Porém, contar com um grupo de pessoas que sabem no que estamos trabalhando, as quais têm, elas próprias, interesse em que progridamos naquele objetivo de melhoria e que interagem frequentemente conosco e, portanto, podem nos dar feedback direto e tempestivo (tanto quando parecemos estar sob o domínio de nosso grande pressuposto como quando estamos agindo de formas novas e mais produtivas) aumenta em muito nossa capacidade individual de seguir em frente. Queremos que os outros nos vejam como pessoas responsáveis e eficazes. Tendemos a assumir uma postura do tipo: "Dissemos que iríamos mudar e é isso o que vamos fazer!"

A motivação coletiva da equipe no sentido de melhorar fez os indivíduos se sentirem responsáveis uns pelos outros. Os objetivos individuais das pessoas não eram algo que elas podiam pegar ou largar, uma vez que todos ao redor da mesa estavam contando uns com os outros e torcendo uns pelos outros. E não apenas isso, cada um sabia que todos os demais estavam informados de seus objetivos pessoais. O conhecimento dos objetivos mútuos possibilitou que as pessoas oferecessem espontaneamente feedback umas às outras. Essa pressão e esse encorajamento por parte dos outros foram uma fonte adicional de motivação para as pessoas continuarem trabalhando em seus objetivos.

As reflexões finais de um membro da equipe tocaram nesse ponto: "Com toda a honestidade, sinto que não podemos aprender de forma isolada; é preciso fazê-lo em equipe. Acho que a experiência de coaching individual em si pode ser muito isolada para que aconteça a automelhoria, sem ter medidas de se as mudanças estão realmente ocorrendo. Aprender com a equipe é mais eficaz porque o seu comportamento importa para os outros e você pode obter feedback."

A estrutura de aprendizado era adequada às necessidades de aprendizado.

Diferentes necessidades de aprendizado exigem diferentes montantes de tempo, qualidades de espaço e tipos de materiais e de recursos. Aqui, a conceituação e o planejamento dos elementos de tempo, lugar e materiais compensaram.

Desde o início, Chet e a equipe sabiam que seu problema (qualquer que ele fosse) não era algo que conseguiriam resolver sozinhos. Eles trouxeram um recurso (nós). Eles sabiam também que seu problema não seria resolvido em um dia ou dois, mas estavam preparados para reservar o tempo necessário, apesar das extraordinárias pressões que sentiam para entregar seu produto.

Eles planejaram seu tempo e tornaram sagradas suas sessões em equipe conosco (como você pode imaginar, é complicado programar workshops de um dia de duração com tantas pessoas, todas com agendas atribuladíssimas). Além do óbvio tempo reservado para aprender, o agendamento de sessões múltiplas criou um cronograma de expectativas de progresso. Se você já aprendeu música, provavelmente conhece o sentimento de querer estar preparado para a próxima aula. Saber de antemão quando iriam se reunir conosco durante um período de seis meses ajudou as pessoas a se manterem focadas e prontas para participar no nível seguinte.

Procuramos tornar cada reunião – com a equipe ou em sessões de coaching individual – suficientemente seguras e suficientemente arriscadas. Apoio e desafio, as pesquisas revelam, são as características simultâneas que mais facilitam o desenvolvimento. Desenvolvemos modelos de práticas que as pessoas pudessem usar fora de nossas reuniões para entender e apreciar melhor uns aos outros, e as ferramentas que escolhemos tinham o propósito de apoiar esse mesmo objetivo. Os dados que coletamos e compartilhamos durante todo o processo aumentou a capacidade das pessoas de ver onde e como podiam auxiliar na consecução dos seus objetivos de equipe e individuais.

A equipe da Nascent reflete um projeto de melhoria das capacidades que pode ser simultaneamente o mais ambicioso e o mais eficiente em termos de custo. A natureza não artificial e não temporária de grupos inteiros trabalhando sob pressão para demonstrar desempenho cria poderosos apoios e incentivos para as pessoas prosseguirem em seu trabalho de melhoria individual. Ao mesmo tempo, quando elas conseguem cumprir esse objetivo, entre as compensações está o mais alto desempenho da equipe como um todo.

Nos últimos capítulos, você conheceu uma variedade de pessoas e de lugares, cada um assumindo o "trabalho de imunidades" à própria maneira. É possível que você tenha começado a pensar em tentar isso consigo mesmo ou com sua equipe. Na Parte III, queremos compartilhar com você o que entendemos serem os ingredientes fundamentais para se ter êxito em superar imunidades e depois ajudá-lo a diagnosticar e vencer as próprias imunidades.

PARTE III

AGORA É SUA VEZ: DIAGNOSTICANDO E VENCENDO IMUNIDADES EM VOCÊ E EM SUA ORGANIZAÇÃO

[8]

DESVENDANDO E LIBERANDO O POTENCIAL

Três ingredientes necessários

MUITA GENTE NOS PERGUNTA: "Vocês acham que algumas pessoas estão mais aptas que outras a fazer progressos usando seu método?" Essa pergunta costuma vir acompanhada de algumas hipóteses – "Aposto que isso tende a funcionar mais com as mulheres", dizem (ou "Mais com pessoas dos Estados Unidos e da Europa do que da Ásia" ou "Mais com pessoas que atuam na área social"). Conforme esperamos que os exemplos que fornecemos ao longo deste livro tenham deixado claro, todas essas hipóteses são notavelmente não fundamentadas.

Porém, observamos que algumas pessoas *estão* mais aptas a vencer suas resistências. O conjunto de provas sugere que, quanto mais as pessoas estão ligadas a três ingredientes – os quais, para fins de concisão [em inglês], designaremos como "*gut*" (coragem e determinação, ou visceral, que vem lá de dentro ou lá do fundo), "*head and heart*" (mente e coração) e "*hand*" (mão ou ação) –, mais significativas serão suas mudanças. Examinaremos essas metáforas uma por vez.

INGREDIENTE 1: CORAGEM E DETERMINAÇÃO – UMA FONTE VITAL DE MOTIVAÇÃO PARA MUDAR

Para começar e ir até o fim com um trabalho genuinamente desenvolvimental, a pessoa deve realmente, *realmente* querer realizar seu objetivo da primeira coluna. Raramente bastará ter um objetivo que apenas "faça sentido", nem mesmo um objetivo que tenha por trás razões convincentes e lógicas. As razões podem ajudar a estimular nossa motivação para mudar, mas não bastam para nos ajudar a cruzar os limiares mais fundamentais. Essas razões amparam-se nos domínios do verbo "dever" das conversas interiores. Precisamos também experimentar suficiente necessidade ou desejo, um sentimento visceral – razão pela qual dizemos que "vem lá de dentro".

Vimos pessoas que descreveram a consecução de seus objetivos de automelhoria da coluna 1 como "importante" ou "extremamente importante" (4 ou 5 numa escala de 1 a 5), as quais, no entanto, acabaram decidindo não realizá-los. Por quê? Elas, provavelmente, não colocariam dessa forma, mas é como se não tivessem a coragem de aguentar o que imaginavam que seria desagradável de mudar. Essas pessoas ficaram tão alarmadas quando viram (em seus mapas da imunidade) que a realização de seu objetivo dependia de mudar seu compromisso oculto de autoproteção que imediatamente reavaliaram a importância de seu objetivo. Um objetivo cuja consecução, apenas uma hora atrás, parecia ser de 4 a 5 na escala de importância, de repente deixava de ser importante. Essa é uma das formas pelas quais as pessoas resolvem a dissonância. A forma de refutá-la provém de uma poderosa sensação intuitiva de que o *custo* dessa autoproteção – a impossibilidade de fazer progressos na consecução de um objetivo profundamente desejado – tornou-se um preço alto demais para continuar pagando.

David e Cathy, cujas histórias de sucesso examinamos na Parte II, vivenciaram seus objetivos como mais que "muito importantes" em termos de sua consecução; eles sentiram que era *absolutamente necessário* trabalhar neles. Em outras palavras, sentiram que não podiam mais *não* trabalhar nesses objetivos. Deixá-los de lado não era uma opção viável. Eles haviam chegado a uma espécie de limite quanto ao que podiam suportar. Eles estavam cientes do – e sobrecarregados pelo – alto preço que estavam pagando pelo *status quo*.

Uma das principais origens dessa sensação provém do sentimento de que, se não mudarmos, colocaremos em risco algo ou alguém que amamos. Enquanto escrevemos este livro, estamos trabalhando com um líder empresarial de sucesso que criou um mapa de quatro colunas apenas para fins profissionais, começando com o objetivo de melhoria de ser uma pessoa capaz de ouvir melhor. Mas quando, semanas depois, percebeu que sua incapacidade de ouvir estava prejudicando sua filha e seu relacionamento, isso fez sua motivação voltar-se para superar sua imunidade. Ele ficou de coração partido ao saber que o terapeuta da filha sugerira que o comportamento dela poderia estar relacionado com ele e com sua indisponibilidade emocional. Ao enxergar, pela primeira vez, que estava em falta com a filha, recorreu a seu reservatório maior de desejo para lidar com essa imunidade à mudança.

Portanto, uma urgência profunda de reduzir o sofrimento – próprio ou de outra pessoa – costuma ser a força motriz da mudança individual; outra é a eficácia pessoal, incluindo ter uma noção do que podemos fazer para levar a cabo nossa desejada mudança. Podemos ter um objetivo que nos é realmente importante (seja ele exigir o máximo de nós mesmos, seguir uma paixão, cuidar de uma deficiência ou construir nossas competências), mas se não sentirmos lá no fundo que temos condição de fazer algo a esse respeito ou se não estivermos certos do que podemos fazer para produzir uma real diferença, não agiremos em função daquele objetivo. Para algumas pessoas, ter diante de si um quadro do próprio sistema imune lhes dá justamente essa direção e a esperança com relação ao que podem fazer para realizar aquele objetivo.

Para essas pessoas, a prontidão para mudar costuma ser despertada por uma súbita inspiração de entendimento de uma verdade sobre si próprias. Ao desvendarem seu sistema imune, uma porta que até então não enxergavam, abre-se e se revela como elas próprias estavam se retendo. Mesmo que sua reação inicial seja sentir-se contrariadas, muitas sentem também a promissora oportunidade de finalmente entender a origem de seus comportamentos prejudiciais.

Foi exatamente assim que uma mulher com quem trabalhamos descreveu o momento da virada rumo ao sucesso na superação de seu desafio de mudança. Quando lhe solicitamos que refletisse em seu processo, Anna, professora efetiva e diretora associada de seu departamento, respondeu assim:

> A sessão de mapeamento me ajudou a me libertar de fazer o trabalho dos outros e assim poder fazer o meu próprio trabalho. Eu integrava comissões demais, assumindo funções de responsabilidade e de pouca autoridade, recolhendo os pedaços que meus colegas pareciam estar sempre jogando, sendo pressionada a colaborar em pesquisas periféricas a meus próprios interesses. O exercício da quarta coluna me deu o lampejo – na verdade, uma epifania – para enveredar sozinha por águas relativamente não mapeadas. Isso significou ter a confiança de estabelecer meus próprios objetivos e trabalhar em sua consecução. Quando penso naquela sessão, vejo que ela me abriu os olhos e me dotou de poder. Obtive permissão de mim mesma para seguir um caminho diferente.

Não é de surpreender que a epifania de Anna, relativa a como estava, inadvertidamente, fazendo ela própria sentir-se péssima ao fazer o trabalho dos outros, aconteceu enquanto pensava em seus compromissos ocultos. Eis como descreveu sua autodescoberta:

> Começou quando cheguei à terceira coluna. Escrevi meus medos – que meu trabalho pudesse não ser muito bom, que sou falível e imperfeita – e, quando os manifestei em voz alta, disse para mim mesma: "Deus do céu!", e tive aquela sensação ruim. Essas preocupações eram reais! Eu sabia que teria de submeter meu trabalho ao escrutínio dos outros. A avaliação pelos colegas é importantíssima aqui. Ou você entra nessa situação de avaliação pelos colegas com ingenuidade, e só faz isso uma única vez, ou cria um escudo ou uma armadura para se proteger. Acho que as pessoas me acham durona e resistente e que ninguém me segura. Mas eu não me vejo assim.
>
> Então, lá estava eu, por um lado dizendo que estava frustrada com o trabalho porque estava dando demais de mim para os outros quando tinha tantas coisas minhas que eu queria fazer, e então vendo que a verdadeira razão de participar de tantas comissões e de dizer "sim" a todos é que era mais fácil fazer o trabalho deles do que o meu! E isso porque tenho medo de que o meu trabalho não seja muito bom!

Com base em seu novo insight, Anna, antes mesmo do final da sessão de mapeamento, já elaborara um plano de como atingir seu objetivo de fazer o próprio trabalho: "No final da sessão, decidi que precisava ter mais confiança. Precisava arranjar mais tempo e mais mecanismos para fazer meu trabalho. Concluí que, se conseguisse dedicar meu tempo a fazer o trabalho, obteria mais validação de sua qualidade."

É difícil resistir à tentação de lhe contar quais foram os resultados dela – de modo que aí vão eles:

> Estou participando este ano [de um prestigioso programa de bolsas de estudos para graduados]. Estou negociando um contrato com uma importante editora de livros de texto para a edição de um livro sobre materiais inovadores de aprendizado em genética. Eu me candidatei a uma subvenção desse projeto pela National Science Foundation e ele teve uma boa avaliação, de modo que estou otimista em relação ao êxito do projeto; e estou escrevendo diversos trabalhos [de pesquisa acadêmica] sobre esse novo método e suas consequências para o entendimento da genética. Se você tivesse me conhecido há alguns anos, entenderia que isso significa uma reviravolta completa. Em vez de me sentir péssima e mal-humorada o tempo todo, estou entusiasmada. Além do mais, isso está tendo impacto positivo nas outras áreas de minha vida. Como melhor, faço exercícios. Tudo se encaixou.

Portanto, os sentimentos profundos podem nos preparar para agir, seja porque o custo do *status quo* (para nós mesmos e para os outros) tornou-se intoleravelmente alto ou porque experimentamos uma explosão de esperança por ter enxergado um caminho que não estava claro até então. Uma terceira fonte de motivação visceral pode ser a experiência pessoal de uma profunda discrepância.

Nesses casos, as pessoas sentem a necessidade de resolver uma gritante lacuna que veem em si mesmas. Essa lacuna pode ser cognitiva, afetiva e/ou comportamental. Pode ser um descompasso que leva uma pessoa a se sentir mal consigo mesma (por exemplo, "Quero parar de fumar, mas estou fumando mais do que nunca") e leva outra pessoa a se sentir entusiasmada em se aproximar mais da pessoa que ela aspira a ser (como o vendedor de celulares Welsh, Paul Potts, que não desistiu do sonho de ser cantor de ópera e acabou se apresentando para a rainha). O objetivo da coluna 1 pode ser o de corrigir uma deficiência ("Tornar-me um delegador melhor") ou de realizar uma expansão mais ampla do eu (trabalhamos com um alto executivo, já muito realizado e que estava prestes a se aposentar, mas que, não obstante, desejava profundamente, para sua própria gratificação, melhorar em sua atuação como mentor e em "liderar de trás").

Seja como for, para muitas pessoas, o ato de se ver operando de maneira tão contraditória – com um pé no acelerador e o outro no freio – ativa seus sentimentos viscerais de coragem e determinação. Conforme o psicólogo William Perry observou: "Organismos *organizam*. Organismos humanos organizam a *realidade*." Quando você coloca diante das pessoas um quadro claríssimo de sua auto-organização altamente discrepante, isso costuma ser um poderoso ponto de foco da atenção delas.

Aquilo que vem das profundezas de nosso eu é o que nos move – nossos mais profundos desejos nos dão a motivação e a energia – no sentido de assumir desafios de mudança adaptativa. Dado o primeiro passo para assumir o compromisso de mudar, ainda assim as pessoas precisam de recursos para prosseguir na jornada. Esses recursos provêm dos dois próximos ingredientes, sendo gerados assim que começamos a experimentar as recompensas da mudança em si.

INGREDIENTE 2: MENTE E CORAÇÃO: O TRABALHO DEVE ENVOLVER SIMULTANEAMENTE O PENSAMENTO E OS SENTIMENTOS

Em todo desafio adaptativo, o espaço problemático está acima *e* abaixo de nosso pescoço. Pelo fato de que uma imunidade à mudança expressa as dimensões do pensamento e dos sentimentos de um dado nível de complexidade mental, precisamos trabalhar em ambas as dimensões para realizar uma mudança adaptativa real (conforme ilustrado no quadro "Mobilizando sentimentos e pensamento"). Nenhum dado montante de pensamento ou esforço será, sozinho, suficiente para resolver um problema adaptativo, uma vez que o modo como nos sentimos é inerente ao problema em si. E, como o que sentimos está intrisecamente ligado ao modo como conhecemos, não podemos nos sentir de modo diferente se não conhecermos o diferente. Precisamos de um espaço emocional e cognitivo maior, um espaço no qual experienciemos que os conflitos internos e as incoerências internas de nosso desafio adaptativo não são inevitáveis e intratáveis.

Mobilizando sentimentos e pensamento

Lembra-se do David, do Capítulo 5? Seu objetivo era "ser um delegador melhor e estar mais concentrado em alguns aspectos críticos". Em face disso, seu objetivo parece relativamente direto e não emocional. Todavia, se olharmos seu mapa da imunidade, veremos que o objetivo de David era essencialmente adaptativo, porque o ato de delegar estava ligado à sua identidade e às suas crenças relativas à liderança eficaz. Lembre-se de seu grande pressuposto: "Acredito que liderar sem fazer é 'despesa indireta' e não tem valor. Eu estaria negando minhas raízes se não fizesse o trabalho em si. Eu seria egoísta, preguiçoso e mimado, e perderia o autorrespeito."

Libertar-se conscientemente desse pressuposto exigiu que David revisse sua definição de liderança eficaz – não apenas intelectualmente, mas em seu coração –, para que continuasse a se respeitar e se sentir bem consigo mesmo, a ser leal às suas raízes e ser um bom delegador.

Em outras palavras, para que David pudesse mudar sua mentalidade com relação à liderança, teve de lidar com sentimentos – de deslealdade e de desprezo por si próprio, neste caso – que emergiram assim que ele apenas pensou em abandonar aquele quadro da boa liderança com o qual se identificara por tanto tempo.

A mentalidade refletida numa imunidade à mudança não é apenas um fenômeno cognitivo. Conforme dissemos, é também um brilhante sistema de administração da ansiedade. Mexer com ele significa mexer com um instrumento antiquíssimo, bem calibrado e plenamente operacional, usado para manter a distância os perigosos temores. Já dissemos que todo sistema imune é uma força inteligente que procura protegê-lo e até mesmo salvar sua vida, da forma como você a conhece. Você pode perceber nessa definição como a mente e o coração trabalham furiosamente em conjunto.

Quando as pessoas veem os próprios raios X, estão inevitavelmente olhando para duas realidades ao mesmo tempo – os benefícios da maneira como vieram a tomar conta de si mesmas e os custos que estão pagando por fazê-lo exatamente dessa maneira. A superação de um desafio adaptativo consiste na consideração conjunta de mente e coração de uma equação de custo e benefício alternativa. Saber se é possível pensar e sentir que podemos continuar numa situação de segurança ainda que busquemos fazer a mudança constitui o desafio essencial da mudança. É o que queremos dizer com administrar a ansiedade: saímos do outro lado com um novo entendimento de que o mundo funciona de forma diferente daquela que imaginávamos, de que ainda podemos nos sentir seguros – e até mesmo experimentar benefícios mais amplos – fazendo coisas que jamais imagináramos possíveis. Descobrimos que podemos não apenas sobreviver, mas também florescer e prosperar. Essa descoberta – uma espécie de recálculo de nossos riscos e benefícios – envolve, ao mesmo tempo, "pensar em nossos sentimentos" e "sentir nosso caminho para novos modos de pensar".

Para tornar isso mais concreto, vejamos como Cathy (do Capítulo 6) vivenciou essa guinada. A Figura 8-1 mostra os benefícios que ela obteve dos outros e de si própria quando estava inconscientemente cativa de seu sistema imune intacto (o "antes") e quando o subverteu e ficou conscientemente liberta (o "depois"). Em ambos os casos, ela se beneficia, mas uma diferença fundamental é que os ganhos no "depois" *não* a estão impedindo de ser capaz de realizar sua aspiração a controlar melhor suas emoções. Essas descrições são um paralelo da guinada de Cathy de reagir emocionalmente, não pedir ajuda, não dizer não e operar em marcha acelerada, de um lado, para efetivamente gerenciar suas emoções, priorizar e regular o passo de seu trabalho e dizer não a si mesma e aos outros, do outro lado.

Vejamos as guinadas na experiência de David com relação a riscos e benefícios. Lembra que, de início, David se sentia recompensado por ser um "fazedor" e não pedir ajuda às pessoas? Com o passar do tempo, porém, descobriu que obtinha benefícios maiores ao fazer as coisas seletivamente e se concentrar nas prioridades centrais. Ele aprendeu que podia apreciar ativamente e se sentir bem consigo mesmo ao operar num mundo que antes desprezava. A Figura 8-2 oferece um instantâneo de sua guinada, ou mudança.

Quando as pessoas vivenciam o surgimento de opções em áreas nas quais, antes, não havia nenhuma, começam a sentir uma energia e uma esperança renovadas. Ter condições de saborear a possibilidade de viver num espaço signi-

FIGURA 8-1

Benefícios de Cathy: Antes e depois

Benefícios	Quando cativa de sua imunidade	Quando libertada de sua imunidade
O que Cathy obtém dos outros	Sou vista como a pessoa a quem os outros procuram, com a qual os colegas de equipe podem contar para que as coisas saiam, e saiam benfeitas o tempo todo. Sou vista por meus colegas de equipe como alguém confiável, com quem podem contar. Sou vista pelos outros como estando acima do limite de um bom membro da equipe (colocando 110% de esforço e garantindo que tudo saia perfeito).	Continuo sendo vista pelos meus colegas de equipe como alguém confiável e com quem podem contar. Sou respeitada não tanto pelo que "faço", mas pelo que "sou". Obtenho feedback de meus colegas em base contínua com relação a quando eles acham que eu possa estar enveredando para a rota da explosão. Obtenho feedback frequente e específico sobre meu trabalho e o reconhecimento por minhas contribuições para a equipe.
O que Cathy obtém de si mesma	Evito sentir que eu talvez não seja capaz, e impeço os outros de me tirar o trabalho que tanto adoro. Sei que posso entregar o produto final perfeito. Sei que estou sempre dando meu melhor e, portanto, que não decepcionarei minha equipe ou a mim mesma. Consigo esconder plenamente dos outros a verdade sobre os meus defeitos.	Tenho confiança. A satisfação de entender realmente o valor que agrego. Não vivo mais sob o medo da possibilidade de que algo precioso me seja tirado. Não sinto mais que a verdade mais profunda seja que sou inadequada. Sinto que meu valor é mais intrínseco do que extrínseco. (Antes, eu estava sempre "fazendo" coisas; agora, tem mais a ver com "ser" eu mesma, com confiar em meus insights diferenciados e oferecer minha experiência e conhecimento para obter um produto final excelente.) Tenho a satisfação de ser capaz de cuidar de mim mesma ao agir com base no meu entendimento de tomar boas decisões com relação a que trabalho devo fazer e como fazê-lo. Não me preocupo mais em ter uma estafa. Eu me pergunto "O que posso e não posso controlar nesta situação?" e faço minhas escolhas com base naquilo que posso controlar.

FIGURA 8-2

Benefícios de David: Antes e depois

Benefícios	Quando cativo de sua imunidade	Quando libertado de sua imunidade
O que David obtém dos outros	Eles me veem como alguém inteligente e um bom resolvedor de problemas, alguém que consegue fazer melhor aquilo que eles fazem. Com isso, ganho o respeito deles.	As pessoas apreciam saber o que está acontecendo – qual é nosso rumo – e entender por que estamos tentando chegar lá. Elas também acham ótimo eu deixar que tomem suas decisões sozinhas. E o que é melhor: as pessoas estão me procurando para expressar suas ideias de como poderíamos continuar seguindo em frente, mas por caminhos diferentes. Isso tem sido muito gratificante, muito mais gratificante do que eu próprio executar as tarefas.
O que David obtém de si mesmo	Evito me sentir egoísta, preguiçoso, mimado ou como "despesa indireta". Sinto-me importante e valoroso ao executar as tarefas pessoalmente. Isso me conecta com as pessoas. E estou fazendo um trabalho ótimo. Faz bem eu me sentir um astro. Sinto-me alinhado com minhas raízes operárias, e continuo a ser um sujeito que põe a mão na massa (e faz o trabalho real melhor que qualquer um), mesmo que agora eu seja o chefe "engravatado".	Sinto-me importante e valoroso ao despender meu tempo descobrindo maneiras de ajudar meu pessoal a ser mais eficaz. (Estou mais atento às realizações de meu pessoal.) Tenho uma nova concepção da produtividade e continuo me sentindo leal às minhas raízes. (Não estou sendo egoísta; estou apenas ajudando os outros.) Sinto um respeito próprio mais profundo por ser um líder que é capaz de dirigir o trabalho e otimizar os recursos (pessoas e dinheiro) para a realização do trabalho. Tenho uma prática de liderança mais clara e mais gratificante, na qual vejo que não preciso fazer para saber o que está acontecendo, mas que preciso, sim, saber o que está acontecendo para poder dirigir o trabalho. Não preciso ser melhor que as pessoas que contrato, e se de fato eu o for, não estou fazendo bem meu trabalho.

ficativamente maior e igualmente seguro é algo inebriante e também fonte de motivação continuada para seguir com o trabalho até o fim. Novos modos de pensar possibilitam novos modos de sentir, e novos modos de sentir incentivam e validam novos modos de pensar. A energia antes presa no sistema imune torna-se agora liberada e pode ser redirecionada para maior competência e maior controle de nossa vida. A nova energia leva a novas ações, e um tipo de ação em particular consiste em promover o processo de adaptação. Isso nos traz ao terceiro ingrediente da mudança bem-sucedida.

INGREDIENTE 3: MÃO (AÇÃO) – O TRABALHO REFERE-SE SIMULTANEAMENTE A COMPORTAMENTO E MENTE

Por maior que seja a motivação para atingirmos nosso objetivo, não podemos meramente sentir ou pensar em uma saída do sistema imune. Kant disse que "a percepção sem concepção é cega" e nós não discordamos: a mente, de fato, cria o que vemos. Mas também é verdade que, se a concepção não for colocada em prática, é o mesmo que paralisia. Precisamos fazer o bonde andar. Precisamos começar a tomar novas ações. O sucesso advém da tomada de ações intencionais e específicas – a mão que vai mais além – que são *incompatíveis* com nossa imunidade para que possamos testar nossa mentalidade.

Começamos este trabalho com o que poderia parecer o tipo mais modesto de ação. De início, observamos os comportamentos listados em nossa coluna 2, Fazer/não fazer (comportamentos que trabalham contra nosso objetivo de melhoria). Essas observações nos levam a ver nossos compromissos ocultos e nossos grandes pressupostos em tempo real, os quais podem aumentar o acesso a outras facetas da nossa mente. Tais observações podem também nos levar a ver outras esferas em que nossos grandes pressupostos operam, o que, por sua vez, pode nos motivar ainda mais a mudar, na medida em que enxergamos que os custos são ainda mais altos do que percebemos de início. As primeiras auto-observações de David fizeram justamente isso, conforme vemos no quadro "Observando um grande pressuposto pessoal em ação".

Observando um grande pressuposto pessoal em ação

Lembre-se de que David começou conscientemente a se observar enquanto continuava a aceitar mais tarefas e deixava de pedir às pessoas que o ajudassem. Esses comportamentos iam claramente contra seu objetivo de delegar melhor para que pudesse se concentrar naquilo que era mais crítico. Ao se manter alerta a quando dizia sim e não pedia ajuda, reconheceu que obtinha mais benefícios ao agir assim do que quando elaborava seu primeiro mapa da imunidade. Ao observar o próprio comportamento e depois se voltar à sua experiência interna, pôde saber que se sentia "importante e valoroso ao executar as tarefas pessoalmente. Isso me conecta com as pessoas. E estou fazendo um trabalho ótimo. E me faz bem me sentir um astro". Também obtinha uma avaliação positiva de sua equipe: "Eles me veem como alguém inteligente e um bom resolvedor de problemas. Com isso, ganho o respeito deles." Estas eram importantes aquisições a seus compromissos da coluna 3, no sentido de proteger o eu que ele queria ser – ou seja, importante, valoroso e um astro.

As auto-observações levaram David a ver que o ato de não delegar também era um grande problema em sua vida pessoal. Além de ver como o ato de não delegar no trabalho significava um prejuízo a seu tempo de convívio familiar, ele percebeu que nunca contratava ninguém que pudesse cumprir suas funções familiares. Rindo, ele nos disse: "Tenho dificuldade em delegar o corte da grama!" Ele também nos disse que não se sentia bem em pedir que alguém passasse sua roupa.

O próximo passo de "fazer" envolve pôr em ação novos comportamentos – que nossos grandes pressupostos nos diriam para *não* fazer –, a fim de obter informações sobre a validade de nossa mentalidade. Precisamos ser tão determinados com relação a quais ações tomaremos quanto a quais informações coligiremos. Testar nossa mentalidade por meio de ações intencionais, coleta de informações e interpretação de dados é a forma principal que usamos para descobrir qual é a distância entre as nossas intenções e a nossa atual capacidade de realizá-las.

Nosso propósito geral em agir de forma diferente é gerar dados relevantes para testar nossos grandes pressupostos. Nosso propósito imediato *não* é nos desenvolver ou melhorar, mas obter informações. Com isso, estamos novamente trabalhando no ponto sensível positivo de um desafio adaptativo, descobrindo se é possível substituir a segurança advinda de nossa autolimitação pela segurança embasada de descobrir que os resultados ruins esperados não se materializarão quando suspendermos nossos limites autoimpostos. E não é só isso; podemos descobrir os benefícios de um repertório maior de opções comportamentais e a sensação de entusiasmo, realização e autodomínio que advém de fazer progressos em nosso objetivo de mudança. Foi exatamente isso que David descobriu, conforme descrito no quadro "Testando um grande pressuposto pessoal".

Manter simultaneamente na agenda de mudança as dimensões da mentalidade e do comportamento não é fácil. Duas tendências comuns – privilegiar a mudança apenas em uma ou outra dimensão – ressaltam essa dificuldade. Examinemos primeiro a tendência da ação. Algumas pessoas acham difícil ater-se ao propósito de pôr novos comportamentos em ação. Temos visto pessoas agirem por uma variedade de outras razões, inclusive querer provar a si mesmas que são capazes de conseguir (seja qual for o desafio de mudança), fazer algo até o fim ou ter a coragem de acabar com "aquilo". Problema resolvido. (Isso acontece até com pessoas que entendem e aceitam a premissa do mapa de quatro colunas – de que o comportamento é sintomático de um sistema e que qualquer mudança duradoura exigirá a mudança do *sistema*.) Como o paciente que interrompe prematuramente seu tratamento com penicilina porque os sintomas da dor foram eliminados, muitas pessoas confundem a alteração de curto prazo de comportamentos específicos com a efetiva realização de seu objetivo.

Trata-se de uma confusão perfeitamente compreensível. Se há 10 anos você tentava emagrecer 5kg e uma dieta finalmente o ajuda a conseguir isso, você pode presumir que realizou seu objetivo. Mas seu verdadeiro objetivo não é perder 5kg. Muita gente (talvez até você) perdeu 5kg *várias vezes*! O objetivo é perder 5kg *e manter o novo peso*. O mero ato de fazer dieta não leva à perda de peso duradoura. Para conseguir isso, precisamos reunir a mudança de comportamento a uma mudança na maneira de pensar e sentir; e, para mudar nossa maneira de pensar e sentir, precisamos mudar a nossa mente. Quando estamos trabalhando em objetivos verdadeiramente adaptativos – objetivos que exigem que *desenvolvamos*

Testando um grande pressuposto pessoal

Voltemos a David para ver como seu trabalho adaptativo combinou mente e comportamento. Decorridas algumas semanas de seu processo de acompanhamento, David optou por parar de fazer ele próprio algumas tarefas e pedir a membros de sua equipe que cuidassem delas. Antes de pedir essa ajuda, David usou seu conhecimento dos pontos fortes e das preferências das pessoas para decidir a quem delegar aquelas tarefas, aumentando, com isso, a probabilidade de sucesso das pessoas em sua consecução.

Lembre-se de que uma das principais razões pelas quais David queria delegar melhor era poder concentrar-se em questões especialmente importantes. Ele decidiu quais eram suas três principais prioridades e começou a trabalhar nelas.

Até aqui, o trabalho de mudança de David havia sido comportamental. Sem o passo seguinte, seus novos comportamentos constituiriam uma solução técnica para seu desafio adaptativo – isto é, ações tomadas para "melhorar" em oposição a "obter informações". Mas, ao usar os novos comportamentos para testar sua mentalidade, reunindo dados sobre si mesmo como líder e sobre sua capacidade de continuar agregando valor, mesmo tendo parado de fazer tudo sozinho para se concentrar em suas prioridades, ele passa a trabalhar em seus objetivos de forma adaptativa. Para que esse seja um bom teste, não dá para ele saber de antemão como se sentirá. Os dados por ele reunidos podem reforçar sua concepção do problema e sua continuada necessidade de se proteger ou começar a levá-lo a reformular o problema e diminuir ou eliminar sua qualidade de "uma coisa ou outra".

Ele reúne uma variedade de dados ao supervisionar sua equipe e observar o que acontece depois de delegar: quando dá às pessoas a chance de brilhar, elas concluem as tarefas melhor do que ele teria conseguido; ele tem sentimentos conflitantes com relação ao sucesso delas (adora que as pessoas estejam florescendo, mas também se sente "meio balançado"); as pessoas reconhecem e apreciam sua intenção de ser mais aberto ao jeito diferente dos outros de fazer as coisas; ele se sente orgulhoso de ter descoberto que, ao dar "pontos de partida e de chegada" e oferecer contexto às pessoas, isso lhes possibilita ter êxito; e ele se vê agregando valor ao "traçar as diretrizes".

Ao mesmo tempo, ele reúne dados relativos àquilo que acontece quando trabalha em suas prioridades. De início, ele sente que seu trabalho não é grande ou pessoal o bastante, mas depois descobre formas novas e mais profundas de se relacionar com as pessoas, mais energia e resultados melhores. Tudo isso alimenta seu entusiasmo e a crença no valor ainda maior que está agregando agora ao "deixar de lado os detalhes" para pensar e planejar o trabalho certo a fazer.

Seu pressuposto inicial era o seguinte: "Acredito que liderar sem fazer é 'despesa indireta' e não tem valor. Eu estaria negando minhas raízes se não fizesse o trabalho em si. Eu seria egoísta, preguiçoso e mimado, e perderia meu autorrespeito." Depois de testar essa mentalidade com os novos comportamentos e reunir os dados relativos aos resultados desses comportamentos, seu pressuposto revisado dizia o seguinte: "Não é que eu precise fazer o trabalho, mas preciso conhecê-lo. Preciso entender como as partes do quadro maior do trabalho se encaixam para que ele seja realizado com eficiência. Talvez não se refira sequer a ter o preparo para fazer o trabalho, mas sim a dispor das informações detalhadas."

a mente –, precisamos converter continuamente aquilo que aprendemos com as mudanças comportamentais em mudanças mentais.

Tampouco o trabalho é realizado apenas se buscando insights, por mais poderosos ou esclarecedores que esses insights possam nos parecer. Esta é outra tendência comum que observamos: as pessoas ficam impressionadas com a compreensão que passam a ter de si mesmas, proporcionada por seu mapa de quatro colunas, mas então elas ficam perdidas em seus pensamentos, análises e reflexões – e pouco agem. Aqueles que seguem por esse caminho podem estar operando com base em sua teoria pessoal – e geralmente tácita – de mudança, que defende a tomada de consciência de seu mundo interno. Um provável pressuposto é que entender cada vez mais profundamente o que nos motiva a agir é o meio para operar a mudança ou que, para mudar, é fundamental "desemaranhar" o pensamento. Mas a reflexão sem ação acaba sendo tão improdutiva quanto a ação sem reflexão.

O interessante é que, embora esses dois métodos improdutivos sejam tão diametralmente opostos, têm em comum uma teoria da ação igualmente falha. "Se eu conseguir *mais um* (comportamento ou insight), ele acabará revelando a razão-chave de eu não conseguir mudar."

CONSEGUINDO A MUDANÇA ADAPTATIVA: OS FIOS CONDUTORES MAIS COMUNS

Até aqui, nossa discussão concentrou-se naquilo que um David ou uma Cathy precisa tirar de dentro de si para trabalhar de forma adaptativa. Mas, em ambos os casos, não é coincidência que o meio social também tenha um papel importante. E também não estamos nos referindo ao relacionamento de cada um com um coach. Estamos nos referindo a algo mais importante; estamos apontando as contribuições de pessoas que são parte indissoluvelmente integrante da narrativa de mudança de cada pessoa, sejam elas membros da equipe, o cônjuge, o melhor amigo ou a melhor amiga, ou um(a) colega.

Isolados desse ambiente, é muito difícil que nos vejamos por inteiro. Inevitavelmente, estamos limitados por nossas próprias perspectivas. Em um de nossos cartuns favoritos, Gary Larson nos mostra um artista trabalhando, com a modelo perfeitamente imóvel à sua frente; mas o que aparece na tela assemelha-se mais a um inseto gigantesco. Leva alguns segundos para entender o cartum – até vermos uma pequenina mosca numa das lentes dos óculos do artista. Se não mostrasse seu trabalho a ninguém, o artista poderia ficar bastante satisfeito com sua interpretação da realidade! Ao mesmo tempo, ele estaria perdendo qualquer oportunidade de ter questionada sua visão falha do mundo. Sem esse questionamento, ele não sairia para a zona de transformação e estaria preso em sua mentalidade vigente.

Fica mais fácil nos mantermos na zona de transformação e fazer progressos quando nosso aprendizado conta com uma dimensão social. Dizemos a alguém que estamos trabalhando para, digamos, saber ouvir melhor (talvez peçamos a essa pessoa que responda à nossa pesquisa). Ao estar informada de nosso intento, podemos pedir sua opinião a qualquer momento, ou então essa pessoa pode, espontaneamente, nos dizer o quanto apreciou ter sido ouvida na reunião de ontem. Essa pessoa pode até ter a "ousadia" de nos dizer o que fizemos ou não fizemos com relação ao intento de saber ouvir melhor. Às vezes, o mero fato de ver alguém no corredor ou ouvir a voz de alguém no telefone nos faz lembrar daquilo em que estamos trabalhando. Essas deixas podem rápida e efetivamente nos levar de volta à zona de transformação. Além disso, o simples fato de saber que os outros sabem em que estamos trabalhando pode nos dar uma espécie de senso de responsabilidade social, levando-nos a contar com os outros para nos ajudar a perseverar em nossos objetivos.

O que descrevemos até agora são as principais características de trabalhar de forma adaptativa: trabalhar a partir de dentro, ligando mente e coração e tomando um tipo específico de ação (a mão), tudo dentro de um contexto social. Quando vemos todos esses ingredientes em operação, vemos as pessoas mudando. O que têm em comum todas as pessoas que ajudamos a superar seus desafios adaptativos?

- Todas elas conseguiram mudar ambos – a mente (o sistema de entendimento que modela os pensamentos e os sentimentos) *e* o comportamento –, em vez de mudar apenas a mente *ou* o comportamento, na esperança de que a mudança da outra dimensão ocorresse espontaneamente.
- Todas se tornaram observadoras atentas e concentradas dos próprios pensamentos, emoções e comportamentos, tendo aprendido a usá-los como informação. Elas enxergam a agenda pela qual se guiam, e não apenas a agenda que as guia.
- Suas mudanças mentais são sempre na direção de ver e sentir mais possibilidades: espaços em que antes achavam que não podiam ou não deviam entrar (porque estavam além do seu alcance ou porque eram perigosos demais) passam a estar totalmente acessíveis.
- Elas assumem riscos focalizados e constroem um novo conjunto de métricas ao redor de seus pressupostos, com base em dados reais, não imaginários, das consequências de suas novas ações. Sua ansiedade com o desafio adaptativo inicial diminui, ou até desaparece, enquanto suas experiências de prazer aumentam de forma significativa.
- Elas experimentam maior domínio, mais opções, maior controle e graus mais altos de liberdade. Elas fazem progressos ou até realizam por completo o compromisso de sua coluna 1 e suas conquistas costumam ir muito além da aspiração inicial. Por terem desenvolvido novas capacidades mentais – e não apenas uma nova solução para um único problema –, elas podem levar essas capacidades para outros desafios e outras esferas de sua vida profissional e pessoal.

Você está pronto para revelar e liberar o potencial em si próprio, em seus colegas, em seu grupo de trabalho ou em sua organização? Está interessado em ver o que acontece quando energias antes contrapostas tornam-se disponíveis para outros fins? Em caso positivo, qual seria o melhor passo a dar? Nossa recomendação é que você tenha uma experiência direta da própria imunidade à mudança. Como seria seu raio X? O que seu objetivo de melhoria passaria a ser quando você o convertesse naquilo que chamaríamos "um bom problema"? O que realmente significaria para você, em termos pessoais, trabalhar no seu "bom problema" ao deixar que primeiro ele "resolvesse você"? Se qualquer dessas perguntas tiver despertado seu interesse, nós o convidamos a prosseguir na leitura dos próximos capítulos.

[9]

DIAGNOSTICANDO A SUA IMUNIDADE À MUDANÇA

NOS ANOS SUBSEQUENTES À PUBLICAÇÃO DE *How the Way We Talk Can Change the Way We Work*, orientamos literalmente milhares de profissionais no processo de construir seus próprios raios X, ou mapas da imunidade, e treinamos mais de 100 profissionais praticantes para que orientassem outros ao longo do processo. Logo no início do trabalho, notamos que, embora a maioria das pessoas reportasse ter enorme experiência, 30% a 40% não a tinham. Muitas dessas pessoas disseram que ela era "interessante" ou mesmo que "valia a pena", mas, claramente, elas não tinham experiência de aprendizado tão valiosa como a dos colegas.

Assim, nos propusemos a identificar e fortalecer esses pontos no processo, onde os mapas de algumas pessoas careciam de "compressão". Como resultado dessas revisões, diminuímos enormemente nosso "índice de fracasso". Hoje, não é incomum que quase todos que passam pelo processo desenvolvam um mapa da imunidade que pareça intenso ou curioso (4 ou 5 numa escala de 1 a 5).

Se você nunca passou pelo processo de construir o próprio mapa da imunidade, está prestes a se beneficiar dessas melhorias. Se você leu *How the Way We Talk Can Change the Way We Work* e passou pelo processo de elaboração do mapa ali descrito, nós o estimulamos fortemente a *não* pular este capítulo. Acreditamos que agora você criará uma versão mais poderosa, na medida em que o ajudaremos a evitar as armadilhas mais comuns que surgem ao longo do caminho.

COMEÇANDO O TRABALHO

Enfatizamos fortemente a importância de definir um bom objetivo de melhoria na coluna 1. A título de exemplo, relataremos as duas formas diferentes de começar que usamos ao trabalhar com a equipe de altos executivos de Peter Donovan, que apresentamos no Capítulo 2. A primeira levou a uma interessantíssima experiência de três horas de duração, embora com efeito zero. O segundo método deflagrou um processo que, com o passar do tempo, segundo o relato do próprio Peter, modificou positivamente o DNA da equipe de liderança da empresa.

Na primeira ocasião, nos foi concedida uma tarde dos três dias de retiro da equipe executiva (18 membros, incluindo todos os líderes de nível C e seus subordinados diretos). A primeira vez que essas pessoas consideraram um objetivo de melhoria da primeira coluna foi no momento em que nos apresentamos a eles no retiro. Nós lhes demos cinco minutos para pensar nos três ou quatro aspectos mais importantes e desafiadores de seu trabalho, e então perguntamos: "Para você, qual seria o aspecto isolado mais importante a melhorar – para ter um desempenho *significativamente melhor* em algum ou em todos esses aspectos?"

Todos identificaram facilmente seus respectivos pontos mais importantes, passando então a construir gradualmente um raio X que mostrava como e por que estavam sistematicamente impedindo a si próprios de realizar aquilo. Muitos consideraram a experiência de criar um mapa uma forma especialmente interessante de passarem algumas horas juntos, refletindo. Como costuma acontecer com todas as pessoas engajadas nesse processo, eles observaram que, de início, "não perceberam a coisa tomando corpo", mas apreciaram a surpresa de "dar de cara" com algo que não haviam visto em si mesmos. Eles acharam que o conceito geral da imunidade à mudança era algo estimulante e esclarecedor. Peter nos agradeceu pela produtiva sessão e nos assegurou que achava que o trabalho seria valioso para a equipe.

Mas não foi.

Um ano depois, conversamos com Peter e ele concluiu que o que havíamos feito não tivera absolutamente efeito algum sobre ninguém e nada na empresa. Sua interpretação era algo que, desde então, temos ouvido de muitos líderes que se haviam envolvido com nosso processo:

> Uma coisa é se o propósito do exercício for apenas demonstrar imunidade à mudança como um conceito interessante. Fazer as pessoas usarem a própria experiência é uma maneira inteligente de fazê-las envolver-se pessoalmente com um conjunto de ideias. Mas se o propósito for realmente induzir uma mudança significativa nas pessoas – e, no nosso caso, se o objetivo for induzir uma mudança significativa na equipe como um todo –, *tudo vai depender* daquilo que as pessoas colocarem em sua primeira coluna! Afinal, mesmo que você prossiga com o trabalho depois de feito o diagnóstico [o tema de nosso próximo capítulo], acaba sendo um investimento numa mudança profunda *somente em termos daquilo que se colocou na primeira coluna*, e se o que estiver na primeira coluna não for o objetivo ideal, por melhor que seja a tecnologia, estará sendo aplicada ao elemento errado!
>
> Você não pode deixar que as pessoas escolham sozinhas o que colocar nas primeiras colunas. Todos precisam de subsídios dos outros. Uma das grandes mensagens do trabalho de vocês é que enganamos a nós mesmos, certo? Então, se isso for verdade, como se pode esperar que sejamos a melhor fonte de informação relativa àquilo em que realmente precisaríamos trabalhar para melhorar?

Peter e seus dois principais prepostos ficaram curiosos o bastante para tentar de novo com uma abordagem diferente. Eles viram que, como acontece em muitas organizações, gastavam muito tempo avaliando seu pessoal, dando feedback, identificando objetivos de melhoria – e, passado um ano, não notavam grandes mudanças. Eles tinham dois pensamentos:

- Talvez o processo de imunidade à mudança pudesse "desatravancar" essa história conhecida e aumentar o retorno sobre o investimento de todas essas avaliações e feedback.
- As pessoas saem das sessões de avaliação com um número grande demais de objetivos pessoais de melhoria. E se identificássemos apenas uma "coisa mais importante" e concentrássemos toda a nossa contínua atenção nela?

Então, eles envolveram as pessoas de forma tão energizante no processo de identificação de seus objetivos de melhoria que a expressão "a coisa mais importante", conforme vimos no Capítulo 3, tornou-se parte integrante do léxico da empresa. Cada executivo foi solicitado a identificar um único objetivo que "o deixaria pessoalmente entusiasmado se você conseguisse fazer grandes avanços nele" e "claramente lhe possibilitaria agregar mais valor à empresa". O objetivo não deveria ser algo técnico que você realizaria mediante o aprendizado de alguma nova habilidade, mas, sim, envolver claramente seu crescimento como pessoa. Ao mesmo tempo, o objetivo não deveria ser algo que requeresse um transplante completo da personalidade.

Antes do retiro seguinte da equipe executiva, cada membro obteve feedback individual de diversas fontes:

- Da pessoa a quem se reportavam: "Este é o objetivo de melhoria que fará a maior diferença para mim na sua avaliação deste ano para fins de bônus [ou promoção, ou outra coisa]."
- Dos colegas: "É isso o que acho que o tornaria um membro melhor da equipe."
- De pelo menos um subordinado direto: "É isso que me possibilitaria atendê-lo melhor."

Os altos líderes compartilharam uns com os outros "a coisa mais importante" específica de cada um de seus subordinados diretos e depois se questionaram mutuamente: "Estamos honestamente entusiasmados com o objetivo individual de cada pessoa? Achamos de fato que cada uma dessas coisas mais importantes faria grande diferença para a empresa?" Eles também se questionaram mutuamente com relação à coisa mais importante *deles próprios*. Além de consultarem uns aos outros, consultaram também seus coaches executivos e, em alguns casos, outras pessoas envolvidas, para se assegurar de que tinham bons objetivos de melhoria. E não pararam nas indagações meramente internas. Conforme Peter descreveu, eles foram para casa e perguntaram aos familiares se também achavam que haveria grandes benefícios se ele/ela conseguisse fazer reais progressos no objetivo escolhido.

Um colega nosso – especialista em metodologia de pesquisa – diz o seguinte: "Não se pode resolver com análises brilhantes posteriores aquilo que você 'pisou na bola' de início, no projeto original." Assim, como podemos ajudá-lo a não "pisar na bola" em seu projeto original? Nossa primeira dica é esta: não espere terminar a leitura deste capítulo de uma única assentada. Você precisará obter alguns subsídios de fora antes de colocar algo na primeira coluna. Converse com as pessoas a seu redor, no trabalho e em casa, e descubra se a perspectiva de atingir seu objetivo proposto faz os olhos delas brilharem. Pergunte se elas teriam outro objetivo a propor, algo que consideram ainda mais valioso para você; algo que, pessoalmente, ficariam ainda mais satisfeitas em ver realizado. Só insira seu objetivo na primeira coluna quando estiver certo de que sua realização seria algo verdadeiramente importante não só para você, mas também para as pessoas que o cercam.

COLUNA 1: SEU OBJETIVO DE MELHORIA

Quando tiver concluído esse trabalho preliminar, comece a criar seu mapa usando o modelo mostrado na Figura 9-1. Para nos ajudar a guiá-lo na elaboração do próprio raio X, apresentamos Fred, um executivo real, cujo mapa, que será revelado gradualmente, fornecerá exemplos para seu próprio mapa. (Fred é o líder

FIGURA 9-1

Crie o seu raio X da imunidade

1 **Compromisso (objetivo de melhoria)**	2 **Fazer/não fazer**	3 **Compromissos concomitantes ocultos**	4 **Grandes pressupostos**
		Caixa das preocupações:	

a quem nos referimos no Capítulo 8, cujo objetivo de ser um ouvinte melhor tornou-se ainda mais urgente quando percebeu sua importância para o relacionamento com a filha.)

Então, você obteve alguns subsídios internos e lançou seu objetivo na primeira coluna, certo? (Ok, sabemos que não! Você só leu até agora. Mas vamos lá! Seu entendimento do que é realmente a imunidade à mudança será muito maior se você tiver uma experiência direta de como ela se aplica a *você*! Não tenha pressa. Faça sua lição de casa; então, e somente então, insira seu primeiro esboço de um objetivo de melhoria, seu compromisso, na coluna 1.)

A Figura 9-2 mostra a entrada original de Fred em sua primeira coluna. Fred conseguiu afirmar tudo o que segue com relação a seu objetivo e, ao olhar o próprio objetivo, você também será capaz de fazer o mesmo:

- É importante para ele. Faria imensa diferença para ele se conseguisse melhorar muito nessa questão. Ele *quer* muito melhorar nessa questão; ele sente até alguma urgência em melhorar nessa questão. Não é só que *seria bom* se conseguisse; ele sente que *precisa* conseguir, seja qual for a razão.
- É importante para alguém do seu convívio. Ele sabe que outras pessoas valorizariam muito se ele conseguisse melhorar nessa questão.
- Ele tem claro que a realização desse objetivo tem a ver principalmente com *ele*. Seu foco de melhoria nessa área é *ele mesmo*, as mudanças que *ele* terá

FIGURA 9-2

Primeiro rascunho de Fred sobre seus objetivos de melhoria da primeira coluna

1 **Compromisso (objetivo de melhoria)**	2 **Fazer/não fazer**	3 **Compromissos concomitantes ocultos**	4 **Grandes pressupostos**
Saber ouvir melhor (não deixar a minha mente ficar vagando), não ficar tão impaciente		Caixa das preocupações:	

de fazer. (Afinal, é possível que alguém que tenha esse mesmo objetivo veja a coisa de maneira diferente, como, por exemplo: "Se as pessoas não me fizessem perder tempo com comunicações chatas ou insignificantes, eu realmente *seria* um ouvinte melhor.")

Se o rascunho de sua entrada na primeira coluna deixar a desejar em qualquer desses aspectos, não se preocupe. Esse é um problema comum nos primeiros rascunhos desse exercício. Todavia, se a entrada *efetivamente* deixar a desejar, não passe para a segunda coluna. Esse é outro erro comum. A força e a utilidade de seu mapa final serão maximizadas se você não tiver pressa em revisar sua entrada até que ela satisfaça todos os critérios citados.

Embora a entrada de Fred possa atender a todos esses critérios, podemos ver outro que ela não satisfaz, e isso nos dará a chance de ilustrar o que queremos dizer com revisar seu primeiro rascunho. Fred tende a desenvolver seu objetivo na negativa – dizendo o que *não* quer fazer ("Não deixar minha mente ficar vagando, não ficar tão impaciente"). Descobrimos que as pessoas tendem a acabar desenvolvendo mapas mais poderosos, segundo sua percepção, quando começam dizendo afirmativamente o que querem *tornar-se*, e não quando começam dizendo o que querem *deixar de ser*. Portanto, Fred revisou sua entrada da primeira coluna conforme mostrado na Figura 9-3; e, caso você observe essa tendência na própria entrada, sugerimos que faça o mesmo que Fred.

FIGURA 9-3

Objetivos de melhoria (primeira coluna) revisados de Fred

1 **Compromisso (objetivo de melhoria)**	2 **Fazer/não fazer**	3 **Compromissos concomitantes ocultos**	4 **Grandes pressupostos**
Saber ouvir melhor (melhorar especialmente em me manter presente, em me manter concentrado e em ser mais paciente)		Caixa das preocupações:	

COLUNA 2: O LEVANTAMENTO DESTEMIDO

Com base nas amostras de raios X que você viu ao longo do livro, é possível saber que a próxima etapa é fazer um levantamento destemido de todas as coisas que você faz (ou não faz) que trabalham *contra* seu objetivo da primeira coluna.

Logo o deixaremos à vontade para fazer essas entradas na segunda coluna, mas, primeiro, alguns esclarecimentos adicionais:

- Quanto mais concretos forem os comportamentos que você conseguir listar (aquilo que realmente faz ou deixa de fazer), melhor. Fred, por exemplo, escreveu inicialmente em sua segunda coluna: "Fico impaciente." Da mesma forma, alguém cujo objetivo seja melhorar na questão de conversas difíceis poderia ter escrito inicialmente: "Sinto-me desconfortável em situações de conflito." Nenhuma dessas entradas é boa porque são estados de mente, não comportamentos exteriorizados. Perguntaríamos a essa pessoa: "Mas o que exatamente você *faz* ou *não faz* como resultado de sua impaciência, de seu desconforto ou de outros sentimentos desagradáveis?" Antes de criar a própria lista, dê uma olhada nas entradas da segunda coluna de Fred na Figura 9-4.
- Quanto mais itens você incluir aqui, e quanto mais honesto você for, maior será a força diagnóstica final de seu mapa. Tenha em mente que ninguém precisa ver o que você escrever lá, de modo que pode mergulhar fundo e se revelar para si mesmo. O propósito não é deixá-lo envergonhado ou constrangido, ou lhe atribuir defeitos. Logo você verá que, quanto mais rica for essa sua coluna, maior será a compensação final.
- Assegure-se de que *tudo* o que você anotar forneça um quadro de você trabalhando *contra* o próprio objetivo da coluna 1. (Não há dúvida de que você também está fazendo coisas *em prol* de seu objetivo da coluna 1. Bom para você, mas não é essa a natureza do exercício da coluna 2. Aqui, não estamos procurando equilíbrio. As melhores informações para revelar suas resistências acabarão sendo encontradas nas coisas que você faz, ou não faz, que têm o efeito involuntário de *prejudicar* seu objetivo de melhoria.)
- Você também deve ter claro que não estamos perguntando *por que* está fazendo essas coisas ou pedindo ideias ou planos de como pode parar de agir assim e melhorar. A necessidade de explicar nossa própria ineficácia e/ou de conceber estratégias para remediar nossos comportamentos ruins costuma ser intensa neste ponto do processo. É compreensível, uma vez que, para muitos, é desconfortável ver uma lista em preto e branco de nossos pontos fracos olhando de frente para nós e, nessa hora, o que mais queremos é nos livrar daquilo. Tente resistir a esse impulso. Por ora, você só está tentando conseguir profundidade descritiva e ser honesto; só os comportamentos em si, em toda a sua constrangedora glória.

Se você precisar de mais clareza ou inspiração, veja as entradas de Fred na Figura 9-4.

FIGURA 9-4

Entradas da segunda coluna de Fred

1 **Compromisso (objetivo de melhoria)**	2 **Fazer/não fazer**	3 **Compromissos concomitantes ocultos**	4 **Grandes pressupostos**
Saber ouvir melhor (melhorar especialmente em me manter presente, em me manter concentrado e em ser mais paciente)	Permito que minha atenção seja desviada. Começo a olhar meu BlackBerry. Faço listas de coisas a fazer mentalmente ou mesmo literalmente, num pedaço de papel. Quando estou tentando ouvir o que um cliente está falando, muitas vezes começo a pensar em qual seria uma resposta brilhante e paro de escutar suas palavras. Com minha filha, geralmente começo a pensar no que ela poderia fazer diferente e paro de ouvir o que ela está dizendo. Com minha mulher, o que, em geral, me ocorre é "isso não é urgente", e desvio a atenção para algo que considero urgente.	Caixa das preocupações:	

COLUNA 3: COMPROMISSOS CONCOMITANTES OCULTOS

Você estava se perguntando sobre o quadrado vazio no alto da coluna 3 da Figura 9-1? É o que chamamos de caixa das preocupações, e ela o ajudará a desenvolver a matéria-prima para suas entradas da coluna 3.

Etapa 1: Preencher sua caixa das preocupações

Ao olhar os raios X mostrados ao longo do livro, deve parecer-lhe óbvio que os compromissos da coluna 3 produzem algo inesperado para seus autores. Afinal, é somente depois que concluímos a terceira coluna que começamos a enxergar a dinâmica oculta, a imunidade à mudança. Começamos a ver todo um conjunto diferente de compromissos concomitantes que convivem com os objetivos de melhoria da coluna 1. No Capítulo 2, por exemplo, entendemos que Peter queria verdadeiramente:

- Ser mais receptivo a novas ideias
- Ser mais flexível em suas respostas, especialmente com relação a novas definições de papéis/funções e responsabilidades
- Ser mais aberto a delegar e a apoiar novas linhas de autoridade

Mas quando chegamos à terceira coluna do mapa, vimos que ele também tinha compromissos (ou, em palavras mais apropriadas, esses compromissos também *o tinham*, ou seja, o dominavam):

- Fazer as coisas serem executadas do *meu* jeito!
- Sentir que tenho influência direta
- Sentir o orgulho da autoria; ver minha marca nas coisas
- Preservar meu senso do eu como o super-resolvedor de problemas, aquele que sabe o que é melhor, aquele que está no controle – ontem, hoje e amanhã

Ao olhar a terceira coluna dos vários raios X que mostramos, você pode ter se perguntado: "Como é que eles conseguiram fazer que as pessoas enxergassem essas coisas?" O trabalho duro que esperamos que você tenha feito nas duas primeiras colunas deve agora ajudá-lo a preencher a própria terceira coluna. O resultado, em termos das três colunas, deve ser um quadro – logo você verá – que vai surpreendê-lo e poderá servir de plataforma para, ao final, vencer seu próprio desafio adaptativo.

O primeiro passo para criar boas entradas para a coluna 3 é gerar a matéria-prima que o levará até lá. Dê uma olhada na lista da sua coluna 2 e responda à seguinte pergunta com relação a cada uma das entradas: Se eu me imaginar tentando fazer o *oposto* disso, qual é o sentimento mais desconfortável ou preocupante ou literalmente aterrorizante que surge em mim?

Peter pensou em qual seria a coisa mais desconfortável, desagradável ou aterrorizante para ele se efetivamente tentasse compartilhar mais a autoridade e a concepção da empresa e chegou à seguinte conclusão: "Nossa! Eu me sentiria menos importante; eu *seria* menos importante; eu poderia perder meu lugar, me tornar um ator menor em minha própria empresa. Uh!"

O "Nossa!" e o "Uh!" são importantes. O objetivo é localizar um *sentimento* realmente detestável, não apenas um pensamento ou uma ideia a respeito de um sentimento desagradável. O objetivo é permitir-se experimentar vicariamente um pouco desse sentimento e só então colocar esse sentimento em palavras.

Vá em frente e olhe cada uma das entradas de sua coluna 2 e, na caixa das preocupações da coluna 3, anote a maior preocupação, o maior desconforto ou o maior medo que surge quando você pensa em tentar fazer o oposto do comportamento que escreveu.

Estamos agora noutro ponto crítico, um lugar em que, se você não for suficientemente fundo, o mapa resultante não será bastante forte. Se você não localizou um sentimento genuinamente do tipo "oh, droga", provavelmente ainda não chegou lá. Você precisa chegar realmente a algum medo, e, se ainda não chegou até ele, pode se perguntar: "E o que poderia me acontecer de pior com relação a *isso*?" *Você precisa chegar a um lugar no qual se sinta correndo algum tipo de risco; em que se sinta desprotegido contra algo que lhe passe a sensação de ser perigoso.*

Muitos dos que leem este livro provavelmente já chegaram a esse ponto sozinhos. Mas, como queremos aumentar a chance de que praticamente *todos* os que nos leem consigam chegar ao final deste capítulo com um mapa poderoso, examinemos uma típica entrada de "ainda não cheguei lá" e o que você pode fazer a respeito.

Fred fez uma primeira tentativa nesse sentido em sua busca de se tornar um ouvinte melhor:

> Quando penso em não permitir que minha atenção seja desviada, qual é o pior sentimento que me ocorre? A primeira coisa é tédio e depois, impaciência. Detesto me sentir entediado, sentir que aquilo que estou fazendo não tem uma razão importante, que não estou participando. É igual à sensação de ter de esperar um avião aterrissar. Estou esperando que a vida aconteça, mas a vida não está acontecendo. Estou tendo de ouvir um monte de coisas que, francamente, não importam, ou que já sei, ou que já entendi nos dois primeiros minutos de conversa e que a pessoa está repetindo tudo de novo de uma forma ligeiramente diferente. Detesto isso. O tédio costuma passar rapidamente para a impaciência. Não tenho tempo para isso. Há um monte de coisas acontecendo, coisas que precisam de atenção, e eu preciso me mexer. Portanto, tédio e impaciência. Dois sentimentos horríveis, e são esses os sentimentos que me surgem.

Este é um exemplo bastante comum de não ter ainda ido fundo o bastante nessa fase, não ter ainda identificado qual é a verdadeira ansiedade que está por trás disso. Vimos que algumas pessoas identificam rapidamente certos tipos de sentimentos negativos que são como valiosas "capas de livro" – elas pegaram o volume certo da prateleira, mas agora precisam abrir a capa e ler o que está lá dentro.

O tédio é uma dessas capas comuns. Ficamos entediados porque "desligamos", mas, em geral, nos desconectamos por um bom motivo! Normalmente, nos desligamos por causa de algo horrível que não queríamos sentir. Algo aconteceu, muito rapidamente, *antes* da desconexão que levou ao sentimento de tédio. O que é essa coisa horrível? Quando perguntamos isso a Fred, ele rapidamente chegou a um lugar mais profundo: "Quando não me desconecto de meus filhos adolescentes, fico sentindo como se, não importa o que eu diga, eles vão revirar os olhos; que vou me sentir humilhado com o desdém deles. Para mim, esse é um sentimento realmente horrível. Se não 'desligo' quando estou com minha mulher, costumo ter a sensação de impotência, de que as situações sobre as quais ela está falando estão fora do meu controle. Não posso fazer nada com relação àquilo. Detesto esse sentimento."

Agora, sim, estamos realmente chegando ao eu em situação de risco!

O mesmo se aplica à impaciência. De novo, é um bom começo – a capa de um livro valioso. Mas qual é o texto sob a capa? Sou impaciente porque sinto que preciso estar num lugar diferente daquele em que estou agora? Como assim? Qual é o perigo? A impaciência também me sinaliza algum risco, mas qual? Preste novamente atenção ao que Fred tem a dizer:

> A impaciência surge de variadas formas. Estou escutando alguém e algo que a pessoa diz me faz lembrar de algo que preciso fazer. Se eu não me permitir ir até lá mentalmente, fico aterrorizado com a possibilidade de que uma das bolas que estou jogando venha a cair. Tenho muita coisa acontecendo na minha vida e a verdade é que não sou uma pessoa muito organizada. Se eu não cuidar daquela preocupação que me ocorreu, posso esquecê-la e algo de ruim pode acontecer.
>
> Às vezes, quando estou com os meus filhos ou com o pessoal mais júnior da empresa, a impaciência tem a ver com um alarme de que *eles* vão pisar na bola. Quando penso em continuar ouvindo e conter meu ímpeto de começar a dar meus maravilhosos conselhos, eu me preocupo, por exemplo, com a possibilidade de minha filha dar um grande passo errado na vida.

Portanto, o que era originalmente tédio e impaciência agora vemos que é:

- Medo de parecer idiota
- Medo de ser humilhado
- Medo de se sentir impotente
- Medo de não ter controle da situação
- Medo de cometer um grande erro
- Medo de permitir que outra pessoa cometa um grande erro (especialmente alguém por quem sou responsável)

Foi isso o que entrou na caixa das preocupações de Fred, na coluna 3.

Agora, olhe o que *você* gerou nessa etapa, quando pensou em fazer o oposto daquilo que escreveu na coluna 2, e veja se atingiu esse nível de medo – a sensação de estar, de alguma forma, desprotegido contra um perigo ou um risco que você não quer absolutamente correr.

Etapa 2: Gerar possíveis compromissos concomitantes

As entradas da coluna 3, porém – os compromissos concomitantes ocultos –, não são propriamente esses medos da caixa das preocupações. Os medos, conforme dissemos, são a matéria-prima para gerar compromissos da terceira coluna. A ideia por trás da imunidade à mudança é que não temos meramente esses medos; judiciosamente, e até mesmo de forma engenhosa, nos protegemos deles. Criamos formas de lidar com a ansiedade que esses medos provocam. Não ficamos apenas com medo; tomamos medidas para combater esses medos. Nós nos defendemos daquilo que nos aterroriza. Estamos ativamente (mas não necessariamente de forma consciente) empenhados em garantir que as coisas que tememos não aconteçam.

Esse é o cerne de um compromisso da terceira coluna. É um compromisso de evitar que aquilo que tememos aconteça. Fred não teme apenas parecer idiota; sem o perceber, ele pode também ter o compromisso *de não parecer idiota*. (Ou, mais precisamente, o compromisso de não parecer idiota *o tem*, ou seja, o domina.)

Ele não apenas, passivamente, "tem medo" de parecer idiota; ativamente se comporta de formas que muito eficazmente, e até brilhantemente, o protegem contra parecer idiota para seus filhos adolescentes. E como ele faz isso? Ele "desliga" quando eles falam, ele se faz sentir-se entediado e encontra mentalmente alguma outra coisa que tenha de ser feita. E se preocupa com a possibilidade de que, se ele se mantiver realmente presente para os filhos e escutar, e tentar responder com base no que ouviu, eles revirarão os olhos em desdém e ele se sentirá humilhado, um sentimento que lhe é quase insuportável. E, assim, ele faz algo muito inteligente – ele se desconecta.

Agora, sua desconexão é perfeitamente compreensível, para nós e para ele. É perfeitamente sensata. Em nome do seu compromisso de se proteger da humilhação, diríamos que ele deveria "desligar-se" ainda mais do que faz atualmente! Seu comportamento é altamente eficaz, só que tem um inconveniente: ele o impedirá de fazer progresso em seu objetivo de melhoria, um objetivo cuja consecução é muito importante para ele. Aqui, ele pode ver como, sistematicamente, acaba se impedindo de progredir no próprio objetivo. Ele está cativo de um sistema mental que trabalha para protegê-lo, para salvar sua vida como ele a enxerga – um sistema imune totalmente eficaz.

Agora, Fred pode prosseguir e converter *cada um* dos medos que identificou num possível compromisso da terceira coluna (compromisso esse que mantém

FIGURA 9-5

Compromissos da terceira coluna de Fred: O sistema imune é revelado

1 **Compromisso (objetivo de melhoria)**	2 **Fazer/não fazer**	3 **Compromissos concomitantes ocultos**	4 **Grandes pressupostos**
Saber ouvir melhor (melhorar especialmente em me manter presente, em me manter concentrado e em ser mais paciente)	Permito que minha atenção seja desviada. Começo a olhar meu BlackBerry. Faço listas de coisas a fazer mentalmente ou mesmo literalmente, num pedaço de papel. Quando estou tentando ouvir o que um cliente está falando, muitas vezes começo a pensar em qual seria uma resposta brilhante e paro de escutar o que ele está dizendo. Com minha filha, geralmente começo a pensar no que ela poderia fazer diferente e paro de ouvir o que ela está dizendo. Com minha mulher, o que geralmente me ocorre é "isso não é urgente", e desvio a atenção para algo que considero urgente.	Preocupo-me em: Parecer idiota Ser humilhado Sentir-me impotente Não ter controle da situação Cometer um grande erro Permitir que outra pessoa cometa um grande erro (especialmente alguém por quem sou responsável) Não parecer idiota Não ser humilhado Não me sentir impotente Não sentir que não tenho controle da situação Não cometer um grande erro Não permitir que outra pessoa cometa um grande erro (especialmente alguém por quem sou responsável)	

juntamente com o objetivo de se manter mais presente e de ser um melhor ouvinte). Ao preencher sua terceira coluna, ele verá tomando forma o equilíbrio dinâmico que as setas inseridas nas três primeiras colunas têm por propósito sugerir. Na Figura 9-5, ele pode ver um quadro de si mesmo com um pé no acelerador (seu genuíno e até mesmo imperativo interesse em ser capaz de ouvir melhor) e com o outro pé no freio (todos aqueles compromissos concomitantes ocultos).

Nós o convidamos a seguir em frente e gerar alguns de seus próprios compromissos da terceira coluna. Cada um deles será um compromisso de *não* deixar ocorrer aquilo que você mais teme (da etapa 1). Se sua caixa das preocupações contém algo como "Tenho medo de perder a credibilidade" ou "As pessoas deixarão de gostar de mim; elas me verão como um deles", talvez você possa lançar na terceira coluna compromissos como "Estou comprometido/empenhado em não perder a credibilidade" ou "Estou comprometido/empenhado em não correr o risco de perder a credibilidade"; "Estou comprometido/empenhado em evitar que as pessoas deixem de gostar de mim, em evitar que elas pensem que passei para o 'lado escuro' [ou o lado ruim]".

Não faz sentido você prosseguir na leitura se não tiver efetivamente incluído seus compromissos na terceira coluna. Já fez isso? Você tem agora um quadro da própria versão do fenômeno da imunidade à mudança? Seu quadro o surpreende? Você o considera interessante? Observe as perguntas que não estamos fazendo. Não estamos perguntando se você sente que resolveu alguma coisa. Você não deve sentir que resolveu. Não estamos perguntando se você está contente de ver seu quadro. Ver a própria imunidade é uma experiência totalmente desagradável? Não costuma ser.

Lembre-se do preceito de Einstein de que ver o problema com clareza pode ser tão importante quanto ver a solução. Tudo o que procuraremos agora é obter uma percepção mais adequada do "problema", o problema de você estar genuinamente querendo ter sucesso em seu objetivo da primeira coluna, mas não o estar conseguindo. Você deve estar vendo agora como está com um pé no acelerador e o outro no freio. E esse quadro, embora temporariamente aflitivo, deve ao menos lhe parecer interessante, deve atraí-lo pelo poder de conseguir enxergar algo que até então você desconhecia. Mas é possível também que você já tivesse, há muito tempo, consciência da questão pessoal que aparece na terceira coluna (sempre soube que agradar os outros era muito importante para você, ou que era uma pessoa controladora, ou que se preocupava de não ser uma pessoa bastante inteligente), porém a nova descoberta pode advir de ver, de uma maneira completamente nova, quão estreitamente essa questão conhecida está ligada à sua incapacidade de conseguir atingir o objetivo de sua primeira coluna.

Não importa de que maneira o mapa, ou o raio X, lhe transmita a sensação de algo poderoso; o importante é que você sinta isso. E se não sentir? Depois de Fred escrever as entradas em sua terceira coluna, seu mapa lhe pareceu poderoso porque tudo o que transcrevemos a seguir era verdadeiro. Veja se essas condições são verdadeiras também para você:

- Todos os compromissos da terceira coluna de Fred estão claramente voltados para a *autoproteção*. Cada um deles está ligado a um medo específico. Se ele notasse, em sua caixa das preocupações, que tinha medo de destruir seu casamento por trabalhar demais, não neutralizaria a autoproteção se redigisse o compromisso da terceira coluna como: "Estou comprometido/empenhado em conseguir um melhor equilíbrio entre a vida profissional e a familiar." Não veríamos o perigo contra o qual ele está empenhado em se proteger se ele tivesse colocado a coisa dessa forma. Em vez disso, ele escreveria: "Estou comprometido em não deixar que minha mulher me abandone e meus filhos me odeiem e eu me torne um pobre e solitário workaholic."
- Cada um dos compromissos torna alguns (ou todos os) comportamentos obstrutivos da coluna 2 perfeitamente razoáveis; ele pode ver como, dado o compromisso X, o comportamento Y é exatamente o que qualquer pessoa faria.
- Ele vê exatamente por que tentar ter sucesso pela mera eliminação dos comportamentos de sua segunda coluna é algo que não funcionará porque aqueles comportamentos estão servindo a um propósito muito importante.
- Ele se sente emperrado porque vê que está se movimentando em duas direções opostas ao mesmo tempo.

Vimos que, se você não sentiu seu mapa como algo poderoso ou interessante ou surpreendente a essa altura do processo, é provável que seja porque suas entradas, de alguma forma, não atendem a esses critérios. Tente revisá-las de modo que o satisfaçam e veja se seu quadro se torna mais atraente para você. Lembre-se de que a força ou o caráter interessante que estamos buscando aqui não tem a ver com a solução e nem mesmo com o caminho para a solução. Não se trata ainda de uma experiência de libertação.

Então, de que tipo de força ou caráter interessante estamos falando? Podemos ilustrar melhor essa questão com uma história sobre uma diretora de universidade que participou de uma de nossas atividades. O programa era voltado expressamente a reitores e diretores e outras posições congêneres de universidades. Era um programa de verão de Harvard e, como em todos os nossos programas de verão, dissemos aos participantes para vir de roupa esporte. Sempre há algumas pessoas que não vêm de roupa esporte no primeiro dia (provavelmente porque não sabem ao certo se o que para eles é estar vestido de roupa esporte, outro pode chamar de "ser relaxado"). Essa participante em particular, uma mulher de meia-idade, vestia no primeiro dia um bonito tailleur e um colar de pérolas. A cada dia, enquanto os outros ficavam cada vez mais informais na roupa e no comportamento, lá estava ela no meio da sala de conferências vestindo um bonito tailleur ou terninho bem profissional. Ela se sentava ereta e com uma postura bem nobre. E sempre com as pérolas.

Quando chegamos à etapa de preencher a terceira coluna, explicamos os critérios e exatamente o que estávamos pedindo que eles pusessem em suas entradas. Dissemos algo como: "E se vocês conseguirem colocar boas entradas na terceira coluna, seu mapa não parecerá um monte de anotações em resposta a um monte de perguntas isoladas. Ao contrário, vocês começarão a ver uma coisa única, inteira, formada pelas três colunas. Vocês começarão a ver um quadro coerente. Vocês começarão a ver..."

E antes que pudéssemos concluir a sentença, ficou óbvio que ela já havia começado e colocado as entradas em sua terceira coluna, e a integridade, a "inteireza", a coerência de seu quadro a atingiu em cheio. Essa mulher formal, ereta, de postura nobre, com suas pérolas, deixou escapar, para surpresa e deleite de todos: "Posso contar direitinho o que vocês verão. Vocês verão como estão – como estão *ferrados*!!"

Isso resume de forma bem sucinta nosso objetivo nesse ponto do processo – ou seja, que agora você veja com mais clareza como suas principais contradições "ferram com" seu objetivo importante. Isto é, não há como você avançar porque cada genuíno, sincero e honesto passo dado na direção certa é contra-atacado por uma força igual na direção oposta.

Se seu mapa lhe oferecer um insight semelhante, você atingiu um ponto paradoxal no processo – ou seja, que é somente enxergando mais fundo como você sistematicamente impede a própria mudança que se colocará numa posição extremamente melhor para produzir aquela mudança! Você terá tido êxito em dar o primeiro grande passo rumo à conversão de seu objetivo de mudança num *bom problema*.

E qual é o próximo passo agora? Você precisa criar uma ferramenta para, de forma adaptativa (e não de forma técnica), trabalhar em seu desafio de mudança. Essa ferramenta é o que completa o exercício da quarta coluna.

COLUNA 4: OS GRANDES PRESSUPOSTOS

O propósito do mapa da imunidade é servir de apoio para tratar desafios adaptativos de forma adaptativa, em vez de técnica. Conforme dissemos no Capítulo 2, isso começa com a criação de uma formulação adaptativa, uma formulação que nos mostre como o objetivo de nossa primeira coluna nos leva aos atuais limites de nosso desenvolvimento.

Dissemos que uma formulação adaptativa abrangerá os níveis de *pensamento* e de *sentimento*. Se tivemos sucesso em ajudá-lo a traçar um mapa poderoso, agora você tem um vislumbre da própria imunidade à mudança e de seu envolvimento com o objetivo de melhoria que você identificou em sua coluna 1. Agora, você deve estar em condição de ver o próprio sistema de prevenção de mudanças (como, sistematicamente, gera os comportamentos que impedem o progresso na consecução de seu objetivo) e um sistema de administração da ansiedade (como a geração desses comportamentos ajuda a afastar alguns de seus piores medos, os quais estão associados a conseguir fazer o progresso que você anseia).

Um sinal de que você concebeu uma formulação adaptativa de seu desafio é quando você consegue ver com clareza por que um método técnico – ir direto aos comportamentos obstrutivos da coluna 2 e tentar eliminá-los ou diminuí-los – não é um plano que leva à vitória. Considerando como esses mesmos comportamentos servem tão bem aos compromissos da coluna 3, você tenderia a continuar gerando-os (ou algo próximo a eles) –, a menos que seja capaz de reconstruir o sistema imune como um todo.

O caminho mais confiável para conseguir romper o sistema imune começa pela identificação dos principais pressupostos que o sustentam. Usamos o conceito dos grandes pressupostos para sinalizar que existem alguns modos de entender a nós mesmos e o mundo (e a relação entre o mundo e nós mesmos) que não vemos como construções mentais; nós os vemos como verdades, fatos indiscutíveis, representações acuradas de como *somos* e como *é* o mundo.

Essas construções da realidade são, na verdade, pressupostos; eles tanto podem ser como podem não ser verdadeiros. Quando tratamos um pressuposto como verdade, nós o transformamos no que chamamos de grande pressuposto.

FIGURA 9-6

Olha, amor! Faça um desejo!

Alguns de nossos grandes pressupostos são inevitavelmente frágeis e necessariamente efêmeros. Não haverá muitas outras noites românticas para os dinossauros da Figura 9-6.

Isso nos faz lembrar um cartum do Gary Larson: dois pilotos estão olhando pelo para-brisa do avião. Vemos lá adiante um animal envolto em neblina. "Ei", diz o comandante ao copiloto, "o que uma cabra montesa está fazendo num banco de nuvens aqui em cima?!" Esses pilotos não conseguirão manter seu distorcido pressuposto por muito tempo. Eles estão prestes a ser atingidos em cheio pela inevitável prova em contrário.

O interessante é que há toda outra classe de pressupostos distorcidos que é muito mais problemática por sermos tão talentosos em afastar as provas em contrário. Nesses casos, podemos continuar ignorando a prova de que o nosso pressuposto é uma distorção. Podemos, por assim dizer, continuar pilotando os aviões de nossa vida com um quadro inexato da realidade. Podemos usar nossa genialidade para compensar continuamente as ineficiências aerodinâmicas do nosso modelo mental distorcido. Somos capazes de manter o avião voando – mas a um custo.

Em suma, qualquer mentalidade ou modo de construir a realidade inevitavelmente conterá algum ponto cego. Um desafio adaptativo é um *desafio* decorrente de nosso ponto cego, e nossa *adaptação* envolverá algum nível de reconhecimento, e de correção, da nossa cegueira.

Portanto, grandes pressupostos, da mesma forma que os compromissos concomitantes, costumam estar fora do campo de visão. Tornar um pressuposto evidente envolve passá-lo de "sujeito" (situação em que não podemos vê-lo por estarmos tão ligados a ele, tão identificados com ele ou sujeitos a ele) para "objeto" (situação em que podemos, agora, ter uma perspectiva dele de fora de nós mesmos). Esse é o movimento subjacente mais importante pelo qual criamos *maior complexidade*.

Assim que começar a desvelar alguns possíveis grandes pressupostos que estão por trás de sua imunidade à mudança, você estará em muito melhor posição para trabalhar em seu sistema imune, em vez de estar cativo dele. Embora possa ser muito difícil fazer isso "do zero", o trabalho duro que você já fez de criar um quadro do próprio sistema imune e especialmente de identificar seus compromissos ocultos torna a coisa muito menos difícil do que imagina.

Pedimos a Fred que desse uma boa olhada nas entradas da terceira coluna que ele acabou conseguindo fazer emergir. Em seguida, pedimos a ele que pensasse em todos os possíveis pressupostos que uma pessoa com esses compromissos poderia ter. Ele progrediu lentamente de início, mas assim que "embalou", os possíveis pressupostos começaram a surgir. A Figura 9-7 mostra o que lhe ocorreu.

Logo lhe pediremos para gerar possíveis grandes pressupostos que estejam por trás dos compromissos da terceira coluna. Antes de fazê-lo, talvez o ajude se considerar os critérios que Fred seguiu para julgar a robusteza de suas entradas. Tudo o que segue descrito foi verdadeiro no caso dele e de suas entradas, e o mesmo deveria aplicar-se a você:

FIGURA 9-7

Mapa completo de Fred

1 **Compromisso (objetivo de melhoria)**	2 **Fazer/não fazer**	3 **Compromissos concomitantes ocultos**	4 **Grandes pressupostos**
Saber ouvir melhor (melhorar especialmente em me manter presente, em me manter concentrado e em ser mais paciente)	Permito que minha atenção seja desviada. Começo a olhar meu BlackBerry. Faço listas de coisas a fazer mentalmente ou mesmo literalmente, num pedaço de papel. Quando estou tentando ouvir o que um cliente está falando, muitas vezes começo a pensar em qual seria uma resposta brilhante e paro de escutar o que ele está dizendo. Com minha filha, geralmente começo a pensar no que ela poderia fazer diferente e paro de ouvir o que ela está dizendo. Com a minha mulher, o que geralmente me ocorre é "isso não é urgente", e desvio a atenção para algo que considero urgente.	Não parecer idiota Não ser humilhado Não me sentir impotente Não sentir que não tenho controle da situação Não cometer um grande erro Não permitir que outra pessoa cometa um grande erro (especialmente alguém por quem sou responsável)	Presumo que haja um número limitado de "chances" de me relacionar com meus filhos adolescentes (ou seja, se me virem como "idiota" muitas vezes, eles deixarão completamente de me ouvir). Presumo que não haja absolutamente nada de positivo numa interação com meus filhos, na qual eles ignoram e ridicularizam aquilo que tenho a dizer; que essa interação é claramente pior do que não ter interação alguma. Presumo que a minha mulher espera que eu seja capaz de ajudá-la a resolver os problemas difíceis que divide comigo. Presumo que "ajudar" é sempre uma questão de ajudar alguém a dar o próximo passo na direção certa. Presumo que, se me sentir impotente, não há como eu ser um bom ouvinte. Presumo que, se não puder estar no controle da situação, as coisas tenderão a piorar. Presumo que, se eu cometer um grande erro, não conseguirei me recuperar dele. Presumo que, se eu não ajudar meus filhos ou meus colegas juniores a evitar cometer erros, estarei sendo irresponsável, estarei decepcionando a eles ou minha família ou a empresa, e que coisas ruins vão acontecer a eles.

- Alguns dos grandes pressupostos que você possa ver como verdades ("O que você quer dizer com *presumo* que algo ruim vá acontecer? Acredite, algo ruim *vai* acontecer!"); alguns que você vê de imediato não são realmente verdadeiros ("Consigo ver com clareza que não é verdade, mas ajo e sinto como se *fossem* verdade"); e, com relação a alguns, você pode estar bastante incerto ("Parte de mim sente que *é* verdade, ou que é verdade na maior parte do tempo, mas outra parte de mim não tem tanta certeza"). Todavia, existe algum aspecto em que você sentiu, ou continua a sentir, que todos os grandes pressupostos que listou são verdadeiros. E você pode estar certo. Reiteramos que não estamos dizendo que todos os nossos grandes pressupostos sejam falsos. O que estamos dizendo é que não podemos examinar até que ponto são verdadeiros ou falsos até que tenhamos conseguido trazê-los à tona e os tenhamos testado.
- Está claro como cada um desses grandes pressupostos, se aceitos como verdade, tornam inevitável um ou mais compromissos da terceira coluna (por exemplo, se for absolutamente certo que não posso me recuperar de um grande erro, então faz todo sentido eu me comprometer a jamais cometer um grande erro). Tomado como um todo, o conjunto de grandes pressupostos coletivamente torna inevitáveis os compromissos da terceira coluna e, portanto, fica claro como eles sustentam o sistema imune: os compromissos da terceira coluna advêm claramente dos grandes pressupostos e geram os comportamentos da coluna 2; esses comportamentos claramente prejudicam a consecução do objetivo da coluna 1.
- Os grandes pressupostos tornam visível um mundo maior no qual, até agora, você não se permitiu aventurar. Você vê como seus grandes pressupostos constituem um sinal de "Perigo! Não entre!" diante desse mundo maior (por exemplo, "Eu poderia, ao menos teoricamente, entrar num mundo onde eu não estivesse sempre no controle, ou mesmo num mundo onde eu pudesse me sentir impotente. Eu poderia entrar num mundo no qual não desse conselhos quando eles não fossem solicitados, onde eu considerasse que meus filhos fossem mais bondosos do que imagino", e assim por diante). É possível que todos esses sinais de alerta sejam totalmente apropriados e devam ser ouvidos, mas é também possível que seus grandes pressupostos sejam prova de que você está se limitando a apenas alguns dos aposentos da mansão de sua vida.

Por gentileza, gere o máximo possível de grandes pressupostos que conseguir. Confronte-os com os critérios acima. Esse último passo no sentido de desenvolver seu raio X pode inspirar seus "ah-ahs!", mas não necessariamente neste ponto. O limiar crítico na criação de um bom mapa é que, uma vez completada a terceira coluna, você tenha condições de ver e sentir a própria versão da dinâmica da imunidade à mudança. Tendo concluído essa etapa, seu mapa deveria lhe parecer surpreendente, esclarecedor ou, no mínimo, interessante.

"Ok, Ok", você pode sentir, depois de ver o próprio e sistemático impedimento do progresso que deseja fazer. "Isso chama minha atenção. Quem vai querer ter um pé no acelerador e o outro no freio ao mesmo tempo? Mas, então, o que posso fazer com relação a isso?" Estamos prestes a pegar exatamente essa pergunta no próximo capítulo deste livro. Nele, você verá como o ato de identificar os grandes pressupostos, os quais reforçam seu sistema imune, na verdade o colocam em posição de rompê-lo.

[10]

VENCENDO A PRÓPRIA IMUNIDADE À MUDANÇA

VER COMO NOSSAS motivações de autoproteção sistematicamente nos impedem de conseguir exatamente aquilo que mais desejamos é efetivamente necessário. Os insights podem ser tremendos, até mesmo empolgantes, mas não levam necessariamente à transformação. A maioria das pessoas precisa de uma estrutura para ajudá-las a canalizar sua aspiração, testar e ganhar distância de seus grandes pressupostos, e construir gradual e continuamente um novo conjunto de formas de estabelecer a ponte entre intenção e comportamento. E é precisamente isso que nosso processo de acompanhamento da imunidade à mudança procura fazer.

Começamos este capítulo com nosso próprio pressuposto – de que agora você tem diante de si, com base em nosso trabalho do Capítulo 9, um quadro da própria imunidade à mudança que o deixa curioso. Ele desperta sua atenção e seu interesse. Você pode ver a si mesmo com um pé no acelerador (genuína e urgentemente desejando obter mais sucesso na consecução do objetivo da coluna 1) e o outro no freio (ativa e continuamente produzindo exatamente aqueles comportamentos que mais tendem a *impedir* qualquer progresso naquele objetivo). E consegue enxergar a boa razão *pela qual* não se permite avançar: você quer salvar sua vida nos moldes que a conhece. Você pode ver, em suas terceira e quarta colunas, as razões pelas quais cada um desses comportamentos obstrutivos parece ser necessário para sua autoproteção.

Assim, como proceder, se você quer fazer algo a respeito – se quer vencer sua imunidade à mudança? Antes de começar, você deve:

- Estar pronto para dedicar alguns meses a esse processo e não esperar que aconteça da noite para o dia
- Escolha a forma de apoio que melhor funcionará para você ao longo da jornada
- Considere a variedade de tarefas e atividades que desenvolvemos ao longo do tempo e que poderá ajudá-lo, contínua e progressivamente, a superar sua versão pessoal de imunidade à mudança

Umas rápidas palavras a respeito de cada um desses itens.

Primeiro, o trabalho para superar a imunidade não levará anos. Tampouco será necessário devotar muito tempo a esse trabalho ao longo dos próximos meses. Mas efetivamente achamos que é preciso estar disposto a dedicar sua atenção, de forma sistemática, por cerca de 30 minutos por semana; a maioria das pessoas observa mudanças significantes e estimulantes em aproximadamente 12 semanas. Isso significa que, obviamente, você não deve esperar completar o conteúdo deste capítulo numa assentada. Você pode optar por lê-lo inteiro apenas para "sentir" o caminho. Mas se quer realmente enveredar por essa viagem, precisará colocar o livro de lado regularmente e *fazer algumas coisas* antes de retomá-lo e prosseguir.

Segundo, é importante decidir se quer fazer a viagem sozinho ou acompanhado. Você pode preferir trabalhar em sua imunidade sozinho (usando este capítulo como guia), mas há outras opções. Você pode encontrar um parceiro – o ideal é alguém que também deseje superar a própria imunidade à mudança – para trocar impressões e informações ao longo do processo. Ou pode optar por trabalhar com um *coach* que tenha experiência com o "arco de coaching" completo e que possa tanto orientá-lo como ajudá-lo a se manter no processo. (Se você escolher essa opção, poderemos colocá-lo em contato com uma das muitas pessoas que já treinamos.)

Finalmente, quer você o faça sozinho, com um parceiro ou com um coach, pode encontrar a melhor combinação de exercícios para seu caso, a partir do conjunto básico de atividades que as pessoas consideraram útil para subverter sua imunidade à mudança. Enumeramos, a seguir, essas atividades em três fases, com uma asserção simples do propósito de cada uma. Você já viu muitas ilustradas em capítulos anteriores. E, considerando que o sistema imune de cada pessoa é único, nem todos precisarão fazer todos os exercícios.

Medidas Iniciais: Preparando o Terreno

Lapidando seu mapa: Examine e revise seu mapa da imunidade conforme necessário, até que o sinta poderoso e tenha grandes pressupostos testáveis.

Pesquisa inicial: Obtenha subsídios externos com relação à importância e ao valor de seu objetivo da coluna 1 e crie uma linha de base no início do processo para ver como está se saindo naquele objetivo.

Meio de Jogo: Examinando o Trabalho

Continuum *do progresso*: Imagine como seria o total sucesso na consecução de seu objetivo da coluna 1.

Auto-observações: Sintonize-se com os grandes pressupostos em ação e mantenha-se alerta aos contraexemplos. Reconheça quando e onde seus grandes pressupostos são ativados e quando estão incorretos.

Biografia dos grandes pressupostos: Com relação a cada pressuposto, pergunte: Quando começou? Qual é sua história? Qual é sua validade atual?

Testando os grandes pressupostos: Comporte-se intencionalmente em oposição ao comportamento que um grande pressuposto o levaria a ter, veja o que acontece e, em seguida, reflita sobre o que esses resultados lhe revelam com relação à certeza daquele seu pressuposto. Repita esse processo várias vezes, fazendo testes de maior escopo a cada vez.

FINAL DE JOGO: CONSOLIDANDO SEU APRENDIZADO

Pesquisa de acompanhamento: Obtenha subsídios (das mesmas pessoas que responderam à pesquisa inicial) com relação a seu objetivo da coluna 1. Compare sua autoavaliação de progresso com aquilo que as pessoas veem. Informe-se sobre o efeito de suas mudanças sobre os outros.

Identificando pontos de captura e meios de escape: Faça um balanço do atual status de seus grandes pressupostos; pense em como manter o progresso, resguardar-se de futuras escorregadelas (os "pontos de captura") e recuperar-se de eventuais escorregadelas (os "meios de escape").

Progresso futuro: Assim que estiver "inconscientemente liberto" do atual grande pressuposto, você pode querer retomar o processo de imunidades, especialmente em torno de eventuais objetivos não atingidos ou áreas nas quais se sinta "emperrado" ou desanimado.

O CERNE DO PROCESSO: ELABORAÇÃO, REALIZAÇÃO E INTERPRETAÇÃO DE TESTES DOS GRANDES PRESSUPOSTOS

Você já viu ilustrações da maior parte dessas etapas nos capítulos anteriores – em especial nos Capítulos 5 e 6, nos casos de David e Cathy. De modo que agora dedicaremos este capítulo ao cerne do processo: as atividades mais iterativas, que levam mais tempo e que mais servem de alavanca para subverter o sistema imune – ou seja, elaborar, realizar e interpretar testes de seus grandes pressupostos.

Elaborando o teste de seu grande pressuposto

O propósito de cada teste que você realizar é ver o que acontece quando altera intencionalmente sua conduta usual e depois reflete no significado dos resultados relativos ao grande pressuposto. A finalidade de um teste *não* é tentar progredir ou melhorar de imediato, mas sim obter informação – um tipo muito específico de informação: "O que isso me diz com relação a meu grande pressuposto?" Nossa experiência nos diz que pode ser difícil manter essa intenção no centro da atenção; portanto, antes de colocá-lo para trabalhar, queremos compartilhar com você o desafio mais comum para a elaboração de um teste.

Lembra-se da tendência de excesso de entusiasmo em agir (sem atentar à nossa mente) que mencionamos no Capítulo 8? É essa tendência que nos leva, equivocadamente, a testar nosso grande pressuposto com base em eventos, quando presumimos que há alguma ação importante que, se formos capazes de tomar, "resolverá" o grande pressuposto e neutralizará seus efeitos.[1] Um exemplo comum é manter uma conversa difícil, que há tempos vinha sendo adiada, com um chefe ou colega de trabalho, sobreviver a ela e seguir adiante.

Uma abordagem baseada em eventos vê a bem-sucedida conclusão do teste como a etapa *conclusiva*, a superação do entrave ou a remoção do obstáculo. Ao realizar o teste (especialmente se parecer uma experiência bem-sucedida), podemos sentir o alívio e a sensação de realização de ter concluído uma tarefa importante. Podemos saborear e apreciar o trabalho feito. Isso tudo é ótimo e está muito certo, *mas não é aprendizado*. Para fins de aprendizado adaptativo, é importante entender que o objetivo de realizar o teste *não é apenas executar a atividade especificada no teste*. Precisamos coletar dados relativos àquilo que acontece como consequência daquela ação e depois *interpretar esses resultados para confirmar ou rever nosso grande pressuposto*. Em outras palavras, o teste só terá sido efetivamente bem-sucedido se o resultado estiver ligado a nosso trabalho voltado para o grande pressuposto.

Com isso como pano de fundo, coloquemos você para trabalhar. Primeiro, este exercício exige que você saiba exatamente qual grande pressuposto deseja testar. Se descobriu vários grandes pressupostos, agora é hora de escolher um deles. Os dois critérios de seleção consistem em, primeiro, ser um pressuposto poderoso (ele exerce forte domínio sobre você e claramente limita o que vivencia como "dentro dos limites" para se sentir seguro); e, segundo, que seja testável. Se você não tiver imediata clareza de quais de seus grandes pressupostos atendem a esses critérios, veja se as seguintes perguntas ajudam:

- Qual grande pressuposto parece ser o que mais o atrapalha?
- Se você pudesse mudar um grande pressuposto, qual faria a maior e mais positiva diferença para você?
- O grande pressuposto é tão catastrófico que você jamais conseguiria testá-lo? Dica: um grande pressuposto que contenha palavras como *morrer*, *ser demitido* ou *ter uma crise nervosa* ainda não está pronto para ser testado. (Mas não o abandone; muito provavelmente, ele tem a vantagem de importar muito. Para torná-lo testável, talvez você precise descobrir e fundamentar um pressuposto anterior na sequência que leva à catástrofe. Por exemplo, "Presumo que, se discordar do meu chefe, serei demitido" torna-se "Presumo que, se eu disser X, meu chefe ficará irritado" e/ou "Presumo que, se meu chefe ficar efetivamente irritado, não verá valor algum em meus subsídios" e/ou "Presumo que, se meu chefe não vir valor algum nos subsídios que eu der em determinada ocasião, ele não me dará mais apoio algum.")
- Você consegue imaginar algum tipo de informação ou de dados que colocaria seu grande pressuposto em dúvida? Seu pressuposto é falsificável?

Talvez você ainda não esteja certo se seu grande pressuposto atende aos critérios "testáveis". Para ajudá-lo nisso, traremos alguns clientes reais para servir de exemplo em sua comparação. Começamos com Sue, chefe de equipe de uma grande agência de serviços de assistência social.

Teste de Sue, Parte 1

O grande pressuposto original de Sue era o seguinte: "Se eu não for aceita, as pessoas não gostarão de mim e não terei valor algum." Ela transformou isso num pressuposto testável ao identificar o que a levaria a não ser aceita: "Se eu disser não, os outros me verão como uma pessoa fria e indiferente." Ela optou por concentrar seu primeiro teste no pressuposto de que o ato de dizer não prejudicaria seus relacionamentos.

Agora é sua vez de tentar. Escreva seu pressuposto como na Figura 10-1.

FIGURA 10-1

Escreva uma versão testável do seu grande pressuposto

Presumo que se eu...

Quando você tiver escolhido um grande pressuposto para testar, o passo seguinte será elaborar seu primeiro experimento para questionar esse pressuposto. Comece se perguntando: Quais mudanças de comportamento me dariam boas informações com relação à acurácia do meu grande pressuposto? Depois planeje o que você fará e/ou dirá para se assegurar de fazer um bom teste. Por exemplo, decidir *que* você dirá não quando solicitado a assumir mais uma tarefa não se trata de *como* você o dirá. Você pode, por exemplo, soltar um imediato "não" ou dizer algo como "Eu gostaria muito de poder ajudá-lo/a, mas já estou com trabalho até o pescoço". Uma dessas formas de dizer "não" é nitidamente um teste melhor do pressuposto de que seu interlocutor ficará irritado com você.

Depois, planeje a coleta de dados: que tipo de informação você deve reunir para pôr em prática esse comportamento? Os dados podem ser externos (reações de outras pessoas ao novo comportamento), internos (suas próprias reações, tanto cognitivas quanto afetivas) ou ambos. Esse é o momento de considerar antecipadamente quais resultados o/a levariam a questionar a validade de seu grande pressuposto. Esta é uma fase crucial. Se você não conseguir pensar em qualquer informação que possa colocar em xeque ou lançar dúvidas sobre seu grande pressuposto, será sinal de que você ainda não tem um bom teste. Nesse caso, você precisa voltar à prancheta.

Teste de Sue, Parte 2

Eis como Sue planejou testar seu pressuposto de que "Se eu disser não, os outros me verão como uma pessoa fria e indiferente [que não se importa]."

Primeiro, ela observou que a situação que mais frequentemente ativava seu grande pressuposto era quando os membros da equipe a procuravam para confidenciar seus aborrecimentos etc. com relação a outros membros da equipe.

Depois, ela decidiu com quem estaria disposta a assumir o risco de dizer não.

Em seguida, ela praticou o que diria. (Por exemplo, "Isso é importante. Sinto por você; lamento saber disso. Mas você está procurando a pessoa errada. Você precisa falar sobre isso diretamente com essa pessoa. Como posso ajudá-lo a falar diretamente com essa pessoa, considerando que a conheço?" Ou "Entendo sua preocupação; ela é importante; mas quero ouvi-la sem ter a sensação de que preciso resolver a questão". Ou "Não posso interferir nisso – não tenho relação com isso. Nosso relacionamento é importante, o relacionamento com nossa agência é importante. Você precisa tomar a decisão de falar diretamente com essa pessoa ou então falar com o chefe dela".)

Com relação aos dados, Sue planejou prestar atenção a como se sentia quando dizia não e também ver o que o interlocutor faria ou diria em resposta. Se ela acabasse se sentindo insegura, ou pensando que a outra pessoa a estava vendo como fria ou indiferente, ou se o relacionamento ficasse prejudicado, tudo isso seria sinal de que o seu grande pressuposto estava correto. Mas, se não sentisse isso, questionaria a verdade absoluta de seu pressuposto.

Na realidade, porém, sabemos que nem todo mundo planeja seus testes.

Teste de Claus, Parte 1

Claus fornece um exemplo de alguém que não planejou seu primeiro teste. Isso poderia ser um ponto positivo para ele, dado que seu grande pressuposto é que precisa estar superpreparado para que possa ser eficaz. Quando justamente o pressuposto que a pessoa deseja testar corre o risco de ser ativado pelo processo de planejamento, testar o "planejamento" pode

ser paradoxal. Trabalhamos com muitas pessoas cujos pressupostos eram assim. Para elas, a tarefa era elaborar um teste efetivo sem serem controladoras, sem estarem superpreparadas, sem atentar a cada detalhe do processo, e assim por diante. No caso de Claus, teria sido contraproducente ele se preparar demais para um teste para ver se conseguiria ser eficiente com menos preparo!

Aqui está o teste dele: durante as férias, Claus decidiu que precisava falar com um funcionário sobre remanejamento de função. Ele ainda não havia pensado como exatamente falaria com esse funcionário, porém, ao cruzar com ele na manhã do dia em que voltara de férias, Claus, diferentemente do usual, conversou com ele. "Eu tinha tanto o que fazer para me pôr em dia na minha volta de férias que pensei comigo mesmo: 'Se eu não falar com ele agora, quando falarei?' Então falei com ele naquele mesmo instante."

O que torna isso um teste, e não meramente um evento, é que Claus estava atento ao que aconteceria como consequência de agir por impulso. Daremos uma olhada nos dados e em como ele os entendeu quando passarmos para a dimensão da interpretação dos testes.

Se Claus não tivesse agido espontaneamente, nós o teríamos estimulado a se concentrar menos na preparação do teste em si e mais na reflexão e na decisão do que consideraria condições "seguras" para fazer um teste. Essas condições seriam situações (certas pessoas, certos tópicos, certas reuniões) em que ele não pagaria um preço muito alto se acontecesse de ser menos eficaz ao estar menos preparado.

Após ter lido a respeito do propósito, dos problemas comuns e das características de um bom teste, esperamos que você tenha adquirido um bom entendimento do que procuramos nessa etapa e possa estar pronto para criar o próprio teste.

Aqui está o exercício. A Figura 10-2 traz uma folha de orientação para fazê-lo. Nessa etapa, solicitamos que você crie um experimento seguro e modesto para testar o seu grande pressuposto. Seu teste deve levá-lo a fazer algo diferente do habitual, quando tem seu grande pressuposto como verdade. Trata-se de uma *preparação* para fazer efetivamente o primeiro teste formal desse pressuposto.

Um bom teste atende aos seguintes critérios S-M-A-R-T:

- S-M: É importante que seu experimento seja *seguro* e *modesto*. Você pode perguntar a si mesmo: "O que posso me arriscar a fazer, ou resistir a fazer – *numa pequena escala* que poderia me parecer não recomendável se eu mantivesse meu grande pressuposto como uma verdade – para saber quais seriam efetivamente os resultados?"
- A: Um bom teste é *acionável* em curto prazo. Isso significa que é um teste relativamente fácil de fazer (o ideal é que você não precise desviar-se um milímetro sequer da rotina, sendo, antes, uma oportunidade de fazer algo

FIGURA 10-2

Folha de orientação para planejar um bom teste do grande pressuposto

1a. Escreva a seguir o que você fará. (Assegure-se de que fará algo diferente daquilo que seu grande pressuposto o levaria normalmente a fazer.)

1b. Escreva a seguir o que você acha que seu teste (1a) lhe trará de informação com relação a seu grande pressuposto.

2a. Agora, quais dados você deseja coletar? Além de como as pessoas reagem a você, *seus sentimentos* podem ser uma riquíssima fonte de dados.

2b. Como esses dados o ajudarão a confirmar ou negar seu grande pressuposto? (Quais resultados o levariam a crer que seu grande pressuposto está correto? Quais resultados o levariam a questionar a validade do seu grande pressuposto?)

2c. Há alguém a quem você gostaria de "alertar para o perigo" ou pedir que sirva de observador e que possa lhe dar feedback após o fato?

3. Finalmente, reveja seu teste com base nos seguintes critérios:

- Ele é seguro? (Se acontecesse "o pior cenário", você poderia lidar com os resultados.)
- Os dados são relevantes para seu grande pressuposto? (Ver pergunta 2b.)
- Ele é válido? (O teste, na verdade, experimenta seu grande pressuposto; ver pergunta 1b.)
- As fontes dos dados são válidas? (Escolha fontes que não estejam "a fim de pegá-lo", nem tentando protegê-lo ou salvá-lo.)
- Ele pode efetivamente reforçar seu grande pressuposto? (Ele foi projetado de modo a levá-lo a consequências ruins, exatamente como diz seu grande pressuposto? Você está se preparando para falhar? Há algum dado que possa coletar que possa invalidar seu grande pressuposto?)
- Ele pode ser feito logo? (A pessoa ou situação de que você precisa para fazer o teste está disponível; você está razoavelmente certo de que sabe como fazer o que planejou e de que pode realizar o teste na próxima semana ou nos próximos dias.)

diferente em seu cotidiano) e que possa ser realizado logo, por exemplo, na próxima semana.

- R-T: Por fim, você sabe perfeitamente que está adotando uma postura de "***research***" ou *pesquisa* (e não uma postura de automelhoria); você está fazendo um *teste* de seu grande pressuposto. Um bom teste lhe permitirá coletar dados relativos a seu grande pressuposto (inclusive dados que o qualificariam ou o colocariam em dúvida).

Como um primeiro passo, considere qual comportamento você poderia mudar (começar a fazer ou parar de fazer) e que lhe traria informações úteis sobre seu grande pressuposto. Eis algumas opções:

- Mudar um comportamento da coluna 2.
- Realizar uma ação que vai contra um compromisso da coluna 3.
- Começar diretamente de seu grande pressuposto (coluna 4): "Que experimento me revelaria se a sequência 'se–então' embutida no pressuposto é ou não válida?"
- Ir para seu *continuum* do progresso (ver Capítulos 5 e 6 para ilustrações) e colocar em prática a versão de um próximo passo reconhecível.

Se você concluiu o exercício, inclusive a pergunta 3, ótimo – você tem um projeto de alta qualidade para o primeiro teste de seu grande pressuposto. Agora é uma boa hora para fazer o que for necessário no sentido de aumentar a probabilidade de seu teste correr bem. Em um nível mais prático, lembre-se de contatar alguém cujo feedback você deseja obter. Se quiser, você pode inteirar essa pessoa a respeito do contexto maior de seu pedido, bem como dos tipos específicos de dados que você espera que ela lhe possa dar. Quanto mais claramente você souber de antemão aquilo de que precisa, maior a probabilidade de essa pessoa poder coletar dados valiosos. Faça um plano para se reunir e trocar ideias com essa pessoa logo depois do teste.

Eis algumas coisas que você pode achar útil fazer antes da efetiva realização do teste para se colocar no estado de mente certo.[2] Praticar o que você deseja fazer aumenta a probabilidade de se sentir efetivamente preparado para fazer algo em que tem pouca ou nenhuma experiência.

Por exemplo:

- Prepare observações/anotações para seu teste.
- Pratique técnicas para diminuir ou eliminar a "tagarelice mental".

Você pode imaginar diferentes formas pelas quais a interação iminente poderia se desenrolar e como seria possível reagir e/ou se colocar dentro de cada cenário imaginado:

- Considere as implicações do tom de voz, da linguagem corporal, da escolha de palavras.
- Antecipe como seu jeito típico de dizer as coisas poderia levar a um resultado já previsto e considere se existe uma maneira mais produtiva que você

possa adotar. Se possível, faça uma dramatização da situação mentalmente (ou com alguém em quem você confia).

- Prepare-se com estratégias alternativas para lidar com as coisas que costumam funcionar como estopins negativos para você.

Finalmente, preveja as coisas que podem dificultar a coleta de dados de qualidade. Aí vão algumas dicas a considerar:

- Pode ser que você experimente vários sentimentos ao mesmo tempo. Seus sentimentos podem mudar ao longo do teste; portanto, tente frequentemente sintonizar-se com seu canal emocional.
- Quanto mais a pessoa estiver sob as amarras de seu grande pressuposto, menos capaz será de observar outras pessoas (seu comportamento e seu estado interior). Uma das habilidades mais essenciais na mudança adaptativa é a capacidade de ver e ouvir o que está ocorrendo com o mínimo possível de prejulgamento. Ser capaz de ver e ouvir com mais clareza é onde começa o potencial da mudança.
- É muito fácil passar do "modo" de observação para o de interpretação das reações de outra pessoa. Isso invalida um teste. Procure manter-se ligado naquilo que a pessoa disse ou fez (por exemplo, ele disse, "Isso me deixa irritado" *versus* "Ele ficou irritado comigo"). Dados de qualidade são diretamente observáveis – palavras e atos, inclusive comportamentos não verbais, que poderiam ser captados em áudio ou vídeo.

Realizando os testes de seu grande pressuposto

Finalmente, você precisa passar para a ação. Vá em frente e faça o seu teste! Lembre-se de coletar seus dados (o que você efetivamente fez e o que aconteceu como resultado). Se você acabar não fazendo exatamente o teste que planejou, tudo bem, mas assegure-se de que o teste que efetivamente fez atenda aos critérios de um teste eficaz (pergunta 3 da seção anterior). Se concluir que seu teste falhou, isso não é um problema fatal, além de não ser incomum. Lembre-se apenas de que você ainda não produziu dados relevantes para testar seu grande pressuposto (portanto, seja lá o que tiver acontecido, não confirma nem nega seu pressuposto). Seu próximo passo deve ser verificar se ainda é possível fazer o teste a que se propôs de início ou se precisa planejar um novo teste.

Use o formulário oferecido na Figura 10-3 para descrever seus atos ou ações e as respectivas consequências. Seja um "autorrelator" o mais neutro possível. Na próxima seção nos dedicaremos a entender, ou interpretar, os dados.

Antes de ir para o próximo passo, observe se avaliou a qualidade do teste realizado (*versus* planejado) e a qualidade de seus dados, e se concluiu que ambas são válidas. Feito isso, você está pronto para interpretar o que aconteceu.

FIGURA 10-3

Folha de orientação para fazer testes do grande pressuposto

1. O que você fez efetivamente?

2a. O que aconteceu? O que as pessoas efetivamente disseram ou fizeram quando você fez o teste? Se você pediu a alguém que lhe desse feedback, o que essa pessoa lhe disse? O que você pensou ou sentiu naquele momento? (Estes são os pontos de seus dados.)

2b. Verifique a qualidade de seus dados para se assegurar de que são válidos. Os dados relativos às respostas de outras pessoas a você são diretamente observáveis, ou você "deu uma forçada" em determinada interpretação? Houve alguma circunstância incomum/não usual no teste?

Interpretando os testes de seu grande pressuposto

Projetar um teste eficaz de seu grande pressuposto é um passo. Fazer esse teste é o passo seguinte. Agora, o desafio é olhar seus dados com o único propósito de entender o que sugerem com relação a seu grande pressuposto. Lembre-se de que o propósito de realizar um bom teste não é ver se você melhorou, se a sua mudança de comportamento "funcionou" (embora isso não seja desprovido de importância!), mas, sim, usar os resultados do teste para rever seu grande pressuposto. Você saberá se está no caminho certo nesse exercício se conseguir ver quais eventuais aspectos do seu grande pressuposto foram confirmados pelos dados e quais foram negados.

A melhor maneira de ilustrar essa etapa é retomarmos do ponto em que deixamos Sue e Claus para que você possa ver o que eles fizeram, quais dados eles coletaram e qual o significado que atribuíram a esses dados. Depois disso, nós o convidaremos a interpretar os próprios dados.

Teste de Sue, Parte 3

Eis o teste que Sue fez: quando uma das duas pessoas com as quais ela se sentiu segura em fazer o teste começou a lhe dizer que estava irritada com outro membro da equipe, Sue disse a ele que não queria envolver-se e que achava que seria melhor se ele falasse diretamente com a outra pessoa.

Eis os dados que ela coligiu. Primeiro, seus pensamentos e sentimentos mais profundos: "Fiz [o teste] sem me sentir mal. E não deixei que me preocupasse o fato de que detestei a interação por ter sido curta e 'pesada'. Ela foi o que foi e não pensei mais no assunto no restante do dia." Os dados externos? Aquele colega ligou mais tarde para ela a fim de se desculpar por tê-la envolvido na questão, dizendo: "Eu só queria contar para alguém o que estava acontecendo."

Sue viu esses resultados como negações iniciais do seu grande pressuposto. Embora não gostasse de dizer não, ela não ficou se torturando por tê-lo dito e estava contente de não se ter envolvido no conflito. E o mais importante: o pedido de desculpa do colega a fez ver que estabelecer um limite (ao menos naquela vez) era perfeitamente aceitável.

Teste de Claus, Parte 2

E quanto a Claus?

Eis o que aconteceu quando ele conversou espontaneamente com seu funcionário:

Ele reconheceu o momento como "uma verdadeira revelação para mim", inclusive o fato de se sentir fora da zona de conforto. Quanto aos dados externos, a outra pessoa acabou se estendendo sobre o tópico, o que era incomum e que foi uma surpresa para Claus, uma vez que ele achava que seria um assunto delicado a ser tratado. Claus também observou que eles estavam tendo uma conversa real, com a troca de bola entre ambos. Por fim, também se deu conta de que gostou de "ter a coragem de fazer isso e não ter medo de falhar, embora eu tenha feito o teste sem propriamente pensar a respeito".

O que os dados lhe revelam sobre seu grande pressuposto? Nas próprias palavras de Claus: "Essa experiência específica me revelou que não preciso analisar tudo até as últimas consequências. Consigo ver como minha percepção está errada no sentido de que, se eu dedicar mais tempo à coisa ou esperar, ela vai se resolver. Mas, se não acontece, então começo a me sentir mal, por não ter feito o que precisava. A lição que aprendi? Seguir meus instintos. Não deixar minha cabeça atrapalhar a intuição." Ele enxerga como seu grande pressuposto cria o falso senso de que é preciso uma superpreparação, quando a realidade é que ela o torna cada vez mais ansioso. Agora ele sabe que, ao menos naquela situação, seus instintos foram suficientes como preparação.

Eis algumas dicas para você ter em mente quando começar a interpretar seus dados, como na Figura 10-4.

- O que torna um "grande pressuposto" maior que um mero pressuposto é a crença, implícita ou explícita, de que aquilo que pressupomos está *sempre e completamente* correto. Um grande pressuposto nos informa automaticamente como vemos a realidade; ou seja, ela está, por assim dizer, "atrás" de nossos olhos, e não diante deles.

FIGURA 10-4

Folha de orientação para interpretar testes do grande pressuposto

1. Dê uma olhada nos dados que você coletou. Qual é sua interpretação do que aconteceu?

2. Que interpretação alternativa consegue fazer desses mesmos dados? Quando nossos grandes pressupostos têm um domínio muito grande sobre nós, eles nos guiam para interpretações previsíveis – interpretações que mantêm o grande pressuposto vivo e plenamente operante. Um antídoto para essa tendência é obrigar-se a gerar ao menos uma interpretação adicional dos dados.

3. O que sua interpretação lhe diz sobre o grande pressuposto que você testou? Que aspectos de seu grande pressuposto você acredita que os dados confirmam? Que aspectos os dados negam? Surgiu algum novo pressuposto?

4. O que você pensa fazer no próximo teste de seu grande pressuposto? Parta daquilo que aprendeu com relação a seu grande pressuposto. Como você poderia planejar o próximo teste de modo a aprender mais? Se você tem outros grandes pressupostos, poderia testá-los também.

- Raramente um dado grande pressuposto está sempre e completamente certo ou errado. O problema costuma ser que tendemos a usar em excesso os grandes pressupostos e a supergeneralizar sua aplicabilidade para muito além do seu escopo.
- Raramente a finalidade de um teste é rejeitar por completo um grande pressuposto; a finalidade é ajudar a definir melhor seus contornos para que você tenha uma versão realista, baseada em dados, de quando, onde e com quem seu grande pressuposto é relevante. Até mudanças relativamente modestas num grande pressuposto podem subverter uma imunidade à mudança.
- É possível realizar um teste completo e valioso (dessa etapa) sem ter tido "êxito" em alguma ação. Por exemplo, podemos não ter conseguido manter aquela conversa difícil, mas coletamos dados que nos possibilitaram aprender algo novo a respeito daquilo que nos retém, o que leva a um refinamento ainda maior do nosso grande pressuposto.
- Nenhum experimento isolado tende a ser conclusivo sobre um grande pressuposto.

A pergunta final desse exercício aponta para a natureza iterativa do teste de grandes pressupostos. Quando realizamos um teste e avaliamos suas implicações para nosso grande pressuposto, planejamos mais um teste, um que forneça dados relativos àquilo que, nessa próxima etapa, desejamos saber a respeito de nosso pressuposto. David e Cathy, que vimos nos Capítulos 5 e 6, e Sue e Claus neste capítulo, fizeram diversos testes, cada um dos quais os levou a progressivamente revisar o pressuposto. De modo geral, o segundo e o terceiro testes são versões sucessivas do primeiro. O que muda são os participantes, a circunstância ou o nível de risco. É o peso cumulativo dos diversos testes que, na maioria dos casos, começa a subverter a imunidade da pessoa à mudança – que, não esqueçamos, é o propósito desses exercícios. Quando o grande pressuposto perde a força, o compromisso de autoproteção da terceira coluna deixa de ser necessário e então não mais precisamos gerar os comportamentos obstrutivos da segunda coluna.

Teste de Sue, Parte 4

Continuemos a acompanhar Sue no teste seguinte de seu grande pressuposto: "Se eu disser não, os outros me verão como uma pessoa fria e indiferente."

Sue soube que houve uma discussão entre duas de suas colegas. Ela se preparou para o que iria dizer se uma delas a procurasse para se queixar da outra. Ela ensaiou sua fala, inclusive dizendo a si mesma, "Sei que não posso resolver isso, está além do meu alcance", e se preparou para ser a ouvinte que queria ser naquela situação. Quando uma das duas colegas, Kati, entrou em sua sala, Sue estava pronta.

O que fez Sue? Ela relembrou Kati de seu trabalho da quarta coluna e de seu compromisso de não se envolver naquele tipo de conversa. "Tive o cuidado de não participar de seus ataques a Vicki. E tive o cuidado de não dizer a ela o que fazer; só fui uma boa ouvinte."

E quanto aos dados? Ela prestou atenção a seus sentimentos, inclusive a seus níveis de conforto e ansiedade, e às reações de Kati. Ela se viu sentindo-se bem durante a conversa, tanto porque conseguira agir e estar presente da maneira que desejava como porque a conversa tomou um rumo imprevisto, mas muito produtivo, em que Sue sentiu que podia discutir o problema com Kati. Sue se sentiu bem em ficar vulnerável e em ter uma conversa de qualidade que levou ambas a sentir que haviam tirado algo valioso daquela conversa.

Sue viu esses dados contradizendo seu grande pressuposto; ao estabelecer certos limites, ela, na verdade, experimentou um relacionamento mais próximo com Kati.

À medida que nossa capacidade de auto-observação se desenvolve mais, outros testes de nossos grandes pressupostos podem ocorrer de forma bastante fluida. Nessas ocasiões, conseguimos agir espontaneamente de modos que são contraindicados por nosso grande pressuposto, mas nos tornamos conscientes disso (no próprio momento ou depois) e o usamos como uma oportunidade para perguntar: "O que aconteceu e o que isso me revela a respeito do meu grande pressuposto?"

Teste de Sue, Parte 5

Sue teve muitos testes "espontâneos". Um teste significativo ocorreu quando ela teve uma alteração com seu chefe, na visão dela a pessoa que mais envolvia risco no caso de entrar em conflito. O evento ocorreu numa reunião da equipe principal, quando Sue disse algo que levou seu chefe, Sam, a gritar com ela. Ela ficou espantada ao ver como suas palavras levaram a uma reação tão extrema e tão negativa. Imaginando que ele não tinha ouvido o que ela dissera, Sue se perguntou qual era sua responsabilidade nessa comunicação truncada. "Tive de checar com o restante do grupo – 'O que foi que eu disse?' Eles me responderam que eu estava sendo muito clara." Numa conversa posterior com seu chefe, ele reconheceu que havia parado de ouvir.

As conclusões de Sue: "Falando em termos pessoais, consegui lidar com aquele conflito. Não 'pirei' com aquilo e também o assunto não ficou me 'martelando' no dia seguinte. Não fiquei obcecada com o assunto do jeito que teria ficado seis meses atrás. Agora sei que meu relacionamento com o Sam pode suportar conflito e que sou capaz de lidar com isso, como aconteceu naquele dia em que ele ficou claramente com raiva."

Com muita frequência, futuros testes refletem nosso desejo de saber mais a respeito de outros aspectos de nosso grande pressuposto que somente se revelaram em testes anteriores.

Teste de Sue, Parte 6

Mais uma vez, acompanhemos os testes de Sue para ver um exemplo perfeito de se experimentarem águas mais profundas. Quando Sue percebeu que dizer "não" não colocava em risco seus relacionamentos, descobriu toda uma nova curva de aprendizado: Poderia ela dizer o que realmente pensava sem colocar os relacionamentos em risco? Em outras palavras, poderia se arriscar a criar conflitos?

"Eu realmente disse a Beth: 'Não concordo.' Foi um risco. Internamente, senti que estava forçando minha própria barra; para mim, era um risco para o relacionamento, e eu o assumi... e o bom é que o relacionamento permaneceu intacto. Acho que posso continuar a falar quando não concordo, mas quero ser articulada – não meramente emocional – na minha não concordância! Acho que não sou tão articulada como gostaria de ser. Um risco maior teria sido eu dizer que achava que estávamos evitando o verdadeiro problema."

Agora é sua vez de desenvolver um segundo teste. Volte para as folhas de orientação anteriormente fornecidas, relativas às três dimensões dos testes (planejar, fazer e interpretar).

Se, depois de algumas rodadas de testes, você se perguntar "Como saberei quando eu tiver terminado?" e "Como mantenho meu progresso?", muito provavelmente estará pronto para o exercício seguinte: "Identificando pontos de captura e meios de escape."

CONSOLIDE SEU APRENDIZADO: IDENTIFICAÇÃO DE PONTOS DE CAPTURA E MEIOS DE ESCAPE

A Figura 10-5 mostra uma sequência de desenvolvimento da subversão de uma imunidade. Pare um instante para pensar onde você se encontra na jornada, usando as descrições de "conscientemente imune" e "inconscientemente liberto" – presumimos que, se você chegou até aqui neste capítulo, certamente já passou da fase de ser "conscientemente imune".

Qual dessas duas descrições lhe diz alguma coisa? Se sua autoavaliação é que você está "inconscientemente liberto", é possível que considere útil fazer o próximo exercício para confirmar suas impressões. Se "conscientemente liberto" descreve melhor sua atual relação com seu grande pressuposto, uma das duas seguin-

FIGURA 10-5

De inconscientemente imune a inconscientemente liberto

Conscientemente liberto: Testar o seu grande pressuposto e descobrir as condições nas quais ele é e não é válido constitui uma parte crucial dessa fase de desenvolvimento. Os testes podem, inclusive, trazer a descoberta de que o grande pressuposto não se justifica em situação alguma. Muitas vezes, as pessoas aprendem novos comportamentos e novos scripts de "diálogos internos" como parte desse processo de teste. Quando você consegue agir com base no conhecimento recém-descoberto para interromper o grande pressuposto (e os antigos padrões de comportamento e de diálogo interno a ele associados) nas situações em que ele não é válido, você está demonstrando a nova capacidade de estar "conscientemente liberto" do grande pressuposto. Isso requer prática – e prática consciente. A jornada não é necessariamente em linha reta nem isenta de solavancos. É normal recair em antigos padrões associados ao grande pressuposto. Ainda assim, saber que você está tendo uma recaída e saber que pode sair dessa são sinais de desenvolvimento. Você também deve assegurar-se de ter feito progressos rumo à consecução do seu objetivo da coluna 1.

Inconscientemente liberto: Quando você não precisar mais parar, pensar e se planejar para interromper o seu grande pressuposto, terá desenvolvido a capacidade de estar "inconscientemente liberto" dele. Se estiver neste ponto, você age e pensa automaticamente de modos que vão contra seu antigo grande pressuposto em situações nas quais ele não é válido. Novas crenças e novos modos de entender, fundamentados e desenvolvidos conscientemente ao longo do processo, tomaram o lugar do grande pressuposto. Provavelmente você terá feito significativos progressos, ou até conseguido pleno êxito, na consecução de seu objetivo da coluna 1.

tes opções será mais pertinente no caso de você querer subverter completamente seu sistema imune e ter êxito no compromisso da coluna 1.

Primeira opção: considere continuar fazendo mais testes de seu grande pressuposto. Essa é uma boa escolha, especialmente se você tem consciência de que seu grande pressuposto o domina com frequência. Conforme já dissemos, o processo de teste é iterativo e não há um número preestabelecido para subverter seu sistema imune. Se você estiver trabalhando sozinho, poderia considerar encontrar um amigo ou colega de sua confiança para trabalhar como seu parceiro na elaboração e interpretação do próximo teste. Ter alguém com quem conversar pode ajudar imensamente.

Uma segunda opção seria concluir outro exercício, que denominamos "Identificando pontos de captura e meios de escape". Desenvolvido com o objetivo de aumentar a probabilidade de seu sucesso continuado, o teste requer que você faça um balanço do atual status de seu grande pressuposto, avalie seu risco de retrocesso e se planeje no sentido de evitar escorregadelas. O teste o leva também a gerar o equivalente de uma folha de dicas personalizada (ver a parte em itálico do "Exercício de 'Identificação de pontos de captura e meios de escape' concluído por Cathy", adiante neste capítulo).

Para que seja possível enxergar o potencial desse exercício e obter uma resposta clara à pergunta "Como saberei quando eu tiver terminado?", queremos relembrá-lo do exemplo que Cathy nos ofereceu no Capítulo 6. Ao relê-lo agora, veja como ele ilustra os benefícios de se identificar o que no faz ficar *cativos* [*pontos de captura*] de nosso grande pressuposto e o que podemos fazer para nos *libertamos* [*meios de escape*] desses pontos de captura.

Exercício de "Identificação de pontos de captura e meios de escape" concluído por Cathy

---

Comente sobre onde você se vê agora na sequência de desenvolvimento.

Estou em algum ponto entre estar "conscientemente liberta" e "inconscientemente liberta". Fiz revisões significativas em meus maiores "grandes pressupostos" e não me sinto mais controlada por eles. Ao contrário, desenvolvi novos entendimentos de mim mesma e do meu valor com base no "evento de Houston" e continuei fazendo testes nos últimos meses. Tenho razões para acreditar que essas novas visões de mim mesma evitarão que eu volte ao antigo modo de pensar com relação a mim mesma e às outras pessoas.

Hoje, disponho de uma série de maneiras de diminuir meus níveis de estresse, inclusive de como não ficar estressada. Uso essas ferramentas e crenças com regularidade, às vezes conscientemente e outras vezes, percebo-as depois, de forma bastante inconsciente.

Você chegou a alguma conclusão ou desenvolveu "palpites" sobre as condições em que seu grande pressuposto é válido? Pense em situações específicas – quem, o que, onde e quando.

Não vejo mais momento algum em que meu grande pressuposto seja válido.

Você chegou a alguma conclusão ou desenvolveu "palpites" sobre as condições em que seu grande pressuposto não é válido? Pense em situações específicas – quem, o que, onde e quando.

Sim. Em todo o meu trabalho. E até mesmo no relacionamento com meu marido.

Você vê seu grande pressuposto se impondo em situações nas quais você sabe que ele não deveria se impor? Em caso positivo, você pode fazer uma generalização das condições nas quais você tende (mais ou menos) a ser puxada de volta para os velhos padrões associados ao grande pressuposto? O que ainda a mantém cativa?

Não, meu "evento de Houston" acabou com meu grande pressuposto. E, desde então, tenho aprendido a me ajudar a não ser puxada de volta para aquele modo de pensar e de agir.

Você desenvolveu "meios de escape" importantes (isto é, diálogos internos que o libertam), os quais você pode usar prontamente quando enfrenta seu grande pressuposto em tempo real?

Elaborei um plano com alguns membros da minha equipe, no qual eu usaria uma palavra código ou sinal para indicar que eu havia entrado num estado de agitação ou de pré-explosão. Mas não precisei usá-los porque minhas providências anteriores no sentido de interromper essas emoções estavam funcionando.

Você desenvolveu novos comportamentos ou modos de falar consigo mesma em situações que costumavam ativar seu grande pressuposto?

Sim. De modo geral, estou mais autoconsciente e tenho mais domínio sobre mim. Estou mais atenta ao que pode me colocar na rota da explosão e também quando entrei nessa rota. Tenho agora um sólido conjunto de meios eficazes que uso para interromper o ciclo antes mesmo de ele começar ou para interrompê-lo assim que começou e antes de eu ficar excessivamente "emocional".

Uso meu mantra "Estou calma".

Uso bolinhas antiestresse.

Quando me sinto emocionalmente agitada, faço uma pausa interna e externa para refletir antes de agir.

Quando estou numa situação em que alguém diz algo que me deixa agitada, digo para mim mesma: "Seja respeitosa e calma. Não é o fim do mundo. Você está no controle dessa situação. Você pode ouvir respeitosamente e depois discordar educadamente."

Quando sinto que algo está errado, me pergunto: "Sou eu? Ou é algo no ambiente?"

Quando tenho consciência de que estou ficando estressada, me pergunto: "O que está e não está sob meu controle nesta situação?" E então examino minhas alternativas com base naquilo sobre o que tenho controle.

Eu me pergunto: "Isso é tão importante a ponto de eu ser internada?"

Faço mais escolhas com relação àquilo que posso e não posso fazer com meu tempo.

Quando tiver um cronograma, direi à pessoa que acho que não conseguirei cumpri-lo até a data-limite ou então direi aquilo que acho que conseguirei e não conseguirei fazer até aquela data. Ou então perguntarei se haveria flexibilidade de tempo, considerando aquilo que me cabe fazer e outros compromissos que concordei em cumprir.

Direi a mim mesma: "É isso que posso e não posso fazer na consecução dessa prioridade."

Próximo das datas-limite, eu me pergunto: "O que terei de deixar de lado para cumprir esse prazo?"

Faço um processo de checagem com relação à minha agenda. Eu me obrigo a sair em determinado horário na maioria dos dias e mantenho essa promessa comigo mesma. Quando há reuniões seguidas, eu me pergunto: "É importante que eu participe de todas elas?"

Quando quebrava minha regra de sair até determinado horário, eu ligava para a Deb e dizia que não iria trabalhar no dia seguinte. Ela concordou com isso.

Eu me pergunto: "Isso é tão importante a ponto de eu prejudicar minha saúde?"

Presto atenção ao valor que estou agregando e àquilo que estou contribuindo. (E continuo a ver meu valor, independentemente do produto.)

Presto atenção a meus sentimentos de confiança que surgiram por meio desse processo (livrar-me do medo me ajudou a ver o valor que estou agregando).

Em que grau/com que frequência você consegue usar esses "meios de escape" para não se deixar mergulhar nos antigos padrões?

Sistematicamente.

Pense em situações nas quais você considere que seu grande pressuposto deixou de ser aplicável. Quais novas crenças ou entendimentos você tem agora com relação a "como as coisas funcionam" ou o que acontecerá nessas situações?

Um de meus primeiros grandes pressupostos era o seguinte: Se eu me deixasse abater e me decepcionasse comigo mesma, sentiria como se não estivesse dando tanto quanto deveria. Isso mudou: agora, essa definição está diferente. Antes, tinha a ver com fazer, agora tem a ver com ser. Como, por exemplo, se eu não manifestasse ou compartilhasse meus insights. A questão é ter os insights. Eu ficaria decepcionada comigo mesma se não tivesse mais insights ou não acreditasse no valor deles.

Outro de meus grandes pressupostos era o seguinte: pressuponho que um bom membro de equipe – ou seja, todos – contribui com seus 110%. Ainda acredito nisso. O que mudou é que os 110% não se referem a concluir tarefas e garantir que tudo esteja perfeito. A perfeição não tem a ver com colocar todos os pingos nos is. Tem a ver com a perfeição do conceito, do propósito e de pensar a respeito.

Outro de meus grandes pressupostos iniciais era o seguinte: pressuponho que meu eu melhor contribui com 150%. Ainda acho que isso é verdade; apenas a definição mudou. Mesmo que sejam apenas três minutos.

É a sensação de ter determinado apropriadamente a energia e o tempo necessários. É o montante de tempo e a qualidade do pensamento que fazem a excelência.

O maior de meus grandes pressupostos era o seguinte: pressuponho que, para mim, vale mais a pena o risco de ter uma estafa do que de deixar de contribuir com meus 110%. Agora, isso não é mais verdade.

Algum pensamento sobre o que lhe possibilitou fazer as mudanças que fez?

O mais importante é que percebi que meus grandes pressupostos originais provinham de eu operar com base numa sensação de medo. Eu temia que algo que eu amasse fosse tirado de mim e sentia como se precisasse ficar sempre provando a todos que eu era boa naquilo para que eles não me tirassem aquilo. Também foi importante meu "ah-ah", minha percepção de como o fato de não ter sido aceita na faculdade de medicina me manteve preocupada e com medo esses anos todos. Percebi que acreditava que não ter entrado em medicina era um reflexo de mim mesma, que havia algo errado comigo. E nunca eu havia externado essa crença; eu continuava "fazendo" as coisas para me assegurar de que nunca mais aquilo voltaria a acontecer comigo. Foi um enorme alívio tirar aquele peso de cima de mim. Emocionalmente, é exaustivo carregar algo assim. Agora estou liberta desse sentimento.

Toda essa experiência me ajudou a ver que, na verdade, sou muito boa naquilo que faço, e não é só por causa daquilo que "faço", mas por eu ser quem sou e pelas perspectivas diferenciadas que trago para o trabalho. E reconheci que os outros também veem isso em mim.

O "evento de Houston" foi o elemento catalisador que me levou a entender isso. O sucesso da Teresa na apresentação foi um teste no sentido de que eu não preciso "fazer" e uma confirmação do meu valor como pessoa dotada das habilidades, do conhecimento e das visões que tenho. Teresa teve êxito porque estruturei a coisa como estruturei e por eu ter redigido os objetivos tão claramente como redigi. Meu valor diferenciado estava no processo de planejamento. Essa confiança recém-descoberta constituiu um enorme impulso para minha mudança.

Sou muito científica – só acredito se tiver provas. Foi um experimento forçado – o sucesso da Teresa – o fato de meus objetivos e minha visão poderem ser realizados sem eu própria ter de "fazer"!

Tudo o que se seguiu foi resultado de me libertar dos meus medos e desenvolver minha autoconfiança. Fiquei testando formas de me programar para diminuir meu estresse e, nesse processo, descobri técnicas diferentes e "autolembretes" que funcionaram para mim.

No mínimo, esse exemplo deve deixar clara a resposta à pergunta "Como saberei quando eu tiver terminado?". Naturalmente, você não terá "terminado" se não tiver realizado progressos significativos em seu objetivo da coluna 1; mas tampouco terá terminado se *apenas* realizou progressos significativos, não tendo construído um canal forte e constante, como o demonstrado por Cathy, entre as mudanças de comportamento e as mudanças de mentalidade – ou seja, mudanças em seus grandes pressupostos.

Agora é sua vez de fazer este exercício usando a folha de orientação exibida na Figura 10-6.

Eis uma última pergunta para você, caso tenha concluído o exercício de pontos de captura e meios de escape: Como você se sente tendo conseguido as conquistas que conseguiu num objetivo tão desafiador?

FIGURA 10-6

Folha de orientação para identificar pontos de captura e meios de escape

1. Comente sobre onde você se vê agora na sequência de desenvolvimento.

2. Você chegou a alguma conclusão ou desenvolveu "palpites" sobre as condições em que seu grande pressuposto é válido? Pense em situações específicas – quem, o que, onde e quando.

3. Você chegou a alguma conclusão ou desenvolveu "palpites" sobre as condições em que seu grande pressuposto não é válido? Pense em situações específicas – quem, o que, onde e quando.

4. Você vê seu grande pressuposto se impondo em situações nas quais você sabe que ele não deveria se impor? Em caso positivo, você pode fazer uma generalização das condições nas quais você tende (mais ou menos) a ser puxado de volta para os antigos padrões associados ao grande pressuposto? O que às vezes ainda o mantém cativo?

5. Você desenvolveu "meios de escape" importantes (por exemplo, diálogos internos que o libertam), os quais pode usar prontamente, em tempo real, como ajuda para escapar quando recapturado por seu grande pressuposto?

6. Você desenvolveu novos comportamentos ou modos de falar consigo mesmo em situações que costumavam ativar seu grande pressuposto?

7. Em que grau/com que frequência você consegue usar esses "meios de escape" para não se deixar mergulhar nos antigos padrões?

8. Pense em situações em que você acha que seu grande pressuposto deixou de ser aplicável. Quais novas crenças ou entendimentos você tem agora com relação ao modo "como as coisas funcionam" ou o que acontecerá nessas situações?

9. Algum pensamento sobre o que lhe possibilitou fazer as mudanças que fez?

PROGRESSO FUTURO

Quando estiver "inconscientemente liberto" de seu grande pressuposto, você pode retomar o processo de imunidades, especialmente em torno de objetivos não atingidos ou áreas nas quais você esteja se sentindo travado ou desanimado. Todos os exercícios do processo são reutilizáveis. Essas ferramentas podem ser um recurso vitalício para a mudança transformadora ao ajudá-lo a ver como é possível atingir outros objetivos relativos a compromissos por meio da identificação, do teste e da modificação de grandes pressupostos adicionais. Sim, a inferência, aqui, é que se você olhar com real atenção, encontrará outras áreas nas quais você é inconscientemente imune. Desenvolver a capacidade de identificar essas áreas é a chave para o progresso continuado.

Naturalmente, o primeiríssimo passo é desenvolver um novo mapa da imunidade – e, para isso, você pode usar a Figura 10-7 todas as vezes que quiser. Observe que essa folha de trabalho tem uma coluna para a geração de ideias. É

FIGURA 10-7

Folha de trabalho do mapa da imunidade

Geração de ideias	1 Objetivos de compromisso (melhoria)	2 Fazer/não fazer	3 Compromissos concomitantes ocultos	4 Grande pressuposto	Primeiro teste S-M-A-R-T
			Caixa das preocupações:		

nela que você pode refletir nos objetivos em relação aos quais ainda possa estar inconscientemente imune. Feito isso, volte às partes anteriores de seu trabalho de imunidades para relembrar os exercícios gradativos e como fazê-los.

Estes dois últimos capítulos procuram proporcionar-lhe uma experiência direta da imunidade à mudança em sua própria vida (no Capítulo 9) e colocá-lo no comando da jornada de vencer essa imunidade (neste capítulo). Segundo nossa experiência de trabalho com líderes, vimos que não existe substituto para o entendimento "em primeira pessoa" dos resultados que as práticas podem trazer. Por mais atraentes que as ideias possam lhe parecer a distância, verificamos que é a experiência pessoal do fenômeno que lhe possibilitará passar do mero patrocínio do trabalho (em sua organização ou em sua equipe) para ser capaz de efetivamente *defendê-lo* – dar o exemplo com a própria participação no processo e ter um autêntico lugar no qual se postar quando surgirem as inevitáveis pressões.

Embora, em todo o Capítulo 9 e também no Capítulo 10, tenhamos concentrado nosso foco no *indivíduo* que trabalha em seu projeto de desenvolvimento pessoal, as *coletividades* (equipes de trabalho, departamentos, grupos de líderes, organizações inteiras) também têm, como você bem sabe, suas imunidades à mudança. E, conforme você viu no Capítulo 4, uma série desses grupos obteve significativos benefícios do processo de criação de seu raio X coletivo. Lembre-se, por exemplo, da clínica ambulatorial que conseguiu reduzir drasticamente o volume de receitas [de medicamentos narcóticos] solicitadas por pacientes e melhorar a confiança mútua entre médicos e enfermeiras da unidade – algo que não haviam conseguido até então. Você ou alguém de sua organização pode querer ajudar um grupo a criar, de forma segura e produtiva, seu próprio mapa coletivo de quatro colunas. O próximo capítulo o orientará justamente nesse sentido.

[11]

FAZENDO EMERGIR SUA IMUNIDADE COLETIVA À MUDANÇA

ALGUNS ANOS ATRÁS, quando começávamos a fazer experimentos com a ideia da imunidade coletiva, integramos uma equipe de professores que estavam dando um curso de verão, de duas semanas de duração, em Harvard para equipes completas de líderes de escolas públicas. Havíamos convidado os superintendentes regionais de ensino para virem com suas equipes administrativas, compostas tipicamente de seus colegas dos escritórios centrais e de diretores de escolas. Havia cerca de 15 equipes e mais de 100 pessoas no programa. O currículo fora elaborado por diversos professores colaboradores e, como costuma ocorrer nessas situações, o curso lotou. Dia após dia, diferentes professores envolviam as equipes em variadas atividades, nas quais elas participavam de forma conscienciosa e zelosa.

Frequentemente, o grupo inteiro recebia uma introdução de determinado exercício e depois se separava em suas várias equipes para fazer o exercício. Sempre estabelecíamos um horário determinado de retorno para que pudéssemos discutir os resultados do exercício coletivamente; e dia após dia, sessão após sessão, todos os grupos retornavam precisamente no horário determinado.

Naquela tarde em particular, tendo, alguns dias antes, orientado o grupo inteiro para a realização do exercício de imunidade à mudança em nível individual, apresentamos a eles a ideia das imunidades de grupo, fornecemos exemplos e lhes demos formulários de quatro colunas em branco, e os orientamos a voltar a se reunir em suas equipes originais e retornar num horário específico.

Quando chegou a hora de as equipes voltarem a se reunir num grupo geral, duas delas não somente se atrasaram, como efetivamente não retornaram! Só fomos voltar a vê-las na manhã seguinte. Foi então que suspeitamos que chegáramos a algo com essa nova maneira de usar a plataforma de imunidade à mudança.

Quando fomos verificar com essas equipes o que tinha acontecido com elas, o que ambas nos disseram foi sua própria versão de "Desculpe, o 'programa' sumiu para nós. Estávamos conversando de um jeito que nunca tínhamos conversado antes, e todos não tiveram dúvida de que, para nós, o mais importante era continuar conversando. Ficamos conversando até a hora do jantar. Esperamos que ninguém tenha ficado chateado conosco."

Este capítulo tem por objetivo assessorá-lo, caso você deseje juntar-se a seus colegas na criação de um diagnóstico de grupo de uma imunidade coletiva à mudança. Por que você desejaria fazer isso e em que condições?

- Você faz parte de um grupo que deseja melhorar em algum aspecto de seu funcionamento ou desempenho. Talvez o grupo tenha um objetivo importante que sabe que não está atingindo ou sente que está progredindo muito lentamente em sua consecução. Talvez esteja cônscio de determinada disfunção coletiva, como, por exemplo: "Fazemos ótimos planos, mas não chegamos a realizá-los", "Não cobramos uns aos outros pela realização das tarefas" ou "Estamos concentrados demais em proteger nossos próprios terrenos".
- Seu grupo tem, na melhor das hipóteses, o anseio de – ou, no mínimo, a disposição e a tolerância para – fazer uma pequena introspecção coletiva com a finalidade de se entender melhor.
- Quaisquer que sejam as tensões, facções ou falta de confiança, o nível atual de discórdia do grupo não é tão grande a ponto de que toda conversa intragrupo se torne uma oportunidade para hostilidades abertas ou veladas; ou seja, o grupo não precisa ser altamente colegiado, mas não pode ser um ativo campo de batalha.

Conforme vimos no Capítulo 4, há muitas maneiras possíveis de fazer um diagnóstico de grupo. Sua preferência dependerá da natureza de sua coletividade e da disponibilidade e/ou interesse das pessoas em participar. Seguem alguns fatores a considerar:

- Se seu grupo não tiver subgrupos claramente identificáveis e não tiver mais que umas 12 ou 13 pessoas (por exemplo, se forem todos membros de um único departamento ou de uma equipe de projeto), vocês podem fazer o diagnóstico juntos.
- Se seu grupo não tiver subgrupos claramente identificáveis, mas tiver *mais que* umas 12 ou 13 pessoas (digamos que vocês sejam sócios de uma empresa grande ou professores seniores de um departamento de universidade), vocês podem dividir-se em subgrupos arbitrários de cerca de oito pessoas (sendo cada subgrupo um microcosmo do todo), traçar diversos diagnósticos possíveis e depois compará-los no todo de modo a criar um mapa coletivo contendo o melhor de todos os esboços anteriores.
- Se seu grupo for constituído de subgrupos claramente identificáveis (por exemplo, os diferentes níveis de cargos de uma firma ou os diferentes departamentos de uma organização), cada subgrupo pode reunir-se em separado para elaborar seu próprio diagnóstico e depois o grupo todo se reunir, ciente de que o propósito não é criar um mapa que melhor represente o todo (como acima), mas que possibilite melhor entendimento das várias partes do todo a que pertencem.

- Se seu grupo inteiro não estiver presente (se, por exemplo, nem todos estiverem disponíveis ou interessados, ou o grupo for grande demais), uma equipe de trabalho representante pode reunir-se para propor um diagnóstico coletivo, seja para que esse pequeno grupo tenha um entendimento melhor de si próprio ou para compartilhá-lo depois – adotando uma postura experimental e inquisitiva – com o todo.
- Se não houver um único membro disponível de seu subgrupo além de você, ainda assim é possível fazer esse diagnóstico coletivo para seu próprio esclarecimento, tendo em mente que todas as entradas constituirão "melhores conjeturas" daquilo que o grupo como um todo inseriria se fosse inteiramente franco, e que o quadro que você criou será, na melhor das hipóteses, uma possibilidade provocativa, e não a revelação de uma verdade até então não reconhecida.

Obviamente, diferentes configurações possibilitarão ou limitarão o que poderá acontecer depois de você ter criado seu diagnóstico coletivo. Portanto, na medida do possível, é importante começar com o propósito em mente e considerar, antes mesmo de começar, o que você espera conseguir. Por exemplo, se você estiver buscando maior entendimento *do* seu grupo, elaborar um diagnóstico proposicional com um subconjunto representativo do grupo inteiro pode ser suficiente. Em contraste, se estiver buscando maior entendimento *dentro* do seu grupo, é muito mais preferível que o grupo todo participe, para que esse entendimento inclua todos os stakeholders em sua criação e consorciação.

Qualquer que seja a configuração escolhida, recomendamos que primeiro todos os participantes mapeiem a própria imunidade individual à mudança antes de criar um mapa coletivo. Já fomos indagados por grupos se poderiam pular a atividade individual de quatro colunas e ir direto para o diagnóstico coletivo ("porque estamos realmente mais interessados na melhoria do grupo do que na autorreflexão individual").

O ato de abrir caminho na exploração das imunidades do *grupo* pressupõe o conjunto de habilidades e de familiaridades conceituais proporcionadas por submeter-se pessoalmente aos rigores da avaliação *individual*. Quando você entende a ideia de assumir responsabilidade pelos próprios compromissos concomitantes de autoproteção, isso tende a se integrar automaticamente no processo de análise da imunidade do seu grupo. Todavia, quando as pessoas tentam o último sem entender o primeiro (isto é, sem esse entendimento na primeira pessoa), suas análises tendem, na melhor das hipóteses, a ser superficiais e, na pior das hipóteses, e com mais frequência, a ser um novo meio de continuar com as guerras intragrupo.

Se, por qualquer que seja o motivo, você decidir ignorar nosso conselho, recomendamos fortemente que você encontre alguma forma de apresentar ao grupo o conceito da imunidade individual à mudança antes de solicitar a seus integrantes que façam uma autoavaliação coletiva. Você poderia mostrar-lhes exemplos de bons raios X individuais e coletivos – os quais você pode encontrar neste livro –, para que saibam qual é seu objetivo. Quando estiver pronto para passar ao exercício coletivo, você pode adotar o método passo a passo de diagnóstico em grupo que descrevemos a seguir.

PASSO 1: IDENTIFICAR O SEU OBJETIVO COLETIVO DE MELHORIA

Depois de determinar qual das possíveis configurações é a mais apropriada a seus propósitos, seu grupo precisa identificar o objetivo específico de melhoria coletiva. Em alguns casos, o grupo já sabe qual é seu objetivo e todos sabem com clareza que estão iniciando a atividade porque "precisamos melhorar nosso trabalho com nossos associados júnior" ou "precisamos acabar com a natureza 'ensilada' de nossa equipe de liderança" ou outro desafio de mudança coletiva que seu grupo possa ter.

Todavia, o que acontece com mais frequência é o grupo gerar um desejo de melhoria muito geral ou muito operacional – "precisamos eliminar a distância entre a intenção e a realização"; "precisamos melhorar a comunicação em nossa equipe de liderança" – quando o grupo pode realmente se beneficiar de chegar a algo mais específico (por exemplo, "precisamos melhorar nosso modo de lecionar"; "precisamos lidar com conflitos de uma forma mais eficaz"). O que pode ajudar muito nessa situação é oferecer a todos uma versão do mapa em branco, similar à exibida na Figura 10-7, um modelo para uso individual com uma coluna para brainstorming. Você pode distribuir cópias do mapa coletivo em branco (Figura 11-1) e solicitar às pessoas para, sozinhas, dedicarem alguns minutos para lançar na coluna sombreada da esquerda seus "candidatos" a objetivo de melhoria do grupo.

FIGURA 11-1

Folha de trabalho para elaborar seu mapa da imunidade coletiva

Foco da melhoria – possibilidades de brainstorming	1 Nosso objetivo de melhoria (compromisso coletivo)	2 Nosso levantamento destemido (fazer/ não fazer)	3 Compromissos concomitantes ocultos	4 Grandes pressupostos coletivos
			Caixa das preocupações:	

Depois, seu grupo precisará de algum tempo para considerar as entradas na coluna 1 de todos e chegar a um consenso com relação ao objetivo coletivo único. Muitos grupos acharam que essa única etapa, antes mesmo de partir para o desafio de descobrir compromissos contraditórios, já foi bastante esclarecedora e valiosa. Isso costuma ocorrer quando todos do grupo podem apontar aquilo em que "precisamos melhorar" ("precisamos ser uma equipe de liderança mais inspiradora para os nossos associados mais jovens"; "precisamos ser mais empreendedores"); mas, se você perguntasse separadamente a cinco pessoas o que isso significa realmente, receberia cinco respostas diferentes. Por exemplo, uma pessoa acredita que a equipe será mais inspiradora se for mais ousada e outra acredita que a questão tem pouco a ver com o magnetismo dos líderes e mais a ver com sua disposição de oferecer seu tempo e atenção aos colegas mais jovens. Ou uma pessoa acredita que ser *empreendedor* significa procurar novos clientes ou novos tipos de cliente, e outra acredita que é possível ser igualmente "empreendedor" com os clientes atuais.

Assim que seu grupo tiver chegado a um acordo com relação a um provável objetivo de melhoria, solicite que os membros avaliem o alinhamento do grupo com os principais critérios da coluna 1 para imunidades coletivas:

- Concordamos que não estamos bem nessa questão?
- Concordamos que estamos significativamente implicados nisso – que esse problema não pode ser atribuído principalmente a terceiros ou a forças *externas* aos limites deste grupo?
- É *importante* que melhoremos nisso? Se conseguirmos melhorar, as recompensas (ou os custos evitados) serão grandes?

Como no caso do mapa da imunidade individual, o valor deste exercício depende da qualidade da entrada na coluna 1. Quanto mais urgente e importante for o objetivo, e quanto mais compartilhada for essa perspectiva, melhor. Depois de seu grupo ter finalizado a definição de seu objetivo usando os critérios de uma boa entrada, insira-o na primeira coluna de uma versão grande de parede, em papel de jornal, do mapa de quatro colunas, para que todos possam ver o diagnóstico tomando forma com o passar do tempo.

PASSO 2: FAZENDO UM LEVANTAMENTO DESTEMIDO (DE COMPORTAMENTOS CONTRÁRIOS AO OBJETIVO DE MELHORIA)

Em seguida, recomendamos dar vários minutos às pessoas para que, sozinhas, pensem no que elas, pessoalmente, acham que deveria ser a resposta do *grupo* à seguinte pergunta: "O que fazemos ou deixamos de fazer coletivamente que trabalha *contra* esse objetivo?"

Quando todos estiverem prontos, o seu grupo poderá retomar a conversa coletiva quanto a que parte do conteúdo dos esboços das pessoas deveria entrar no mapa único do – e sancionado pelo – grupo.

Assim, de forma surpreendentemente leve, a tarefa coletiva de preencher cada coluna tem o efeito de, *toda vez*, passar o contexto conversacional para um território muito diferente e cada vez mais introspectivo. Dessa forma, diferentemente do trabalho de criação de um mapa individual, as pessoas não precisam ir até a terceira coluna para experimentar o inusitado valor do processo. Cada coluna provoca conversas valiosas para o entendimento coletivo e para a coesão do grupo.

Ao considerar as entradas possíveis no mapa coletivo, aplique os critérios das boas entradas na coluna 2 que você já conhece da elaboração de seu mapa individual:

- Relacione comportamentos concretos – o que o grupo faz efetivamente ou deixa de fazer.
- Quanto mais entradas e quanto mais honesto você estiver disposto a ser, maior a força de seu mapa em desenvolvimento – portanto, mergulhe profundamente e faça revelações relativas a seu grupo. Lembre-se de que a finalidade não é envergonhar ou constranger o grupo. Todos vocês logo verão que, quanto mais consistente tornarem essa coluna, maior será a compensação final.
- Assegure-se de que tudo que inserir na coluna forneça um retrato do grupo trabalhando *contra* o próprio objetivo da coluna 1. Não há dúvida de que o grupo também está fazendo coisas *em prol de* seu objetivo da coluna 1. Bom para vocês; mas lembre-se de que não é essa a natureza da tarefa da coluna 2; não é equilíbrio que vocês estão procurando aqui. O maior valor será encontrado naquilo que vocês fazem, ou não fazem, que tem o efeito, talvez altamente involuntário, de prejudicar a consecução do objetivo de melhoria do grupo.
- Não procure saber *por que* vocês fazem isso nem comece a formar ideias ou fazer planos de como parar de fazer isso e melhorar. O anseio de resolver o problema – de explicar sua ineficácia ou conceber estratégias para corrigir seus modos incorretos de agir – costuma ser muito forte nesse ponto do processo e vocês devem resistir a isso. É compreensível, uma vez que, para muitos, é desconfortável ver-se diante de uma lista de nossas falhas, e querer fazer algo de imediato para fazê-las desaparecer. É compreensível, mas resista a esses impulsos. Por ora, você só está tentando conseguir uma profundidade descritiva e chegar à honestidade, ou seja, chegar aos comportamentos em toda a sua constrangedora glória.

Um critério final é fundamental para o desenvolvimento de um diagnóstico coletivo:

- Trata-se de comportamentos que *todos* vocês têm ou não estão tendo, em vez de "aqueles que não entendem", "aquela facção" ou "aqueles adversários". O *grupo inteiro* reconhece sua ineficácia *coletiva*.

Se esse último critério não for entendido e observado, seu diagnóstico coletivo corre o risco de descair em acusações internas mútuas. Por outro lado, quando tal critério *é* entendido e observado, pode criar um espaço animadoramente seguro e não recriminatório para o grupo fazer revelações sobre si próprio. Lembre-se da lista da segunda coluna da empresa de prestação de serviços profissionais do Capítulo 4, cujo objetivo de melhoria era criar uma base maior de confiança mútua e de apoio entre as fileiras de sócios:

- Não escutamos uns aos outros; mandamos uns nos outros.
- Falamos uns dos outros pelas costas.
- Sentimos que se não formos pessoalmente consultados, não houve uma decisão.
- Deixamos que nossas agendas pessoais suplantem a agenda coletiva.
- Em situações ambíguas, não presumimos que houve boa intenção; ao contrário, geralmente presumimos que houve má intenção.
- Evitamos conversas difíceis uns com os outros.
- Não nos esforçamos para entender realmente as agendas uns dos outros.
- Não compartilhamos informações.
- Criamos e perpetuamos uma estrutura de incentivo que privilegia a recompensa dos êxitos individuais sobre os coletivos.
- Vivemos julgando e criticando uns aos outros.
- Formamos panelinhas e continuamos trabalhando dentro de nossos pequenos círculos.
- Todos estamos sempre correndo atrás de clientes, mantendo ocupados e nos garantindo contra crises e tempos difíceis.
- Competimos pela participação de associados juniores em nossos projetos particulares.

Ou considere a lista da equipe de liderança de distritos escolares, que deseja, em sua primeira coluna, criar um plano, com base em pesquisas e dados, que atenda melhor às necessidades dos alunos do idioma inglês:

- Traçamos planos, mas não os levamos a cabo com base em nossos compromissos.
- Dispomos de material [escolar] distrital, mas as pessoas o usam, ou não usam, conforme sua escolha pessoal.
- Não há um treinamento continuado de professores.
- Não há um reforço continuado das habilidades e estratégias/técnicas dos professores.
- Não temos a expectativa de colocar em prática aquilo que treinamos o pessoal para fazer.
- Não apoiamos continuamente programas financiados com recursos distritais.
- Não monitoramos as melhores práticas em base contínua.
- Não demonstramos sistematicamente nosso compromisso com instruções fundamentais.
- Nós [o distrito] não temos claro o que comunicar às nossas escolas quanto àquilo que é ou não negociável.

- Não analisamos o sucesso do(s) programa(s).
- Não envolvemos professores e diretores em reformas que envolvem mudanças e associam práticas atuais a dados referentes a resultados como prova da necessidade de mudança.
- Queremos programas de abrangência distrital, mas somente se os julgarmos convenientes para nossa própria escola!

Como acreditamos que você saberá o momento em que seu próprio grupo determinará suas entradas na segunda coluna, essa forma de discussão paradoxalmente não gera desânimo, mas, ao contrário, e mais tipicamente, gera alívio, no sentido de que você finalmente estará nomeando e assumindo responsabilidade por algo que sabe que é verdadeiro. Você estará agindo de modo a não tornar ninguém vilão ou vítima, e estará sobrevivendo a esse ato de se olhar verdadeiramente no espelho. No mínimo, o grupo tenderá a se sentir mais coeso depois desse levantamento destemido.

Use o tempo necessário para seu grupo discutir e criar as próprias entradas de segunda coluna e coloque-as no mapa público, tornando-o visível a todos.

PASSO 3: DESCOBRINDO SEUS COMPROMISSOS CONCOMITANTES COLETIVOS DA COLUNA 3

Se bem-sucedido, seu passo seguinte revelará sua imunidade coletiva à mudança. Nesta etapa, o segredo é criar compromissos de terceira coluna fortes e até provocativos, os quais tornem visível uma gama de motivações sociais mais ampla do que, até então, seu grupo conseguira reconhecer.

Considere os exemplos que já vimos, especialmente aqueles listados do Capítulo 4. Os professores seniores querem genuinamente criar um ambiente profissional hospitaleiro para seus membros juniores, mas, para isso, precisam antes descobrir que *também* estão cativos do compromisso de preservar os privilégios da senioridade. Os iniciadores de incêndio querem genuinamente reduzir o número de mortes, mas, para isso, podem precisar reconhecer que seu compromisso de evitar sentir-se impotentes ou sem controle está, na verdade, impedindo que aprendam justamente aquilo que reduzirá a probabilidade dessas mortes. E quanto aos distritos escolares que queriam fazer um trabalho melhor com seus alunos de inglês? Vimos um deles reconhecer que também tinham o compromisso de proteger os alunos do peso das altas expectativas às quais talvez não conseguissem corresponder; segundo suas palavras, o compromisso de preservar a "cultura do *coitadinho*".

E a outra equipe de líderes de escolas que criou a longa e corajosa lista de comportamentos da coluna dois? Eles estavam mais interessados na descoberta de que tinham o compromisso de encontrar alguém a quem culpar, e se eximir da culpa. ("Se conseguirmos fazer todos executarem suas tarefas e se, *ainda assim*, não tiverem sucesso, só poderemos concluir que o problema somos *nós*, que não poderemos culpar ninguém, e ficará claro que somos ineficazes.") Em outras palavras, precisaram descobrir que, para evitar a conclusão *evidente* de que eram líderes ineficazes, eles *veladamente* lideravam de forma ineficaz.

Quando as pessoas veem um mapa da imunidade coletiva elaborado por outros, costumam dizer: "É incrível um grupo ser tão honesto consigo mesmo! Acho que meu grupo não conseguiria fazer isso." Mas relembramos a você que, quando os grupos iniciam o processo de criação de seus mapas coletivos, em geral não têm ideia de que serão capazes de se abrir tanto uns com os outros. Aqui, na verdade, a questão não é a "honestidade". Na maioria dos casos, o grupo como um todo, e até a maioria de seus membros, *não tem consciência* de suas motivações de autoproteção (seus compromissos da terceira coluna). Aparecem magicamente como uma imagem fotográfica que se revela no papel, trazida pela energia coletiva que é liberada no processo de subversão de imunidades.

O alívio trazido pelas conversas relativas à segunda coluna é que as pessoas estão finalmente conversando coletivamente sobre as coisas contraproducentes que todos sabem que fazem. E a libertação trazida pela terceira coluna provém de enxergarem algo que desconheciam – que todos esses comportamentos têm uma boa razão subjacente, que são altamente producentes no que se refere a outras motivações compartilhadas.

Seu grupo chegará às próprias descobertas da terceira coluna usando seu levantamento destemido, todas aquelas confissões de ineficácia na consecução de seu objetivo, contidas na segunda coluna. Mantenha o grupo em silêncio enquanto cada membro estiver trabalhando no próprio mapa preliminar e solicite a cada um que preencha a "caixa das preocupações" no alto da coluna 3: "O que acho que mais preocuparia meu grupo se tentássemos fazer o oposto de cada uma das entradas da coluna dois?"

Quando todos tiverem tido a oportunidade de pensar sobre isso sozinhos, seu grupo poderá passar para a terceira conversa geral:

- Considere cada preocupação ou medo manifestados por um membro do grupo.
- Converta essa preocupação ou medo num possível compromisso da terceira coluna (por exemplo, "Preocupamo-nos com a possibilidade de que o grupo maior pense que não estamos 100% comprometidos com o trabalho" torna-se "Estamos comprometidos em jamais correr o risco de o grupo maior achar que estamos fazendo corpo mole". Ou "Se confiarmos que o grupo pode tomar decisões, preocupamo-nos com a possibilidade de que nosso interesse próprio não esteja protegido" torna-se "Estamos comprometidos em opinar em cada decisão para proteger nosso interesse próprio".)
- Insira cada compromisso de terceira coluna possível no mapa público.

Ao inserir suas entradas no mapa compartilhado, nós o convidamos novamente a aplicar uma versão de grupo dos mesmos critérios usados no preenchimento dessa coluna no mapa individual:

- Cada um de seus compromissos de terceira coluna é claramente um compromisso com a *autoproteção coletiva.* Cada um deles está estreitamente ligado a determinada preocupação ou medo coletivo. Os sócios da empresa de serviços, no Capítulo 4, identificaram, em sua segunda coluna, que "não viam como uma real decisão" qualquer decisão sobre a qual não tivessem sido consultados. Quando discutiram a preocupação que surgia ao considerar uma ação oposta, o consenso foi "para ver essas decisões como reais; mesmo quando não tivéssemos sido consultados, teríamos de contar verdadeiramente uns com os outros, no sentido de manter nossas agendas e nossos interesses em mente. Teríamos de acreditar que contamos uns com os outros. Preocupamo-nos em ficar tão vulneráveis mutuamente ou dependentes uns dos outros". A preocupação coletiva (ou o medo coletivo) é clara. O compromisso concomitante a que ela levou – "Estamos comprometidos com não ter de contar com os outros, com nunca ter de depender dos outros" – é claramente um compromisso com a autoproteção coletiva.

- Cada compromisso torna perfeitamente razoáveis alguns dos comportamentos obstrutivos da coluna 2. Vocês poderão ver como, dado o compromisso que estão agora prestes a inserir na coluna 3, os comportamentos anteriormente inseridos na coluna 2 são exatamente o que qualquer grupo faria. (Os sócios da empresa de serviços profissionais conseguiram ver como, tendo o compromisso comum de jamais ter de depender uns dos outros, fazia todo o sentido não permitir que ninguém, além deles próprios, opinasse em cada decisão importante.)
- Agora, seu grupo pode ver exatamente por que a mera eliminação dos comportamentos da segunda coluna não vai funcionar, uma vez que esses comportamentos estão servindo a um importantíssimo propósito.
- Por fim, o grupo enxerga como está, na verdade, tentando mover-se em duas direções opostas ao mesmo tempo e entende por que todos se sentem encalacrados nessa situação.

Quando, por exemplo, o mapa do grupo de serviços profissionais começou a tomar forma, os sócios puderam ver como seu compromisso genuíno de obter níveis mais altos de colaboração interna era obstruído por seu igualmente genuíno, embora menos visível (até agora), compromisso de não depender de – ou não contar com – ninguém além de si próprios. E, a cada entrada em sua terceira coluna, o grupo pôde estabelecer uma relação com seu objetivo de melhoria original e, em essência, ver mais uma camada de sua imunidade à mudança. Com relação a seu grupo, deve ficar claro como cada compromisso oculto da coluna 3 motiva um comportamento obstrutivo da coluna 2; como cada compromisso oculto exerce uma ação de frenagem contra o pedal do acelerador do objetivo de melhoria da primeira coluna.

Há mais uma dimensão que queremos garantir que o seu grupo esteja experienciando. É possível traçar todo um quadro cognitivo e ainda assim não sentir que o mapa tenha revelado algo poderoso para a maioria dos membros do seu grupo. Você pode sentir que "Fizemos tudo conforme as orientações, mas o mapa não chega realmente a nos surpreender. Não parece que ele tenha aberto portas para novos insights. Ele não tem aquela qualidade do 'Nossa!, incrível como eles conseguiram ser tão honestos!".

Se isso descreve a experiência do seu grupo, o que você pode fazer a respeito? Lembre-se de que um sistema imune aparece para assumir uma missão crítica num mundo perigoso. Esse sistema procurará protegê-lo daquilo que você acha que poderá matá-lo. Se, no momento, seu mapa da imunidade não apresentar aquele caráter de ser "um golpe em cheio" no grupo, é porque o drama de vida ou morte com o qual seu grupo vem lidando de forma brilhante – e invisível – ainda não se tornou suficientemente visível. É porque o perigo que o seu sistema imune acredita que está lá à espreita, pronto para acabar com a sua vida, ainda não foi articulado nos seus compromissos da terceira coluna.

Isso pode estar ocorrendo por duas razões: ou vocês não mergulharam suficientemente na identificação dos medos relacionados com agir de forma oposta aos comportamentos contidos na segunda coluna, ou efetivamente nomearam seus medos, mas depois não conseguiram captar essa descoberta nos compromissos da terceira coluna. Vamos ilustrar rapidamente cada uma dessas falhas e discutir como corrigi-las.

Lembre-se da equipe de líderes de escolas que acabou fazendo a poderosa descoberta de que seus membros estavam comprometidos em superproteger seus alunos. Eles conseguiram enxergar que estavam restritos pela mentalidade de que "Não podemos ter grandes expectativas em relação aos nossos alunos porque isso seria uma carga a mais numa vida já sobrecarregada e contribuiria para uma experiência ainda maior de fracasso". Foi muito valioso para eles trazerem à luz essa linha de pensamento coletivo, mas lembre-se de que eles não chegaram lá na primeira tentativa.

Ao esboçar seu primeiro mapa, eles não mergulharam até os maiores medos que cercavam a perspectiva de aumentar o rigor no currículo e nas aulas. Eles disseram que se preocupavam com o trabalho extra que teriam de assumir e com os sentimentos iniciais de incerteza ou incompetência se adotassem novos materiais e novos métodos. A rigor, o mapa deles atendia a todos os critérios formais, mas, ainda assim, carecia de algo de efeito. Eles precisaram ir mais fundo em seus medos. Você deve lembrar que eles chegaram lá levados por um corajoso membro do grupo que revelou a ideia da cultura do *coitadinho*: "Temos medo de colocar mais peso nas pequenas costas deles." Se seu mapa ainda não se revela poderoso, se não suscita possibilidades provocativas no que se refere à mentalidade coletiva do grupo, sua primeira opção é trazer a atenção do grupo de volta para a caixa das preocupações na coluna 3: "Mergulhamos suficientemente fundo a ponto de revelar nossos medos com relação àquilo que aconteceria se fizéssemos o oposto de alguma ou de todas as entradas da coluna 2?"

Há uma segunda opção, ilustrada por nosso trabalho com um grupo de bibliotecários de pesquisa universitária. Eles estavam comprometidos em ficar menos na periferia, ficar menos na ponta receptora das decisões do corpo docente e da administração, atuar mais como sócios plenos na governança da universidade.

O que eles faziam que trabalhava contra esse desejo? Eles não pressionavam realmente para conseguir um assento nas várias mesas que dirigiam a universidade. Eles não manifestavam sua opinião quando lhes era dada a oportunidade de influir nas decisões. Eles não desenvolviam proativamente as próprias posições em questões pendentes que eram importantes para eles. Que medos os impediam de agir? Depois de algumas primeiras tentativas de trabalhar nessa questão e que não levaram a nada de arregalar os olhos, eles chegaram ao seguinte: "Preocupa-nos o fato de que, se opinarmos mais, seremos expostos como farsas ou rejeitados como ingênuos; que realmente só sabemos aquilo que sabemos, ou seja, da biblioteca." Isso certamente foi mergulhar fundo, porém o mapa deles ainda não tinha trazido aquele algo a mais (como deveria) depois de concluídas as três colunas porque o compromisso da terceira coluna perdera todo o perigo que subsistia nos medos deles: "Estamos comprometidos em nos manter concentrados em nossos pontos fortes." O mapa passou a lhes dar uma sensação totalmente diferente quando se aproximaram mais dos seus medos ao esboçar seus compromissos concomitantes:

- Estamos comprometidos em não adotar medida alguma que possa nos expor como farsantes ou ingênuos.
- Estamos comprometidos em não ficar constrangidos diante de nossos "clientes" e chefes.
- Estamos comprometidos em não descobrir que nos falta o necessário para sermos verdadeiros sócios na governança da universidade.

Agora o mapa dos bibliotecários lhes parecia muito mais poderoso, não só porque estavam nomeando algo que nunca haviam examinado em conjunto antes, mas também porque tinham agora um quadro muito vigoroso da "ação de frenagem" que se contrapunha a seu objetivo de melhoria. Eles viram os medos dos quais estavam se protegendo e viram também quão perfeitamente razoável e autoblindante era seu sistema imune.

Portanto, esta é a segunda maneira de garantir a obtenção de um mapa poderoso: se os medos *efetivamente* refletirem riscos, ameaças e perigos preocupantes à segurança psicológica e material do grupo, vocês obtiveram sucesso nessa etapa; agora devem verificar se o modo de traduzir suas ansiedades para compromissos concomitantes mantém (e até mesmo detalha) toda a força desses medos.

Se você e seu grupo abordaram todas essas armadilhas potenciais, o mapa de seu grupo deve agora ecoar fortemente na cabeça e no coração de todos: vocês podem *ver* um sistema coeso que produz com sucesso a não mudança; e todos vocês *se sentem* intrigados, provocados e envolvidos pelo quadro que criaram. Se assim for, devem também ter grande interesse em responder à seguinte pergunta: *Como saímos disso?* O que nos leva ao próximo passo e à próxima conversa de seu grupo.

PASSO 4: DESCOBRINDO SEU GRANDE PRESSUPOSTO COLETIVO

Se vocês tiverem um quadro muito interessante e estimulante de sua imunidade coletiva à mudança, os dois passos finais do trabalho ajudarão o grupo a construir uma ponte entre o diagnóstico da imunidade à mudança e a receita para subverter essa imunidade. Como você sabe, o processo de subversão de imunidades proporciona um meio *adaptativo* de enfrentar um desafio adaptativo. Ele transforma um objetivo de melhoria num "bom problema"– do tipo que "resolve você". O seu grupo, como todos os outros, ficará tentado a melhorar por meio da imediata diminuição dos comportamentos da segunda coluna – pela adoção de um meio *técnico* de enfrentar um desafio *adaptativo*.

Como na subversão das imunidades individuais, você precisa de um ponto de entrada que possibilite a seu grupo impactar e alterar o sistema, em vez de ser recapturado por ele. Quando um dos sócios da empresa de serviços profissionais disse que estava aliviado com o fato de que aquela atividade *off-site* não terminasse com as pessoas indo lá na frente e prometendo mudar, ele estava falando com base em anos de experiência de ver seu grupo tentando resolver um desafio adaptativo (o desafio de se tornarem mais colaborativos) por um meio técnico. Sinceridade e até mesmo urgência não bastam. É preciso mudar a mentalidade coletiva que está "protegendo" seu grupo de fazer progressos em seu objetivo. Quando você começa a abordar essa imunidade, desencadeia uma série de comportamentos não planejados e não combinados que toma de roldão o objetivo de melhoria e geralmente vai muito além dele. (Lembre-se dos casos da Parte II deste livro.)

O passo seguinte e a próxima conversa do grupo servem para criar o ponto de entrada ideal para subverter o sistema imune coletivo do seu grupo. Solicite a todos que dediquem alguns minutos de trabalho em silêncio ao preenchimento da quarta coluna de seu mapa preliminar. Todos devem olhar as entradas da coluna 3 (expostas na parede) e se perguntar: "Quais são os pressupostos que estamos considerando verdadeiros se temos esses compromissos concomitantes?" (Ou, mais precisamente, "se *estamos cativos desses* compromissos concomitantes?".)

O mapa coletivo da Figura 11-2 oferece um exemplo dos bibliotecários universitários que acabamos de mencionar.

Quando todos tiverem tido a chance de pensar um pouco sozinhos, vocês poderão voltar a se reunir para uma quarta conversa em grupo e ouvir os pressupostos que cada um colocou na quarta coluna. Insira no mapa compartilhado aqueles pressupostos que atenderem aos seguintes critérios:

- Está claro como cada grande pressuposto, se tomado como inquestionavelmente verdadeiro, torna inevitável um ou mais dos compromissos da terceira coluna (por exemplo, se for absolutamente certo que o nosso relacionamento com os nossos colegas de universidade ficará irremediavelmente prejudicado se dissermos algo estúpido uma vez, faz todo o sentido do mundo que nos comprometamos a jamais ficar constrangidos diante deles). Tomados no todo, os grandes pressupostos, coletivamente, tornam inevitáveis os compromissos da terceira coluna e, portanto, fica claro como

FIGURA 11-2

Mapa da imunidade coletiva dos bibliotecários da universidade

1 **Nosso compromisso coletivo**	2 **Fazer/não fazer)**	3 **Nossos compromissos concomitantes ocultos**	4 **Nossos grandes pressupostos coletivos**
Ficar menos na periferia, ficar menos na ponta receptora das decisões do corpo docente e da administração, atuar mais como sócios plenos na governança da universidade	Não pressionamos realmente para conseguir um assento nas várias mesas que dirigem a universidade Não manifestamos nossa opinião quando nos é dada a oportunidade de influir nas decisões Não desenvolvemos proativamente nossas próprias posições em questões que são importantes para nós, mesmo quando sabemos que elas estão em pauta	Estamos comprometidos em não tomar nenhuma medida que possa nos expor como farsantes ou ingênuos Estamos comprometidos em não ficar constrangidos diante dos nossos "clientes" e chefes Estamos comprometidos em não descobrir que nos falta o necessário para sermos verdadeiros sócios na governança da universidade	Pressupomos que os professores e administradores teriam expectativas altíssimas com relação a nós, que esperariam que correspondêssemos de imediato a elas, que iriam pensar muito menos bem de nós se não correspondêssemos a essas expectativas e que provavelmente não podemos mesmo corresponder a elas. Pressupomos que, se dissermos algo estúpido uma vez, tudo estará perdido — é assim que passaremos a ser vistos sempre Pressupomos que precisamos ser especialistas em tudo logo de saída, que não nos é permitida qualquer "curva de aprendizado" em nada Pressupomos que "o necessário para fazer algo" é uma característica fixa ou herdada; ou você tem ou não tem. Ela não pode ser desenvolvida

mantêm o sistema imune. (Os compromissos da terceira coluna provêm claramente dos grandes pressupostos; os compromissos da terceira coluna geram sensatamente os comportamentos da segunda coluna; e esses comportamentos claramente prejudicam o objetivo da primeira coluna.)

- Os grandes pressupostos tornam visível um mundo maior no qual, até agora, o grupo não se permitiu aventurar-se a entrar. Vocês podem ver como seus grandes pressupostos constituem uma placa de "Zona de Perigo" quando pensam em explorar esse mundo maior. Os bibliotecários poderiam, ao menos teoricamente, entrar num mundo no qual se sentiriam como amadores ao pensar na universidade de forma sistêmica e holística. Os sócios da empresa de serviços profissionais poderiam, ao menos teoricamente, depender uns dos outros. Todos eles *poderiam* fazer essas coisas, mas seus grandes pressupostos os mandam não fazer. É possível que todos esses sinais de alerta sejam totalmente apropriados e devam ser acatados, mas também é possível que seus grandes pressupostos sejam algo distorcidos e estejam limitando a vida coletiva deles a um espaço muito restrito no mundo maior que poderiam estar habitando.

Nessa quarta conversa, é importante que todos entendam que o propósito, no momento, *não* é resolver o problema ou debater a validade de dado grande pressuposto. Alguns dos pressupostos que você ouvir poderão parecer inquestionavelmente verdadeiros ("O que você quer dizer com *pressupormos* que alguma coisa ruim vai acontecer? Acredite em mim, alguma coisa ruim *decididamente acontecerá*!"). Alguns deles poderão parecer-lhe decididamente falsos ("Mas sabemos que, se olharmos de forma racional, sobram provas de que isso não é verdade"). E, com relação a alguns deles, você ou o grupo como um todo pode ter dúvidas ("Uma parte de mim acha que *é* verdade, ou que é verdade na maior parte do tempo, porém outra não tem tanta certeza assim").

Porém, a questão, por ora, não é chegar a um acordo com relação a essas perguntas, mas ver que, certo ou não, o sistema coletivo de "saber" – a mente do grupo – está operando como se todos os pressupostos fossem sempre verdadeiros (e é isso o que os torna grandes pressupostos). A pergunta que se coloca para o grupo, uma vez preenchida a quarta coluna, não é "Tudo isso é realmente verdade?", mas sim:

- Sentimos que esses aspectos de nossa mente estão prejudicando seriamente nossa eficácia?
- Sentimos que poderia fazer uma grande diferença se conseguíssemos nos libertar dessas crenças de grupo?
- Sentimos que devemos a nós próprios verificar se *conseguimos* alterar qualquer desses pressupostos?

Se as respostas a essas perguntas forem negativas, então, por mais interessante que seu grupo possa ter considerado a experiência de criar um diagnóstico coletivo, provavelmente a exploração acabará aqui. Não haverá vontade coletiva de passar do diagnóstico para o tratamento porque a doença não parece ser tão grave assim. Não haverá urgência de subverter uma imunidade à mudança porque se julga que a *falta* de mudança não tem um custo tão alto assim. Na verdade, este é o momento em que seu grupo tem uma segunda chance de fazer uma verificação real, lá do fundo, e decidir quão importante é realmente o objetivo da coluna 1 que vocês destilaram.

Na maioria dos casos, porém, as respostas a essas questões são dadas vigorosamente na afirmativa. O objetivo de melhoria original é considerado tão importante quanto o era antes de vocês terem começado, e agora é possível enxergar os contornos da mentalidade que está ativamente impedindo o progresso justamente no objetivo que todos vocês esperam atingir. Isso deve motivá-los a dar o último passo na preparação do grupo para subverter sua imunidade coletiva.

PASSO 5: PREPARANDO-SE PARA TESTAR SEUS GRANDES PRESSUPOSTOS

A melhor maneira de concluir o processo de diagnóstico coletivo é os membros do grupo, munidos de todo entusiasmo, fazerem um ou dois experimentos ou testes mais específicos que possam gerar informações relativas aos grandes pressupostos. Esse entusiasmo é gerado com as pessoas fazendo um brainstorming em torno de experimentos mentais e testes de ação que supostamente iriam gerar informações ou experiências que lançassem dúvidas sobre um dos grandes pressupostos ou provasse sua falsidade. Peça às pessoas que façam primeiro um brainstorming individual, com os próprios mapas preliminares, e depois coletivamente.

Como no caso dos testes individuais que descrevemos no Capítulo 10, seus primeiros testes ou experimentos coletivos devem ter uma configuração S-M-A-R-T:

- Devem ser *S*eguros (se as coisas não derem certo, seu grupo sobreviverá para fazer outro experimento noutro dia).
- Devem ser *M*odestos (seu grupo só estará dando o primeiro passo para dentro da Zona de Perigo; não estará se mudando para algum destino quilômetros além da placa de alerta).
- O teste ou experimento deve constituir uma espécie de programa de "*Research*" ou Pesquisa para obter *dados* (e não um programa para *melhorar*).
- O plano deve ser avaliado quanto a seus prováveis benefícios como um *T*este de um grande pressuposto (e não quanto à promissora estratégia que ele é para melhorar o comportamento).

Você deve lembrar que os sócios da empresa de serviços profissionais planejaram um experimento mental e um teste de ação. Ao começar por desmembrar toda a categoria do empreendedorismo (reconhecendo que tinha múltiplos significados dentro da empresa), sua intenção era examinar e avaliar se cada um dos diferentes componentes do empreendedorismo seria realmente tolhido pelas limitações na colaboração e de que forma. Eles verificaram se a ética da colaboração poderia efetivamente *apoiar* qualquer aspecto do empreendedorismo.

Como um teste de ação, eles decidiram identificar dez projetos empresariais (novos clientes que eles queriam atender, ou novos projetos que eles queriam desenvolver com clientes atuais), os quais eles realizariam de forma colaborativa, e não isolada e individual, para testar se conseguiriam formar novas coalizões e ter êxito em gerar novos negócios, ao mesmo tempo desfazendo as conhecidas panelinhas e atentando para as agendas individuais de cada membro.

Há várias coisas a serem ditas com relação a essas atividades planejadas e todas elas se aplicam também aos testes que você e seu grupo irão desenvolver. Primeiro, elas são realizadas para obter informações relativas aos grandes pressupostos, não para o grupo "melhorar" imediatamente. Essa disposição do grupo – de agir para explorar sua mente, e não para melhorar de imediato – é tão importante quanto a configuração específica do teste ou experimento em si. Mencionamos o antigo debate relativo a se primeiro se deve mudar a mente para depois induzir mudanças (a preferência, por exemplo, de terapeutas orientados para insight) ou "pegar as pessoas pelo colarinho dos seus comportamentos" e deixar que a mente vá atrás (a preferência dos behavioristas). Nosso método, você deve lembrar, é um terceiro caminho. Acreditamos que a mente *é* a mãe do comportamento, mas também acreditamos que mentalidades podem mudar como resultado de comportamentos específicos assumidos com objetivos específicos – ou seja, comportamentos que lhe dão informações (cognitivas e afetivas) sobre a mente – em suma, os comportamentos de um aprendedor autorreflexivo, não de um engenheiro social.

Portanto, depois de os experimentos e testes terem sido realizados, é importante levar os resultados para o grupo a fim de conectá-los com a seguinte pergunta: "O que esses resultados significam para nossos grandes pressupostos?", e não "Estamos fazendo progressos rumo a esse objetivo?". Raramente o resultado de um único experimento lhe possibilitará soltar um suspiro de alívio e concluir que agora você sabe que seu grande pressuposto é totalmente falso. Mas se os resultados de seu grupo efetivamente colocarem em xeque um grande pressuposto (como costuma ocorrer), no mínimo isso criará um *momentum* positivo para explorar um pouco mais. ("Bom, claro que isso funcionou bem sob todas aquelas condições altamente favoráveis, mas será que funcionaria se fizéssemos X, ou o fizéssemos com Y?")

Na prática, esses testes planejados são só uma forma de começar. Como "pesquisa de ação", oferecem uma maneira culturalmente amigável para grupos orientados para a ação começarem a integrar a disciplina da organização de aprendizado contínuo em sua rotina. Em última instância, seus mais transformadores experimentos de grupo tenderão a provir do recorrente reconhecimento de que, "cá estamos nós de novo, operando com base naquele grande pressuposto". À medida que as pessoas vão se tornando mais afiadas em reconhecer seus grandes pressupostos em ação, seus insights passam frequentemente a induzir testes e experimentos espontâneos. "E se agíssemos deliberadamente de modo ligeiramente contrário àquele grande pressuposto para ver o que acontece? Existe uma forma de fazermos isso com segurança? Se pensarmos nisso como uma espécie de teste, qual seria exatamente a informação que estaríamos procurando? É provável que o plano que concebemos nos traga essa informação?"

Nossa experiência é que a mais poderosa base para a consecução de progressos significativos em desafios organizacionais aparentemente intratáveis combina duas vertentes de trabalho: indivíduos trabalhando em sua imunidade à mudança pessoal e relacionada com uma aspiração de melhoria do grupo, em combinação com o grupo como um todo desenvolvendo um quadro de sua imunidade *coletiva* à mudança em torno dessa *mesma* aspiração. Grupos costumam gastar muito tempo não produtivo conversando – sem qualquer resultado sustentável – sobre seus mais difíceis desafios. Se esse mesmo tempo for direcionado à construção de apoios para subverter as imunidades individuais e criar oportunidades para o grupo explorar seus grandes pressupostos como parte de sua linguagem comum e de sua rotina coletiva, o quadro das imunidades pode tornar-se uma robusta estrutura para vincular o aprendizado pessoal ao sucesso organizacional.

Conforme sugerem os casos contidos na Parte II deste livro, o resultado provável, caso seu grupo decida assumir este trabalho e tenha êxito, transcenderá de longe a mera consecução do seu objetivo de melhoria da primeira coluna. Trabalhar *adaptativamente* em desafios adaptativos significa ajudar a produzir – mesmo na fase adulta – o desenvolvimento contínuo da mente. Significa construir, individual e coletivamente, capacidades cada vez mais complexas e portáveis para todas as áreas da própria vida. Se isso parece ser algo de interesse para o seu grupo, torcemos pelo sucesso da sua jornada e esperamos que vocês nos revelem as descobertas feitas ao longo do caminho.

CONCLUSÃO

TIRANDO A SUA CONCLUSÃO

Como liderar de modo que as pessoas se desenvolvam

TODO MÊS DE JANEIRO, o Fórum Econômico Mundial gera o evento mais concorrido do planeta. Durante quatro dias, com participação restrita a convidados provindos de todas as partes do mundo, cerca de duas mil pessoas, entre empresários, chefes de Estado ou de governo, diretores de universidades, apresentadores de televisão, intelectuais e outros poderosos e influentes, reúnem-se na pequena cidade alpina de Davos, na Suíça, para discutir o que está acontecendo no mundo.

Há alguns anos, fomos convidados a participar. É muito divertido, especialmente se você gostar de estímulos o tempo todo e de um "intensivão" em dinâmica global com colegas de curso que normalmente só vê nos jornais ou na televisão. Todavia, por trás de todo o buchicho e das lantejoulas, há somente um único tópico real: a mudança. "O mundo está mudando, seu negócio ou sua empresa está mudando; e, se você tiver algum senso, é melhor ir mudando também." Manhã, tarde e noite – em pequenos grupos ou numa reunião geral, durante as refeições e nos ônibus de traslado –, a conversa constante é sobre mudança.

Mas, com tantos poderosos participando, talvez não seja de surpreender que as conversas dispensem tão pouca atenção ao mundo além da ponta do nariz – aos sentimentos, ansiedades e motivações que incitam compromissos apaixonados de *não* mudar. Você pode passar quatro dias em Davos e não encontrar uma única sessão abordando *por que* a mudança é tão difícil ou o que podemos fazer a esse respeito.

Neste livro, tentamos destilar 25 anos de pesquisa e prática no relato prático de um único fenômeno que acreditamos estar no cerne do impedimento da mudança individual e coletiva – e o que você pode fazer para superá-lo. Segundo nossa visão, líderes e organizações que dominam a imunidade à mudança serão dominantes em seus setores no novo século. Estabelecerão o padrão em função da consecução de seus próprios objetivos. Eles serão os mais admirados por seus concorrentes. Contarão com a maior lealdade e o maior comprometimento de seu público interno.

COMO OS LÍDERES PODEM ASSUMIR A DIANTEIRA (E A DIREÇÃO DOS OUTROS)

Como sua organização pode tornar-se berço da contínua transformação de talentos? Como é possível ajudar mais pessoas a darem os saltos que você viu aqui, saltos que podem liberar todo o seu potencial?

Para promover a mudança e o desenvolvimento reais, tanto o líder como a cultura organizacional *precisam assumir uma postura desenvolvimental*, isto é, precisam enviar uma mensagem no sentido de que esperam que os adultos possam desenvolver-se, de que possam crescer:

> "Todos podem continuar crescendo."
> "*Precisaremos* crescer para cumprir nossos objetivos [como organização, departamento ou equipe]."
> "*Desejaremos* crescer para poder experimentar maior vitalidade e satisfação em nosso trabalho."

Quais são as características de uma postura genuinamente desenvolvimental? Identificamos sete atributos cruciais:

1. Reconhece que "existe vida após a adolescência"; que também a fase adulta pode ser uma época de crescimento e desenvolvimento contínuos.
2. Respeita a distinção entre as agendas de aprendizado técnico e adaptativo.
3. Reconhece e cultiva a motivação intrínseca do indivíduo para crescer.
4. Pressupõe que uma mudança de mentalidade leva tempo e não tem um ritmo regular.
5. Reconhece que a mente modela o pensamento *e* o sentimento, de modo que mudar a mente envolve *cabeça e coração*.
6. Reconhece que, isoladas, a mudança de mente e a mudança de comportamento *não* levam à transformação, mas que *é preciso ocorrer uma para induzir a outra*.
7. Dá segurança às pessoas para assumir os tipos de risco inerentes à sua mudança de mentalidade.

Ao examinar um pouco mais profundamente cada uma dessas características, nós o convidamos a fazer um levantamento – com relação a si próprio e com relação à sua equipe ou organização. Porém, sugerimos que você o faça não com um espírito de lista de verificação, em que pode se sentir pronto a responder apenas sim ou não, mas que pense em cada uma dessas características como um *continuum*, e, quando localizar você próprio ou seu grupo dentro de cada uma delas, considere o que constituiria o passo único seguinte nesse *continuum*. Qual seria ele no seu caso? Quão fácil ou desafiador seria esse passo seguinte? Quais são os primeiros passos mais importantes que você acha que deveria dar?

1. RECONHECE QUE "EXISTE VIDA APÓS A ADOLESCÊNCIA"; QUE TAMBÉM A FASE ADULTA PODE SER UMA ÉPOCA DE CRESCIMENTO E DESENVOLVIMENTO CONTÍNUOS

Enquanto acreditarmos que o desenvolvimento mental é território dos jovens, conceberemos o aprendizado formal como uma *preparação* para a vida adulta ou como o ponto de partida de uma trajetória de carreira. Neste novo século, líderes bem-sucedidos agirão com base no reconhecimento de que o aprendizado organizado é, sim, preparo essencial para a vida adulta, mas que é igualmente essencial para promover o crescimento da capacidade mental *ao longo de toda a* vida adulta.

Com base em nossa experiência, a cultura do desenvolvimento profissional na maior parte das organizações dos setores privado e público efetivamente difere de forma significativa desse tipo de expectativa, embora o aspecto interessante é que muitos líderes não percebem isso. Apesar de a linguagem do "crescimento" e do "desenvolvimento" estar amplamente disseminada, as práticas reais que vemos tendem a se basear num modelo de transmissão (em vez de um modelo transformacional) do aprendizado, cujo objetivo é transferir conhecimento de uma pessoa (tipicamente, um especialista) para o aprendedor. A expectativa é que o aprendedor "somará" mais coisas em sua mente, em vez de reconstruí-la para obter maior complexidade mental: mais arquivos e aplicativos para o sistema operacional; nenhum avanço significativo no sistema operacional em si.

À medida que os líderes forem incluindo mais modelos transformacionais em seus contextos, acabarão considerando atraentes nossas manifestações de aprendizado organizacional –programas de treinamento entrecortados, educação de executivos, universidades corporativas, eventos episódicos de "desenvolvimento profissional" – todos os quais aplicam inadvertidamente as formas e funções de arranjos educacionais de jovens a um universo adulto que não tem a ver com a "preparação para a jornada", mas sim com "a vida ao longo da jornada".

Não consideramos que essas atuais formas de desenvolvimento profissional desaparecerão, nem deveriam. Elas são uma forma apropriada de treinamento *informacional* para ajudar os trabalhadores a obter novas habilidades e a enfrentar desafios técnicos. O que desaparecerá é nossa dependência exclusiva delas para atender a uma variedade de necessidades de aprendizado.

Se você olhar os "sistemas de entrega de aprendizado" de sua organização, que quadro implícito da "mente em funcionamento" eles revelam – um sistema cujo repertório pode ser enriquecido ou um sistema que pode, ele próprio, ser transformado?

2. RESPEITA A DISTINÇÃO ENTRE AS AGENDAS DE APRENDIZADO TÉCNICO E ADAPTATIVO

Nossas atuais configurações não são adequadas à promoção do aprendizado *transformacional* necessário para se superarem os desafios adaptativos. No início deste livro, mencionamos a avaliação de Ron Heifetz de que o maior e mais frequente erro dos líderes é tentar superar desafios adaptativos por meios técnicos. Acreditamos que chegará o dia em que os responsáveis pelo aprendizado organizacional olharão para trás e dirão algo semelhante sobre sua primeira resposta à necessidade de aprendizado no trabalho: "Usávamos configurações técnicas de aprendizado e esperávamos que trouxessem resultados adaptativos."

Um de nossos clientes, responsável pela universidade corporativa de sua empresa, já nos disse: "Os gerentes de linha nos mandam o pessoal deles, esperando que essas pessoas voltem capacitadas para fazer coisas que não conseguem fazer agora. Mas, na maioria dos casos, para efetivamente corresponder a essas esperanças, teríamos de estar preparados para apoiar o aprendizado transformacional, e não estamos. Não conheço nenhuma universidade corporativa que esteja."

Considere os tipos de aprendizado que, hoje, os líderes – dos setores empresarial e social – esperam daqueles que trabalham para eles. O CEO de uma unidade de uma empresa de serviços financeiros da Suíça nos disse: "O mundo está mudando. Preciso que nossos gerentes de conta literalmente reconcebam seu trabalho. Por 20 anos, eles vêm administrando os portfólios de seus clientes. São bons com instrumentos financeiros, números, análises e previsões. Agora precisam ser bons com pessoas e com seus sentimentos. Eles precisam ser capazes de conversar com seus clientes sobre a *vida* deles, sobre quem amam e sobre o que importa para eles acima de tudo, e, por conseguinte, como desejam usar seus recursos financeiros. É um trabalho totalmente diferente."

Ouvimos quase a mesma coisa de um superintendente de escolas de Cincinnati: "O mundo está mudando. Preciso que nossos diretores reconcebam seu trabalho. Por 20 anos, eles têm sido excelentes gerentes de unidade. Sabem como coordenar uma variedade de operações para tornar os prédios das escolas seguros e eficientes. Agora precisam ser líderes de desenvolvimento didático. Precisam se aproximar mais do 'ponto de prática', das salas de aula, observando o que seus professores estão fazendo, e precisam descobrir as necessidades de seus professores para promover melhor o aprendizado por parte de seus alunos. É um trabalho totalmente diferente."

Agora, considere o contraste entre a maneira como até mesmo os melhores líderes tendem a atender a essas necessidades de ensino hoje e a maneira como poderiam atendê-las amanhã. Digamos que os gerentes de conta estejam participando de uma série de cursos na universidade corporativa de última geração da empresa de serviços financeiros; que os diretores de escola estejam frequentando um curso intensivo de férias numa universidade de classe internacional que também oferece algum acompanhamento em seminários via internet e visitas de coaching de professores da universidade ao "local de trabalho".

Mesmo nesses melhores casos possíveis – respostas sólidas e deliberadas dos líderes nesses ambientes; investimentos pesados em recursos para dar suporte ao aprendizado pelos funcionários; participação engajada e comprometida dos próprios funcionários –, todos os envolvidos nesses cenários ainda estão batalhando contra a lei das probabilidades. Sem se dar conta, todos eles estão esperando que um sistema de ensino originalmente projetado para crianças atenda, de alguma forma, às necessidades de adultos.

Em primeiro lugar, os diretores de escola e os gerentes de conta se veem em *classes* – agrupamentos artificiais e temporários de pessoas que não têm qualquer propósito coletivo ou responsabilidade entre si, as quais, passado um período predeterminado e relativamente breve, provavelmente nunca voltarão a se encontrar. As pessoas às quais respondem enviaram-nas para esses cursos com a profunda esperança daquela coisa vaga que paira sobre todos os cursos de desenvolvimento profissional contemporâneos – a "transferência", a capacidade das pessoas de pegar aquilo que aprenderam nesses grupos distantes do trabalho e, ao retornar, aplicá-lo em seu ambiente real de trabalho.

Seja devido ao reconhecimento de que grupos formados dessa maneira são inadequados para mergulhos profundos nos modelos mentais restritivos dos participantes ou a um desconforto geral com um foco curricular mais pessoal naquelas circunstâncias, é improvável que os elaboradores desses cursos e os professores que os ministram em salas de aula ofereçam oportunidades para as formas mais elevadas de aprendizado de que os participantes precisarão para mudar seu comportamento de maneira significativa.

Os líderes de aprendizado organizacional bem-sucedidos do futuro adotarão métodos de desenvolvimento adulto regidos por resultados, não por cursos, conforme resumidos na Figura C-1. Eles reconhecerão que programas de

FIGURA C-1

Mudando o aprendizado da sala de aula para a equipe de trabalho: Características de configuração de alto nível do aprendizado organizacional

Características do aprendizado do século XX	Características do aprendizado do século XXI ("o algo a mais")
Regido pelo curso	***Regido por resultados***
1. Aprendizagem em grupos artificiais (classes)	**Aprendizagem em grupos de trabalho reais**
2. "Tempo fora do ambiente de trabalho" apartado do fluxo de trabalho	**Injeção de aprendizagem no fluxo de trabalho**
3. Limitação de tempo	**Elasticidade de tempo**
4. Responsabilidade indireta do aprendedor	**Responsabilidade direta do aprendedor**
5. Informacional/técnico	**Transformacional/adaptativo**
6. Busca a transferência de aprendizado	**Começa na transferência**
7. Serve aos líderes de equipe	**Coensina com os líderes de equipe**
8. Divisão rigorosa entre pessoal de ensino e pessoal de linha	**Limites indefinidos/professores adjuntos**
9. Ligação vaga com a estratégia corporativa geral	**Estreita ligação com a estratégia**
10. Como preparação para uma iniciativa	**Como apoio durante uma iniciativa**

aprendizado que tentem resolver "o problema da transferência" provavelmente já estarão perdidos no momento que começarem. Darão preferência a programas que "comecem pela transferência" – elaborados de modo a terem suas raízes dentro de grupos de trabalho operacionais reais e completos. Nesses grupos, os membros terão um propósito e uma missão que irão além do aprendizado coletivo, aos quais esse aprendizado estará estreitamente ligado. Por trabalharem juntos diariamente em desafios reais, é natural que tenham a contínua necessidade, em seu próprio interesse, de ver mudanças e melhorias em cada um de seus colegas, estando automaticamente inclinados a reconhecê-las quando ocorrerem.

Portanto, onde estarão nossos diretores de escola e gerentes de conta quando estiverem envolvidos em atividades de aprendizado organizacional no futuro? Imagine a equipe de líderes de um superintendente de escolas ou de um CEO que se reúne regularmente, como o faz hoje, para encaminhar a organização para a consecução de seus objetivos. Na maior parte do tempo, essa equipe funciona no modo de trabalho em linha reta para frente, como sempre fez, mas com um grau significativamente mais alto de eficácia do que antes. Por quê?

É porque a equipe desenvolveu *também* um segundo canal vigoroso e sempre acessível. A intervalos regulares programados, e também espontâneos, na medida de sua necessidade, ela pode passar do modo operacional para o modo de aprendizado. Os membros da equipe têm consciência das próprias imunidades à mudança e das imunidades dos outros, bem como da tendência coletiva do grupo de se proteger justamente dos progressos que busca fazer. Nesse segundo modo, o grupo passa a ser um lugar para realizar experimentos de aprendizado pessoal e discutir outros experimentos. O grupo passa a ser uma incubadora de novas capacidades para refazer o "avião", ao mesmo tempo em que o está pilotando – precisamente a tarefa do trabalho adaptativo.

Nem sempre o grupo é um lugar confortável para se estar. É preciso ter coragem para correr os riscos que essas pessoas correm. Às vezes, o aprendizado é amedrontador. Mas se você perguntasse a qualquer de seus membros, teria muita dificuldade de achar alguém que quisesse voltar ao jeito antigo de trabalhar. O aprendizado que leva a nosso próprio desenvolvimento contínuo é muito precioso. Ele nos faz nos sentirmos mais vivos. Nós refazemos a nós próprios conforme refazemos nossa organização.

Numa ponta desse continuum, *o local de trabalho vê o aprendizado organizado como algo que ocorre principalmente longe do trabalho; na outra ponta, o aprendizado organizado é injetado "na veia" da forma como o trabalho é feito a cada semana. Onde você colocaria seu local de trabalho nesse* continuum?

3. A POSTURA GENUINAMENTE DESENVOLVIMENTAL RECONHECE E CULTIVA A MOTIVAÇÃO INTRÍNSECA DO INDIVÍDUO PARA CRESCER

Vale a pena pensar a respeito do que sua organização ou a cultura de sua organização considera prioridade *contínua* (*versus* periódica). Segundo nos disseram, a Ponte Golden Gate, em São Francisco, nos Estados Unidos, está sempre sendo repintada. No dia seguinte à conclusão de sua repintura, começa a nova repintura. A cidade valoriza muito a contínua preservação do fulgor dourado de seu símbolo de boas-vindas. O que seus líderes ou sua organização demonstram desejar cuidar *em base contínua*?

Para nós, é irônico que até mesmo aquelas organizações que foram influenciadas pelo movimento da qualidade e que pensam na "melhoria contínua" de seus sistemas e operações geralmente *não* pensem em desenvolver continuamente a capacidade humana. Considerando que as melhorias sistêmicas são, em sua maioria, desafios adaptativos, exigem mais que o mero redesenho estrutural ou operacional: exigem transformações nos talentos humanos para *suster* o redesenho. É exatamente essa a razão de tantos trabalhos brilhantes de consultoria estratégica levarem a tão poucos resultados, não obstante o reconhecimento pela organização/cliente dos bons conselhos e a sincera intenção de seus líderes de levá-los a efeito.

Em contraste, a maior parte das organizações vê o desenvolvimento de talentos como uma prioridade que pode ser cumprida de forma entrecortada ou periódica. O desenvolvimento de talentos não é uma das Golden Gates das organizações. "Mandamos as pessoas para atividades fora da empresa." Criamos pausas do trabalho, de tempos em tempos. Mandamos as pessoas para a universidade corporativa, para programas de ensino para executivos, para cursos de desenvolvimento de líderes, como no caso dos gerentes de conta da empresa de serviços financeiros e dos diretores de escola. Damos às pessoas licenças-prêmio.

Em nosso trabalho em diversas áreas dos setores público e privado, a única diferença real que vemos é *por quanto tempo* é possível dar essas pausas às pessoas. Administradores de escolas fazem cursos de duas semanas durante as férias de verão. CEOs podem relutar em se ausentar do trabalho por mais que uns poucos dias. Mas essa não é uma grande diferença. O modelo básico é exatamente o mesmo – sair por um pequeno período, de vez em quando, recarregar as baterias com algum conteúdo bom e trazer energia renovada para a organização. Esse é um modelo que parece tremendamente parecido com outro conhecido integrante do trabalho, chamado *férias*! Faz sentido para você, agora, no início do século XXI, com tudo o que sabemos hoje sobre o potencial de desenvolvimento na fase adulta, que nosso modelo básico de transformação de talentos se pareça, mais que qualquer outra coisa, com nosso modelo de descanso periódico para a recuperação das energias?

Como seria sua equipe de liderança ou sua organização se ela estivesse na outra ponta desse *continuum* de desenvolvimento? Ela passaria no seguinte teste de múltiplas partes:

- Chegaríamos a seu ambiente de trabalho, selecionaríamos aleatoriamente diversos funcionários, talvez até você, e todos conseguiriam responder à seguinte pergunta: Qual é a coisa mais importante em que você está pessoalmente trabalhando para melhorar?

- Todos, em todos os níveis, recém-admitidos ou o fundador da empresa, estariam trabalhando num *bom problema* para fins de aprendizado pessoal. Bom problema é aquele em que você está trabalhando não tanto para resolvê-lo, mas para ele "resolver você". Em outras palavras, as respostas das pessoas nomeariam algo que requereria que elas se desenvolvessem para poder realizá-lo (em contraposição a alguma nova habilidade técnica que estejam tentando adquirir).
- As pessoas conseguiriam nos dizer ao menos um meio pelo qual têm continuamente a oportunidade de trabalhar nesse desenvolvimento.
- Elas conseguiriam nos dizer o nome de pelo menos uma pessoa da organização que sabe qual é seu objetivo individual e se preocupa que elas o atinjam.
- Por fim, todas poderiam nos dizer por que é importante para elas pessoalmente realizar a mudança, e por que tornar-se diferente, exatamente no aspecto por elas descrito, seria ótimo não apenas para a organização, mas para elas individualmente.

Não existe união de interesses mais perfeita – entre as necessidades de uma organização e as necessidades individuais de seus membros – que o crescimento contínuo das pessoas no trabalho. Nenhum "benefício" que a organização oferece a seus funcionários é um investimento melhor que aquele que atende aos mais profundos anseios humanos, o de vivenciar a contínua revelação de nossas capacidades para *enxergar* mais profundamente (dentro e fora) e *agir* com mais eficácia e num âmbito maior. O diagnóstico da imunidade à mudança é um expediente para transformar um objetivo de melhoria difícil de atingir num "bom problema", um problema do tipo que, se examinado, resolverá a nós antes que nós o resolvamos.

Os funcionários de seu ambiente de trabalho têm, individualmente, um bom problema "que está trabalhando neles"?

4. A POSTURA GENUINAMENTE DESENVOLVIMENTAL PRESSUPÕE QUE UMA MUDANÇA DE MENTALIDADE LEVA TEMPO E NÃO SEGUE UM RITMO REGULAR

Falaremos de forma clara e direta: a transformação de talentos leva algum tempo. Não existe uma janelinha de *drive-thru* de McDonald's para a entrega de desenvolvimento de adultos. Eventuais ofertas para lhe entregar isso da noite para o dia devem ser tratadas como solicitações de transferência de fundos recebidas de viúvas de ministros da Fazenda nigerianos. Você pode achar que, com relação a esse assunto, sua pergunta de autoavaliação seria: "Você está disposto a ser paciente?" Pois não é.

Se você for semelhante a todos os líderes com os quais já trabalhamos, tanto do setor público como do setor privado, uma pergunta melhor seria: "Por que você é tão impaciente?" Com base em nossa experiência, a resposta usual é:

"Porque não tenho tempo!" Desculpe, mas prometemos ser diretos e claros: se for essa sua resposta, não é verdade. No caso de qualquer dado funcionário, o montante cumulativo de tempo que ele já se mostrou disposto a dedicar ao treinamento tradicional – o qual é, na verdade, uma série de investimentos entrecortados em treinamento e "quebra-galhos" gerenciais, todos confortavelmente curtos – tende a ser *consideravelmente maior* que o investimento único dos poucos meses necessários para ajudar alguém a vencer uma imunidade à mudança. Você tem tempo, tem tempo mais que suficiente. A questão é só que "parece" não ter.

Por que leva tempo? Porque estamos no mundo do cultivo humano, não da engenharia humana. Não estamos falando de ligar um interruptor de luz. Estamos falando da evolução da complexidade mental, do processo gradual da diferenciação e da reintegração mental, de *olhar para* – e não mais, como antes, *olhar através de* – uma forma de entendimento, de mudar de *sujeito* para *objeto*. Você não tem problema com horizontes de tempo mais longos quando fala de qualquer outra iniciativa importante de sua organização; por que esperaria ter sucesso da noite para o dia nessa iniciativa?

"Mas é *óbvio* que ele precisa confiar mais na própria intuição, no próprio taco", diz você, "e ficar menos fixado no que os outros pensam. Se eu não conseguir fazê-lo sentar e explicar isso a ele em uma hora, certamente deve haver alguém na minha organização que pode!". Bem, pode parecer óbvio do seu ponto de vista. Todavia, se ele estiver modelando um mundo do ponto de vista da mente socializada, acredite, para ele não é tão óbvio assim.

Mas, nessa questão, nossa mensagem – e isso é muito importante – não é que você precisará ter paciência para assumir uma perspectiva desenvolvimental; *é que assumir uma perspectiva desenvolvimental lhe dará paciência*. Você fica impaciente porque acha que a coisa *pode* ir mais rápido. Quando as pessoas assumem a perspectiva que nossa pesquisa de desenvolvimento revelou, em geral, descobrem que conseguem ser mais pacientes. Você sabe que o futuro de um bulbo de tulipa é dar uma flor de tulipa; você sabe que o futuro de uma lagarta é desenvolver asas e voar. Mas você não é impaciente com o bulbo de tulipa nem com a lagarta.

Tampouco é desprovido de meios para ajudar, e ajudar de forma ativa. Adotar a perspectiva desenvolvimental não significa limitar-se a sentar e esperar. Há ações cruciais, e diferentes, a tomar. Não podemos ficar puxando o bulbo ou treinar a lagarta para que voe, mas *podemos* garantir que o bulbo tenha uma boa terra e que a lagarta tenha folhas frescas para comer. "Bons problemas" – o tipo de conflito interno que o raio X revela – e a oportunidade de explorar ativamente os grandes pressupostos que mantêm esses conflitos: é isso que alimenta a transformação da mente.

No que se refere ao desenvolvimento das pessoas em seu ambiente de trabalho, quais são os resultados que você espera e quais são suas expectativas em relação ao momento em que esses resultados virão?

5. A POSTURA GENUINAMENTE DESENVOLVIMENTAL RECONHECE QUE A MENTE MODELA O PENSAMENTO E O SENTIMENTO, DE MODO QUE MUDAR A MENTE ENVOLVE *CABEÇA* E *CORAÇÃO*

Sabemos que não temos de perguntar se você considera seus próprios sentimentos e os de outras pessoas parte importante daquilo que ocorre no trabalho. Não achamos que os líderes não saibam da existência e da importância do mundo emocional. Só achamos que a maioria dos líderes sente-se perdida em relação a como inserir essa poderosa dimensão de forma contínua, construtiva, produtiva e adequada. Consequentemente, a tendência é ignorá-la e esperar que se vire sozinha ou relegá-la a um espaço confinado ("O RH ou o coaching de executivos cuidará disso") ou ao tempo ("Faremos uma atividade *off-site* e traremos alguém que seja bom nisso").

Tudo isso é compreensível. Que outros modelos lhe foram oferecidos? Você sabe que não é – nem deseja ser – psicoterapeuta. Você pode até ter dúvidas quanto a se seu local de trabalho *seria lugar de* psicoterapeutas. Tudo muito compreensível. Assumir uma perspectiva desenvolvimental na transformação de talentos não significa que você deva transformar seu local de trabalho num instituto de pesquisa de desenvolvimento humano ou que precise tornar-se um líder popular como os de programas de televisão.

Mas significa, sim, reconhecer que a diferença entre *eficiência* e *eficácia* é tão importante nessa área quanto em qualquer outra e que é um mau negócio obter a primeira à custa da segunda. Assumir uma perspectiva desenvolvimental significa entender que, por mais confusa e demorada essa perspectiva possa parecer, modos de aprendizado que não chegam até as limitações da mente dos participantes são relativamente impotentes para transformar o modo como o trabalho é feito. Significa, conforme o que dissemos a respeito dos líderes que você conheceu nestas páginas, não esquecer que as pessoas levam diariamente sua humanidade para o trabalho e que, se não encontrarmos uma forma de inserir a vida emocional no local de trabalho, não teremos êxito na realização de nossos objetivos mais importantes. Significa reconhecer que divisões rígidas entre o público e o privado, entre "o mundo do trabalho" e "o mundo pessoal" são ingênuas e improdutivas.

Considere as experiências de Peter Donovan e Harry Spence, os quais você conheceu no início deste livro. O que cada um deles encontrou de valor no método de imunidade à mudança foi a linguagem comum, o quadro compartilhado por ele proporcionado para levar o mundo dos sentimentos privados ao espaço do trabalho e vinculá-lo estreitamente à realização de melhorias pessoais focadas que eram valiosíssimas para a organização e para o indivíduo.

Em seu ambiente de trabalho, os sentimentos importantes são levados para a mesa ou mantidos dentro do armário? Quando estão na mesa, apoiam ou impedem o aprendizado pessoal e coletivo?

6. A POSTURA GENUINAMENTE DESENVOLVIMENTAL RECONHECE QUE, ISOLADAS, A MUDANÇA DE MENTE E A MUDANÇA DE COMPORTAMENTO NÃO LEVAM À TRANSFORMAÇÃO, MAS QUE É *PRECISO OCORRER UMA PARA INDUZIR A OUTRA*

Conforme dissemos, existe uma antiga batalha entre filósofos da mudança pessoal. Estaremos em situação melhor se tentarmos "refletir em nosso jeito" de transformação, esperando que mudanças de comportamento aconteçam como resultado de nosso empenhado pensamento? Ou estaríamos melhores se assumíssemos novos comportamentos da melhor maneira que pudéssemos, acreditando que nossa mente acompanharia a realidade de nossa nova experiência? No mundo da psicologia, por exemplo, as abordagens orientadas para o insight refletem a primeira escola e as abordagens de mudança de comportamento refletem a segunda.

Nossa resposta é: nenhuma das duas alternativas. Nossa resposta é que é preciso transcender a própria estrutura de tese/antítese da pergunta para chegar a uma nova síntese que redunde em algo muito diferente do que a mera combinação de ambas.

Nossa experiência diz que não podemos apenas pensar num jeito de sair da mentalidade revelada por nosso raio X da imunidade, mas tampouco podemos apenas optar por modificar o comportamento da nossa segunda coluna. Ao contrário, precisamos assumir uma atividade tecnicamente conhecida por práxis – uma atividade prática especificamente projetada para explorar a possibilidade de modificar nossas teorias pessoais e organizacionais (as teorias que residem em nossos grandes pressupostos).

Conforme vimos na Parte II, as pessoas com as quais trabalhamos transformaram seu talento por meio de uma mudança de comportamento *projetada para induzir uma mudança de mentalidade* e por meio de uma mudança de mentalidade *projetada para induzir as mudanças de comportamento duradouras* que lhes possibilitaram atingir seus objetivos.

Portanto, aqui está sua oportunidade de levantamento dessa dimensão: isso pode surpreendê-lo, mas, com base em nossa experiência, a maioria das pessoas – até mesmo aquelas que se autodescreveriam como tão confortáveis com o modo reflexivo quanto com o modo "de fazer" – nunca fez uma reflexão focada, estruturada, persistente e ativa. Aquilo que vivenciaram foi algo mais parecido com "tempo para pensar" ou com serem orientadas ao longo de um conjunto de perguntas de entrevista que direcionavam sua atenção para um momento, uma experiência ou um evento específico. Isso se aplicaria a você?

7. A POSTURA GENUINAMENTE DESENVOLVIMENTAL DÁ SEGURANÇA ÀS PESSOAS PARA ASSUMIR OS TIPOS DE RISCO INERENTES À SUA MUDANÇA DE MENTALIDADE

Ainda estamos por trazer para a nova fronteira do desenvolvimento adulto boa parte daquilo que aprendemos com um século de trabalho relativo às transformações mentais na infância. Entre as mais sólidas dessas descobertas, está aquilo que é necessário para a mente se desenvolver: desafio e apoio. Bons problemas, problemas do tipo que revelam os limites do nosso modo atual de entender as coisas e apoio para tolerar a ansiedade que acompanha a faculdade de perceber que podemos não conhecer a nós próprios ou o mundo tão bem quanto pensávamos – são tão fundamentais para nosso desenvolvimento hoje quanto o foram quando éramos jovens.

O processo de imunidade à mudança é uma fábrica para a conversão de cada ambição não satisfeita em um bom problema de aprendizado transformacional. Porém, se você trouxer apenas o "desafio", sem cuidar das ansiedades que ele desperta, garantimos que você ficará desapontado com os resultados.

Mesmo que você esteja apoiando pessoas que tenham assumido esse trabalho na completa privacidade de um relacionamento de coaching envolvendo apenas as duas pessoas, continua sendo importante reconhecer que aquilo que elas estão realizando – se é que irá funcionar – levará a alguma separação antes que leve a alguma forma mais desenvolvida de voltar a se juntar. Ao observar Al aventurar-se deliberadamente fora de sua zona de competência e conforto, e ter dúvidas sobre seu atual desempenho, lembre-se de sua crença cética de que "o Al sempre será o Al" e não há como ele mudar. Bem, observe; o que você está vendo, por mais estranho que possa parecer no momento, são os primeiros sinais justamente da mudança que você considerava impossível. Sabemos que ela ainda pode não parecer algo merecedor de um prêmio, mas certamente merece – e muito possivelmente precisa do – seu apoio em termos de reconhecimento e ratificação.

Por mais imperitas que as primeiras novas ações de Al lhe possam parecer, resultam de sua coragem e de sua disposição de mexer com o sistema de administração de ansiedade que lhe possibilitaram chegar aonde chegou com sucesso. Você pode ter algumas preocupações no que se refere a seus recentes afastamentos do Al que sempre conheceu, mas acredite em nós – ele está muito mais preocupado que você. Ele está entrando em espaços nos quais seus grandes pressupostos lhe vêm dizendo, provavelmente há anos, que ele jamais deveria se aventurar. Seu entendimento pode ser crucial para que ele continue em sua jornada.

Mas se você estiver pensando também em dar apoio ao trabalho de superação de imunidades num contexto de equipe – o tipo de trabalho em que as pessoas permitem o acesso das outras a seus mapas pessoais –, certamente precisará tomar ações deliberadas para dar um pouco mais de segurança e de confiança mútua à equipe. Isso não é difícil; você só precisa saber como fazê-lo.

Lembra-se da equipe executiva de Peter Donovan? Quando eles começaram o trabalho, um dos céticos mais corajosos falou em nome de vários outros quando disse: "Estou na vida corporativa há muitos anos. Tenho muitas apreensões no que se refere a isso. Quando você permite que outras pessoas conheçam suas fraquezas, dá a elas munição. Hoje, tudo pode parecer bem porque estamos todos nos relacionando bem. Mas como saberemos se alguém não acabará carregando sua arma e nos dando um tiro com tudo isso?"

Peter lhe agradeceu sinceramente pela coragem de expor sua opinião. Ele reconheceu que aquilo que estava propondo era um risco. E foi verdadeiro quando disse que nada que pudesse fazer ou dizer poderia reduzir o risco a zero. Também relembrou a eles que quase todas as grandes coisas que a empresa havia realizado incluíam algum risco. E o mais importante: ele os ajudou a criar uma norma que dizia que qualquer um que usasse "a coisa mais importante" de outra pessoa como arma, ou a desrespeitasse de alguma forma, estaria violando um princípio sagrado do grupo. Um ano depois, Peter nos contou que um dos mais entusiasmados proponentes do trabalho foi o sujeito corajoso que expusera sua preocupação logo no início.

Lembra-se do pessoal de alto escalão de Harry Spence? É igualmente fácil identificar uma iniciativa deliberada que era necessária para tornar também aquele grupo um lugar mais seguro para a realização desse trabalho. Nesse caso, a questão não era o que os membros fariam com as informações privilegiadas uns dos outros. A preocupação era com a avaliação e com o que entraria ou não nos prontuários das pessoas. Esses servidores públicos veteranos sabiam que diretores de repartição vêm e vão e que, por mais razoáveis e respeitosos que fossem os comentários por escrito do atual diretor sobre o desenvolvimento pessoal e profissional deles, como saberiam se os futuros chefes não veriam a coisa de forma diferente? Uma coisa era conversar sobre essas coisas reais no grupo atual e outra, bem diferente, pressupor que essa franqueza não os colocaria em desvantagem em algum contexto futuro.

Assim que essa questão foi suscitada, Harry reconheceu de imediato que uma norma clara era absolutamente necessária. O grupo elevou seu nível de segurança ao endossar e adotar uma norma que dizia que, por mais que eventuais questões de trabalho acabassem surgindo nas conversas entre os membros, inclusive conversas de natureza avaliativa, nada relativo a trabalho jamais iria parar no prontuário de ninguém.

Desafio e apoio – ambos precisam andar juntos. Você imagina em que aspectos seu próprio local de trabalho precisaria ser mais seguro para garantir que qualquer um que se proponha a fazer esse trabalho não estará cometendo um erro?

Sete diferentes dimensões para ser um líder desenvolvimental – se isso parecer um desafio grande demais, também temos algum apoio para lhe dar agora: com base em nossa experiência, a melhor maneira de se manter conectado com essas sete dimensões é trabalhar na superação da própria imunidade. Saber (e sentir) dentro de si o que é essa jornada só fará aumentar sua capacidade de liderar num ambiente de trabalho no qual outros também possam liberar o próprio potencial com sucesso e segurança.

Escrevemos este livro com uma convicção e um propósito.

Nossa convicção é que não há data de validade para sua capacidade de se desenvolver. Não importa sua idade, a história de seu desenvolvimento – e as histórias daqueles que o cercam – pode continuar a se desenrolar.

Nosso propósito é colocar em suas mãos um novo meio conceitual e prático para liberar suas capacidades e as de seus colegas.

Ao pensar em aplicar o processo de imunidade à mudança, conviria considerar as palavras de Peter Donovan: "O que quer que vocês digam aos líderes", disse ele na última vez em que conversamos sobre este livro, "não deixem de dizer o seguinte: a coragem para fazer esses tipos de mudança é uma coisa que energiza e contagia. Vi pessoas de dentro e de fora da minha equipe de líderes passar de 'Isso é pessoal demais!' para 'Eu também quero fazer isso!'".

Nós lhe desejamos grandes saltos e aterrissagens seguras.

NOTAS

CAPÍTULO 1

1. S. Milgram, *Obedience to Authority* (New York: Harper and Row, 1974).
2. I. Janis, *Groupthink* (Boston: Houghton Mifflin, 1982). P. t'Hart, *Groupthink in Government* (Baltimore: Johns Hopkins University Press, 1990).
3. K. Eigel, "Leader Effectiveness: A Constructive-Developmental View and Investigation" (tese de doutorado, University of Georgia, 1998).
4. Bartone comparou classificações de nível de complexidade mental e de desempenho de líderes entre formandos de West Point e encontrou uma correlação positiva significante. (P. Bartone *et al.*, "Psychological Development and Leader Performance in West Point Cadets", trabalho apresentado na AERA [American Educational Research Association – Associação Americana de Pesquisa Educacional], Seattle, abril de 2001). Benay avaliou a complexidade mental de oito líderes de uma empresa de distribuição de alimentos de médio porte e encontrou a mesma relação de linha ascendente com uma medida de liderança multifatorial de avaliação de "capacidades de liderança transformacional". (P. Benay, "Social Cognitive Development and Transformational Leadership: A Case Study" (tese de doutorado, University of Massachusetts, 1997)). Bushe e Gibb estudaram 64 consultores e descobriram que seu nível de complexidade mental estava forte e significativamente associado à avaliação de colegas e relativa à competência de consultoria, feita por meio de um instrumento de 77 itens, cuja confiabilidade e validade já haviam sido testadas. (G. R. Bushe e B. W. Gibb, "Predicting Organization Development Consulting Competence from the Myers-Briggs Type Indicator and Stage of Ego Development", *Journal of Applied Behavioral Science* 26, [1990]: 337–357).
5. N. Branden, *The Six Pillars of Self-Esteem* (New York: Bantam, 1995), 22–23.
6. C. Argyris e D. Schön, *Organizational Learning* (Reading, MA: Addison-Wesley, 1978), 21.
7. Ibid.
8. J. Loevinger e R. Wessler, *Measuring Ego Development* (San Francisco: Jossey-Bass, 1970).

9. R. Heifetz, *Leadership Without Easy Answers* (Cambridge, MA: Harvard University Press, 1998).

CAPÍTULO 3

1. R. Kegan e L. Lahey, "The Real Reason People Won't Change", *Harvard Business Review*, novembro de 2001.
2. R. Kegan e L. Lahey, *How the Way We Talk Can Change the Way We Work* (San Francisco: Jossey-Bass, 2001).

CAPÍTULO 4

1. Extraímos essa vinheta de nosso livro de autoria coletiva sobre a reforma escolar: T. Wagner, R. Kegan, L. Lahey e colaboradores, *Change Leadership: A Practical Guide to Transforming Our Schools* (San Francisco: Jossey-Bass/Wiley, 2006).
2. Essa vinheta foi extraída da pesquisa apresentada pelos médicos Peter Ham, Dan McCarter, Nina O'Connor e Andrew Lockman, University of Virginia, Departamento de Medicina da Família; apresentação feita na Society of Teachers of Family Medicine (STFM), Chicago, primavera de 2007.
3. De fato, o mediador disse que escolheu intencionalmente o processo de imunidade à mudança como um método baseado na "recompensa", em vez do método mais típico baseado no "castigo", que tenta mudar o comportamento das pessoas por meio de políticas departamentais draconianas ou desincentivos. Ele via esse último método como ineficaz, comparando-o a terapias de aconselhamento para parar de fumar e dizendo que "métodos opressivos só fazem solidificar a resistência à mudança".
4. Essa vinheta foi extraída de C. M. Bowe, L. Lahey, R. Kegan e E. Armstrong, "Questioning the 'Big Assumptions': Recognizing Organizational Contradictions That Impede Institutional Change", *Medical Education* 37 (2003): 723–733.
5. R. Heifetz, *Leadership Without Easy Answers* (Cambridge, MA: Harvard University Press, 1998).
6. C. M. Bowe *et al.*, op. cit., 727–729.
7. Ibid., 730–731.
8. Ibid., 731.
9. Ibid., 731.
10. Ibid., 732.
11. Ibid., 732–733.
12. Ibid., 732.
13. Ibid., 733.

CAPÍTULO 5

1. Heller nos dá uma amostra do caráter supostamente direto do ato de delegar: "O processo começa pela análise e seleção das tarefas que o gestor pode, e deve, delegar. Uma vez selecionadas as tarefas, seus respectivos parâmetros devem ser claramente definidos. Isso ajudará o delegador a designar um 'delegado' apropriado e fornecer instruções o mais acuradas possível. Seja qual for a função, o

briefing apropriado é essencial – não é possível responsabilizar pessoas por tarefas vagas ou indefinidas. É essencial também algum tipo de monitoramento, o qual deve ser usado para controle e coaching, não para interferir. O estágio final é a avaliação. Qual foi o nível de desempenho do 'delegado'? Quais mudanças, de ambos os lados, precisam ser feitas para melhorar o desempenho? (R. Heller, *How to Delegate* [New York: Dorling Kindersley, 1998], 7.) Gerard Blair tem palavras ainda mais explicitamente estimuladoras para os recém-promovidos: "A boa notícia é que o primeiro passo para se tornar um gestor realmente ótimo é ter bom senso... Em palavras simples, as coisas costumam dar errado não porque você seja estúpido, mas apenas porque nunca havia pensado nisso... No confortável momento de lazer em seu sofá, será possível pensar nos problemas sem pressão e aprenderá com aquilo que outros pensaram antes de você. Aí, quando um problema de gestão ocorrer em seu trabalho, você já terá pensado em algo semelhante e poderá aplicar seu bom senso." (G. Blair, *Starting to Manage: The Essential Skills* [Piscataway, NJ: Institute of Electrical and Electronics Engineers, 1996], 1–2).

CAPÍTULO 7

1. Fomos convidados a trabalhar em parceria com nosso colega, Dr. Robert Goodman, que vinha há tempos ajudando a Nascent Pharmaceuticals na questão de desenvolvimento de equipes.
2. A entrevista continha 11 perguntas abertas (por exemplo, sobre as forças e fraquezas da equipe, em especial com relação à comunicação; suas contribuições pessoais para essas forças e fraquezas; e as forças e fraquezas do líder da equipe) e cinco itens da escala Likert (níveis de confiança, capacidade de revelar e administrar conflitos, eficácia na tomada de decisões e reconhecimento das contribuições dos indivíduos).
3. Com exceção de termos solicitado a Chet para fazer par com um membro específico da equipe, todos os pares se formaram espontaneamente.
4. As pessoas responderam à pesquisa somente em relação a seus colegas de equipe, uma vez que seu objetivo era especificamente melhorar o desempenho de sua equipe.
5. I. B. Myers, *Introduction to Type: A Guide to Understanding Your Results on the Myers-Briggs Type Indicator* (Mountain View, CA: CPP, 1998).
6. Além disso, as preferências individuais das pessoas podem ser combinadas para criar um perfil da equipe, o qual mostra um quadro coletivo das preferências da equipe, podendo ser usado para identificar de que formas a equipe pode desequilibrar-se e as respectivas formas de compensar esses desequilíbrios. Trata-se de um objetivo secundário.
7. R. Ross, "The Ladder of Inference", *in* P. Senge, A. Kleiner *et al.*, *The Fifth Discipline Fieldbook* (New York: Doubleday, 1994), 243.
8. Especialmente A. S. Bryk e B. L. Schneider, *Trust in Schools: a Core Resource for Improvement* (New York: Russell Sage Foundation, 2002).
9. Isso não quer dizer que as pessoas tenham mantido todos os seus compromissos de agenda ou que puderam preparar-se plenamente para cada sessão. Remanejamentos de agenda e remarcações de reuniões são inevitáveis e não interferem no

progresso de um aprendedor motivado. Isso também não quer dizer que foi fácil para as pessoas encontrarem tempo. Muito provavelmente, essa pessoa não estava sozinha quando disse: "Em várias ocasiões, foi difícil eu me concentrar nesse trabalho. Foi uma época difícil do ano, com projetos, exigências da diretoria etc., e era duro parar e mudar o foco. Era um trabalho acelerado e às vezes era difícil acompanhar o passo e fazer o que eles queriam que fizéssemos em nosso 'eu'. O ritmo de meu trabalho não é brincadeira."

CAPÍTULO 10

1. Temos uma dívida de gratidão com nosso colega de Harvard, Matt Miller, pela distinção entre testar nossos grandes pressupostos com base em eventos e com base no aprendizado advindo do processo.
2. Nossos agradecimentos a Barbara Rapaport por essas sugestões de preparação.

ÍNDICE

O CORAÇÃO DA MUDANÇA

INTELIGÊNCIA FINANCEIRA NA EMPRESA

CONDUZA A SUA CARREIRA

BIG DATA NO TRABALHO

ROTAPLAN
GRÁFICA E EDITORA LTDA
Rua Álvaro Seixas, 165
Engenho Novo - Rio de Janeiro
Tels.: (21) 2201-2089 / 8898
E-mail: rotaplanrio@gmail.com